财经管理系列"十三五"规划教材

商务谈判

主　编　寇明斌　孙会茹　付向阳
副主编　韩燕华　王书爽　梁　锐
　　　　陈海彬　颜　燕　佟艳芬
主　审　李俊峰　刘　畅

西安电子科技大学出版社

内 容 简 介

商务谈判是指从事商务活动的法人为了实现自己的交易目的而同交易对手就交易条件进行反复协商、达成双方满意协议的行为过程。本书尽量淡化枯燥的谈判理论，突出应用性的主旨，期望达到激发读者的学习兴趣、强化对商务谈判策略的理解和掌握沟通技巧的目的。全书共分十章：商务谈判概论、商务谈判组织、商务谈判语言与逻辑思维、商务谈判的文化背景、商务谈判方案策划、商务谈判的进程、商务谈判合同的签订、商务谈判策略、商务谈判中的礼仪和国际商务谈判。

本书既可以作为应用型本科院校、职业院校的教材，也可供从事商务谈判工作的商务人员参考阅读。

图书在版编目（CIP）数据

商务谈判 / 寇明斌，孙会茹，付向阳主编. -- 西安：
西安电子科技大学出版社， 2016.6

ISBN 978-7-5606-4132-4

Ⅰ.①商… Ⅱ. ①寇… ②孙… ③付… Ⅲ. ①商务谈判 Ⅳ. ①F715.4
中国版本图书馆 CIP 数据核字（2016）第 119596 号

策　　划　罗建锋　章银武
责任编辑　李　文
出版发行　西安电子科技大学出版社（西安市太白南路 2 号）
电　　话　（010）56091798　（029）88201467　　邮　　编　710071
网　　址　www.xduph.com　　电子邮箱　xdupfxb001@163.com
经　　销　新华书店
印刷单位　三河市悦鑫印务有限公司
版　　次　2016 年 6 月第 1 版　2024 年 2 月第 2 次印刷
开　　本　787 毫米×1092 毫米　1/16　印　张　14
字　　数　336 千字
印　　数　3001～5000 册定　　价　35.00 元
ISBN 978-7-5606-4132-4
XDUP 4424001-1

如有印装问题请联系 010-56091798

前　言

谈判是智慧与实力的较量，是谋略与技巧的角逐；谈判更是一项合作事业，合则双赢，分则两伤；谈判也是解决冲突的重要手段，合作并非意味着没有冲突，而冲突的解决则需要把握施与受的基本原则。通过交锋与妥协，在谈判力的较量中寻找各方利益平衡的最佳结合点，这也是谈判的真谛所在。

作为谈判的一种重要形式，商务谈判在现代市场经济中无处不在，无时不有。从小商小贩到现代企业集团，从本土工商企业的供销活动到国际间的经济、技术贸易，都离不开商务谈判。尤其是在市场经济日益发展、国际竞争日趋激烈的今天，商务谈判更显示了其无法替代的地位和举足轻重的作用。

本书立足于近年来国内外商务谈判领域的研究进展和实践变革，借鉴了大量的相关研究成果和案例素材，在构建商务谈判学科框架的基础上，结合实务界在实际谈判工作中的经验和教训，系统阐释了商务谈判的相关理论和实际操作流程，并以基础理论为基本写作宗旨，注重实务性，突出实用性，以培养学生的应用型技能为主要指导思想。本书语言通俗易懂、选材实用生动，可读性强。

全书共分为十章。包括商务谈判概论、商务谈判组织、商务谈判语言与逻辑思维、商务谈判的文化背景、商务谈判方案策划、商务谈判的进程、商务谈判合同的签订、商务谈判策略、商务谈判中的礼仪和国际商务谈判。

本书由兰州文理学院经济与管理学院的寇明斌、吉林电子信息职业技术学院的孙会茹和内蒙古化工职业学院的付向阳担任主编，漯河职业技术学院的韩燕华、黄淮学院的王书爽、桂林理工大学南宁分校的梁锐、郑州旅游职业学院的陈海彬、钦州学院的颜燕和广州工商学院的佟艳芬担任副主编。寇明斌拟定写作提纲并统稿。兰州文理学院经济与管理学院的李俊峰和刘畅担任本书的主审，并在本书的写作过程中给予了很大帮助，提出了许多宝贵意见，在此表示衷心感谢。本书的相关资料和售后服务可扫封底的微信二维码或登录www.bjzzwh.com 下载获得。

由于编写时间和编者经验所限，书中难免有不足之处，敬请广大读者批评指正。

编　者

目 录

第一章　商务谈判概论

商务谈判，是指从事商务活动的法人为了实现自己的交易目的而同交易对手就交易条件进行反复协商、达成双方满意协议的行为过程，表现和反映了交换双方的市场交换关系。商务谈判寓于交换活动中，成为交易活动的组成部分，属于商品交换和商品经济的范畴。

【本章学习目标】

- 了解商务谈判的基本知识；
- 掌握商务谈判的分类和商务谈判的原则；
- 了解《商务谈判》研究的内容和方法。

第一节　商务谈判的基本知识

从法律学角度来理解，商务谈判是指交易双方以一定的形式通过多次反复的发盘、还盘直到接受的程序，是就交易标的物及其他各项交易条件进行协商、达成协议的行为过程；这一定义强调，尽管谈判过程中双方的行为并不是最终交易的依据，是可以改变的，但是一旦发生即具有某种程度的法律约束力，当该行为更改撤销时就必须在一定的条件下才能成立。虽然前者强调商务谈判所反映的经济利益关系，后者强调的则是交易双方通过商务谈判所形成的法律关系。但是有一点却是统一的，都说明了谈判的结果必须是交易双方完全一致性的认可。

一、商务谈判的基本要素

商务谈判的要素是指构成商务谈判活动的必要因素，它是从静态结构揭示经济谈判的内在基础。通常认为，任何谈判都是谈判主体和谈判客体相互作用的过程。因此，商务谈判的基本要素应该包括谈判的主体、谈判的客体（包括谈判意向和谈判标的）、协商行为三个方面。当然对于具体的谈判而言，还可以有其他要素，使该谈判具体化、明确化。

（一）商务谈判的主体

商务谈判的主体指的是交易双方或者双方合法的代理人。交易双方是交易过程中的行为主体，交易活动结果直接涉及到他们的经济利益和其他方面的利益，而谈判活动是交易的前奏，为交易结果起定调的作用，所以在商务谈判活动中，谈判主体是主要因素，起着至关重要的作用。商务谈判活动的成效在很大程度上取决于谈判主体的主观能动性和创造性。谈判的主体可以是一个人，也可以是一个合理组成的群体。但不是什么人都可以成为主体，主体首先必须是交易双方或者他们合法的代理人，其次必须是具有商务谈判科学知识和能力、拥有相应权力的人。

（二）谈判意向

交易双方参与交易活动，必有其特定的需要和特定的目的，否则他们不会共同走到谈判桌前，这些谈判需要和目的共同形成谈判意向。并且根据谈判意向，双方必须向对方明确表示要求或者同意就某一商务事项与对方进行谈判。谈判意向的表示既是谈判活动的基础，又是谈判正式开始的标志。

（三）谈判标的

谈判标的是交易过程中的客体，是谈判的对象和主要内容。没有谈判标的，双方的交易目的是无法实现的。并且对标的的谈判还将极大地影响和作用于其他交易条件。现代商务谈判的标的，除了具有实体的商品外，还有具有价值的虚拟商品，如技术、劳务、资金借贷、信息等。

（四）协商行为

在整个谈判过程中，交易双方为了达成本方的意向，总是讨价还价、不断调整改变自己所提出的发盘条件、逼迫对方降低发盘条件，以谋求双方都可以接受的成交条件，这就是协商行为。即使在短短数秒中完成的极其简单的口头协商的交易活动中，协商行为也在悄然发生。

（五）谈判结果

不论谈判是促成交易还是破裂，都是谈判的结果。结果应该是一个由时间、地点、最后的结局等组成的一个复合体。

以上各种要素如彼此孤立存在，不是一个有机的整体，则商务谈判不可能存在。因此，各种要素必须通过若干的联系形式，或者说是结合媒体而形成有机整体，这些媒体主要是谈判者在谈判中所拥有的权力（Power）、时间（Time）和信息（Imformation）三要素。

（1）权力（Power）。权力是谈判者在谈判中能对谈判对手、谈判内容、谈判过程以及谈判者自己施加控制和影响的能力和条件。谈判者拥有权利，就等于自己能够掌握自己的命运，就有了实现谈判目标最可靠的依据。

（2）时间（Time）。时间的客观性告诉人们这样一个普遍的真理：时间不等人，时间的运动速度是恒定的，这对于每个人都是相同的，人们对它无能为力，没法改变。因而必

须注意时间进程对谈判过程的影响，在很多时候，谈判者看待时间的观念和使用时间的方式会成为成功的关键，这就是常说的抓住谈判机遇。

（3）信息（Imformation）。信息是与谈判活动有关的一切资料和情报的总和。谈判目标的制定、谈判战略和谈判策略的选择都依赖于谈判者所掌握信息的数量和质量，整个谈判过程始终都是信息的传递和交流的过程。

二、商务谈判的发展历程

（一）商务谈判的产生

人是社会关系的总和，人类的活动总是体现为一种社会活动。人总是与他周围的人们发生关系，这种关系是多种多样的、复杂的，而且在不断变化发展。人们达成一致的情形是相当偶然的，完全的一致根本不存在，而大多数时候都处于相互矛盾的状态之中，有时隐蔽缓和，有时激烈尖锐。这些矛盾的解决必须通过各种方式和途径来完成，如竞争，甚至是诉诸武力和战争等，但这些方式往往造成双方两败俱伤。因此在采用某种方式和途径之前，双方都力图采用谈判的途径来谋求双方矛盾的解决。所以，谈判作为一种社会活动的产生，是由于它是一种协调人们之间关系，尤其是发生冲突关系时的基本而有效的手段。

当最初人们之间直接的经济关系并不复杂的时候，谈判多用于解决社会集团之间的政治、军事、外交等冲突，直至现代谈判也依然是解决这些领域问题的主要手段之一。

毫无疑问，人们之间的经济关系也同社会关系一样，时常产生冲突，于是谈判便移植于经济生活之中，用以调整人与人、经济组织与经济组织之间的物质利益关系，从而产生了经济谈判。随着社会化大生产以及商品经济的发展，经济关系集中体现在市场交换关系上，经济谈判主要表现为商务谈判。因而，商务谈判活动的产生乃是来源于交换关系的矛盾，并成为协调人们之间、经济组织与经济组织之间市场关系的手段。

（二）商务谈判的发展

从历史发展的规律来看，商务谈判与商品经济之间有着内在、本质的联系。商务谈判随着商品经济的产生而产生，随着商品经济的发展而发展。商品经济的规模、范围、深度等特点，制约着商务谈判的规模、范围、深度等状况。反过来，商务谈判的科学化程度的提高又通过有效地协调好市场交换关系而促进商品经济的迅速发展。

（三）商务谈判发展的规律性

随着交换关系范围的扩大、内容的复杂、程序的规范，商务谈判的发展呈现出以下规律性：

（1）谈判行为的普遍化。由于利用谈判途径可以解决交易中的利益冲突具有许多方便之处，因此交易双方愈来愈愿意利用这一工具。

（2）谈判策略的艺术化。交换双方经济利益冲突将日益复杂，并以新的方式反映和暴露出来。显然简单生硬的谈判方式已经不能达到解决这些冲突的目的，谈判者必须将谈判策略艺术化，力求通过精湛的谈判技巧缓解冲突情绪，满足对方谈判心理等各方面的要求，使得谈判成功。

（3）谈判人员组织化。早期的商务谈判大多限制在货物贸易的谈判范围内，只需要一个人就可以完成，而现代商务谈判领域已经扩大到劳务、技术、资金借贷、信息等方面，交易条款多而复杂，给谈判增大了难度，尤其是大型的、综合性的、一揽子的谈判，持续时间长，必须成立谈判小组，由各方面专家组成，分工协作处理谈判中的有关事务。

（4）谈判过程约束化。通过长期商务谈判实践的总结，许多国家以及国际组织都力求把成熟的经验、方法、程序、原则加以理论化、条文化、法律化，用以指导和约束越来越多的谈判顺利进行。

三、影响商务谈判的因素

任何一种谈判都可以按其冲突程度（或合作程度）从中找到一个合适的位置。决定谈判的因素很多，主要包括以下几点：

（1）谈判各方所希望取得的成果总和越是固定，则谈判越具冲突性。

（2）单一谈判主题往往比较多主题更具冲突性。

（3）谈判双方的依存性愈高，则谈判愈具合作性。

（4）谈判者的性格可以影响谈判的合作程度。

（5）谈判各方所能运用的时间长短。

（6）谈判双方实力的差别。

四、商务谈判的特征

商务谈判除了具有一般谈判的共性外，还有其个性特点，主要表现在以下几个方面。

（一）以经济利益为目的

人们之所以要谈判，是因为有一定的需要要得到满足。不同的谈判，谈判者的需要即目的是不同的，商务谈判的目的是要获得经济上的利益。虽然谈判者可以调动和运用各种因素来影响谈判，其中许多可以是非经济因素，但其最终的目的仍然是经济利益。

（二）讲求谈判的经济效益

谈判本身就是一项经济活动，而经济活动要讲求经济效益。商务谈判更是如此。在商务谈判中，人们时刻必须注意谈判的成本和效率，考虑效益问题。事实上经济效益是评价一场商务谈判是否成功的主要指标，不讲求经济效益的商务谈判本身就失去了价值和意义。

（三）以价格为谈判的核心

虽然商务谈判所涉及的因素不只是价格，谈判者的需要或利益也不唯一表现在价格上，但价格在几乎所有的商务谈判当中都是谈判的核心内容，这是因为价格最直接地表明了谈判双方的利益。谈判双方在其他利益因素上的得与失，拥有的多与少，在很多情况下都可以折算为一定的价格，通过价格的升降而得到体现。

对一个商务谈判者来讲，了解价格是商务谈判的核心，价格在一定条件下可与其他利益因素相折算，这一点很重要。在谈判中一方面要以价格为中心，坚持自己的利益，另一方面又不要仅仅局限于价格，也可以从其他方面争取利益。有时，与从价格上争取对方让步相比，在其他因素上要求对方让步可能更容易做到，并且行动也比较隐蔽。

（四）影响因素复杂多变

影响商务谈判的因素具体包括：政治因素、社会因素、文化因素、法律因素、政策因素、科技因素、市场因素、自身因素等。自身因素，譬如企业实力和竞争能力等；技术因素，它涉及经济学、语言学、心理学、法学、管理学、文化学、社会学、行为科学等多门学科。因此，商务谈判要求谈判者具备广阔的知识和信息，需要掌握胜人一筹的策略和技巧，它既是一门科学也是一门艺术。

五、商务谈判的现实意义

商务谈判的现实意义主要有以下几个方面。

（一）增强对谈判双方的现实了解（信息交流）

当谈判双方明确表示谈判意向时，一方所了解的仅仅是对方产生交易的需要，其他却一无所知，或者知之甚少。仅有谈判意向并不构成谈判行为，因此还需要通过谈判加强彼此的了解。当然，在正式谈判前，一方可能对对方的资信、经营等一般状况做过一些间接调查，但这只是一种抽象的了解，因为一项交易活动的内容和目的是具体的，对方在这次交易活动中的具体态度、实力等方面的情况必须在与对方发生联系的谈判中，面对面地观察、判断才能明确。

（二）约束谈判双方履行义务

在现货交易中，通过短暂的讨价还价，买卖双方即按照约定履行各自的义务，并获得相应的权利，极少发生纠纷，没有夜长梦多之忧。但是通过商务谈判而达成的交易活动大多数都是在未来某一时间进行，尤其是劳务、技术、资金等的转让，双方履行义务都有一个较长的时间范围，为了防止一方不履行义务，通过谈判及合同的签订加以约束。不仅如此，在正式谈判中，谈判任何一方的行为或表示都具有一定的法律意义，受到某种程度的约束。询盘、发盘、还盘、接受等要按照一定的要求进行，并且对以后的谈判发生影响和作用。

（三）发展和开拓谈判双方的业务合作领域

从狭隘的谈判观念看，某次谈判活动成功的标志是自己一方从该项交易中获得尽可能多的现实经济利益。但真正的商务谈判成功者却不是这样看，他们所谋求的是通过每次谈判活动与对方形成长久、稳固、友好的合作关系，注重双方交易的长期利益，开拓双方的业务合作领域。

（四）平衡谈判双方的利益

商务谈判的结果——协议的执行，直接形成谈判双方经济利益的得失。成功的谈判常常使双方获得大体一致的利益，损人利己的“一锤子”买卖绝不是正直的谈判人员所为。在最初的谈判中，双方所提出的交易条件无不是有利于自己一方的，或者说有意过分强调自己的利益，正所谓“买者喊低价，卖者喊高价”。但这只不过是一种策略，虚晃一枪而已，因为双方都清楚地知道，最后交易很难按照任何一方提出的初始条件来达成，这样做无非是为自己在谈判中留有余地。双方这种共同的交易心理及其所形成的行为，导致交易利益的平衡，谁都不吃亏。

（五）提高和改进交易双方的管理水平

在企业管理中，应该树立这样的观点：商务谈判是企业管理活动的一部分和其职能之一，科学地进行谈判可以提高企业的管理水平。企业管理活动主要是对企业经营过程进行计划、组织、指挥、监督和控制，其中经营计划除了接受国家宏观计划的粗线条的指导外，与其他经济组织之间发生联系保证计划的执行，都是通过先谈判后签订合同达到的。通过谈判还可以发现和借鉴对方业务管理上的先进经验，分析寻找本企业管理中存在的问题，从而制定有效措施予以纠正。谈判除了协调行为以外，还是实力的对比，具体表现为业务活动上的竞争、管理能力上的较量，有竞争、有较量就能给自己的业务管理活动以启发和提高，也是学习和借鉴对方经验的好机会。

第二节　商务谈判的分类

一、国内商务谈判和国际商务谈判

按照谈判者所在的地区范围为标志分类，可将谈判分为国内商务谈判和国际商务谈判。

（一）国内商务谈判

国内商务谈判是国内各种经济组织及个人之间所进行的商务谈判。它包括国内的商品购销谈判、商品运输谈判、仓储保管谈判、联营谈判、经营承包谈判、借款谈判和财产保险谈判等。国内商务谈判的双方都处于相同的文化背景中，这就避免了由于文化背景的差异可能对谈判所产生的影响。国内商务谈判涉及的有形资产和无形资产无需从一国转移到另一国，双方当事人都是我国的法人；谈判过程和行为比较简单，谈判双方易于了解对方各方面的情报；在经济利益上双方无根本性冲突，大多体现为相互合作、共同促进的精神；而且由于双方语言相同，观念一致，所以谈判的主要问题在于怎样调整双方的不同利益，寻找更多的共同点。当然国内的有关经济法规自然成为谈判活动的受约法律；双方谈判行为较易受到行政因素的影响。因此，目前国内经济组织之间的交易往来中，还是存在不完全独立的谈判行为，法律对谈判行为的约束力还不具有普遍性。

（二）国际商务谈判

国际商务谈判是指本国政府及各种经济组织与外国政府及各种经济组织之间所进行的商务谈判。国际商务谈判包括国际产品贸易谈判、易货贸易谈判、补偿贸易谈判、各种加工和装配贸易谈判、现汇贸易谈判、技术贸易谈判、合资经营谈判、租赁业务谈判和劳务合作谈判等。不论是从谈判形式，还是从谈判内容来讲，国际商务谈判远比国内商务谈判复杂得多。这是由于谈判人员来自不同的国家，其语言、信仰、生活习惯、价值观念、行为规范、道德标准乃至谈判的心理都有着极大的差别，而这些方面都是影响谈判进行的重要因素。

二、商品贸易谈判和非商品贸易谈判

根据商务谈判的标的不同，商务谈判可分为货物贸易谈判和非货物贸易谈判。

（一）商品贸易谈判

商品贸易谈判是指货物买卖双方就货物的买卖条件所进行的谈判。货物贸易谈判。货物贸易谈判的标的是存在着客观实体、具有使用价值

（二）非商品贸易谈判

非商品贸易谈判是指除商品贸易之外的其他商务谈判，包括工程项目谈判、技术贸易谈判、资金谈判等。

工程项目谈判是指工程的使用单位与工程的承建单位之间的商务谈判。工程项目谈判十分复杂，这不仅仅是由于谈判的内容涉及广泛，还由于谈判常常是两方以上的人员参加，即使用一方、设计一方、承建一方等。

技术贸易谈判是指对技术有偿转让所进行的商务谈判。技术贸易谈判一般分为两个部分：技术谈判和商务谈判。技术谈判是供需双方就有关技术和设备的名称、型号、规格、技术性能、质量保证、培训、试生产、验收等问题进行的商谈。商务谈判是供需双方就有关价格、支付方式、税收、仲裁、索赔等条款进行商谈。

资金谈判是资金供需双方就资金借贷或投资内容所进行的谈判。资金谈判的主要内容有货币、利率、贷款、保证条件、还款、宽限期、违约责任等。

三、一对一谈判、小组谈判和大型谈判

根据谈判组织形式为标志可以将谈判分为一对一谈判、小组谈判和大型谈判。

（一）一对一谈判

项目小的商务谈判往往是“一对一”式的。出席谈判的各方虽然只有一个人，但并不意味着谈判者不要做准备。“一对一”谈判往往是一种最困难的谈判类型，因为双方谈判者只能各自为战，得不到助手的及时帮助。因此，在安排参加这类谈判的人员时，一定要选择有主见，决断力、判断力强，善于单兵作战的人参加，性格脆弱、优柔寡断的人是不能胜任的。谈判人员多、规模大的谈判，有时根据需要，也可在首席代表之间安排“一对一”谈判，磋商某些关键问题或微妙敏感问题。

（二）小组谈判

小组谈判是一种常见的谈判类型。一般较大的谈判项目，情况比较复杂，各方有几个人同时参加谈判，各人之间有分工有协作，取长补短，各尽所能，可以大大缩短谈判时间，提高谈判效率。

（三）大型谈判

国家级、省（市）级或重大项目的谈判，都必须采用大型谈判这种类型，由于关系重大，有的会影响国家的国际声望，有的可能关系到国计民生，有的将直接影响到地方乃至国家的经济发展速度、外汇平衡等，所以在谈判全过程中，必须准备充分、计划周详，不允许存在丝毫破绽、半点含糊。为此，就必须为谈判班子配备阵营强大的、拥有各种高级专家的顾问团或咨询团、智囊团。这种类型的谈判程序严密、时间较长，通常分成若干层次和阶段进行。

四、主座谈判、客座谈判和主客座轮流谈判

根据谈判地域不同，商务谈判可分为主座谈判、客座谈判和主客座轮流谈判。

（一）主座谈判

主座谈判又称主场谈判，它是在自己所在地组织的谈判。主座包括自己所居住的国家、城市或办公所在地。总之，主座谈判是不远离自己熟悉的工作和生活环境，是在自己做主人的情况下所组织的商务谈判。

主座谈判给主方带来不少便利之处，从谈判时间表、各种谈判资料的准备和新问题的请示均比较方便，所以主座谈判人谈起来很自如，底气十足。作为东道主，必须懂得礼貌待客，包括邀请、迎送、接待、洽谈组织等。礼貌可换来信赖，它是主座谈判者谈判中的一张王牌，它会促使谈判对手积极思考东道主谈判者的各种要求。

（二）客座谈判

客座谈判也叫客场谈判，它是在谈判对手所在地组织的一种谈判。客座谈判对客方来说需要克服不少困难。到客场谈判时必须注意以下几点：

（1）要入境问俗、入国问禁。要了解各地、各国的不同风俗和国情、政情，以免做出会伤害对方感情但稍加注意即可防止的事情。

（2）要审时度势、争取主动。在客场谈判中，客居他乡的谈判者，受着各种条件的限制，如客居时间、上级授权的权限、信息沟通的困难等。面对顽强的对手可以施展的手段有限，除了市场的竞争条件外，就是让步或坚持到底。客场谈判人在这种处境中，要审时度势、灵活反应、争取主动，包括分析市场、主人的地位、心理变化等。有希望则坚持，无希望成功则速决，对方有诚意就考虑可能给予的优惠条件，若无诚意则不必随便降低自己的条件。

（3）如果是在国外举行的国际商务谈判，遇到的首先是语言问题。要配备好的翻译、代理人，不能随便接受对方推荐的人员，以防泄露机密。

（三）主客座轮流谈判

主客座轮流谈判是一种在商务交易中谈判地点互易的谈判。谈判可能开始在卖方，继续谈判在买方，结束在卖方也可能在买方。主客座轮流谈判的出现，说明交易是不寻常的，它可能是大宗商品买卖，也可能是成套项目的买卖。这些复杂的谈判拖的时间比较长，应注意以下两个方面的问题：

（1）确定阶段利益目标，争取不同阶段最佳谈判效益。主客场轮流谈判说明交易的复杂性，每次更换谈判地必定有新的理由和目标。谈判人员在利用有利条件或寻找有利条件、创造有利条件时，应围绕阶段利益目标的实现可能性来考虑。犹如下棋，要看几步。在“让与争” 中，在成功与失败中掌握分寸、时机。没有阶段利益目标不能称其为优秀谈判者。“阶段利益目标” 的谈判意识，是以“循序渐进，磋商解决” 的方式为基础的，以“生意人的钱袋扎得紧”为座右铭。

（2）坚持主谈人的连贯性，换座不换帅。在谈判交易中易人尤其是易主谈人是不利于谈判的，但在实际中这种情况经常发生。由于公司的调整、人员的变迁、时间安排等客观原因，或是出于谈判策略的考虑，如主谈人的上级认为其谈判结果不好或表现不够出色，为了下一阶段的利益目标而易帅。无论属于哪种情况，易帅都会在主客轮流谈判中带来不利影响，给对方带来损失和不快。而新的主谈人也不可能完全达到原定目标。因为谈判已经展开，原来的基础条件已定，过去的许多言论已有记载。对方不会因你易帅而改变立场。易帅是否可以争取到比以前更好的结果，也不尽然。避免主帅更迭的最好方法，是在主客场轮流谈判中配备好主帅和副帅，有两个主谈人就可以应付各种可能出现的情况，以确保谈判的连贯性。

五、软式谈判、硬式谈判和原则式谈判

根据谈判者对谈判的态度以及形成的谈判风格，商务谈判可分为软式谈判、硬式谈判和原则式谈判三种。

（一）软式谈判

软式谈判又称为友好型或者关系型谈判，谈判者可以为达成协议而让步，尽量避免冲突，总是希望通过谈判签订一个皆大欢喜的协议，或者至少能够签订一个满足彼此基本利益的协议而不至于空手而归。

（二）硬式谈判

硬式谈判又称为立场型谈判，谈判者将谈判看做一场意志力的竞争，认为在这种竞争中，立场越强硬的一方最后获得的收益也会越多。硬式风格的谈判者往往更多地关注如何维护自身的立场、抬高和加强自己的地位，总是处心积虑地要压倒对方。

（三）原则式谈判

与软式谈判相比，原则式谈判也注意与对方保持良好的关系，但是并不像软式谈判那样只强调双方的关系而忽视利益的公平。与硬式谈判相比，原则式谈判主张注重调和双方的利益，而不是在立场上纠缠不清。因此，原则式谈判既不是软式谈判，也不是硬式谈判，而是介于两者之间。原则式谈判法为商务谈判建立了一个可以充分借鉴的框架，在具体应用中，可以分为如下三个阶段：

第一阶段：分析阶段（Analysis Stage）。

这一阶段是谈判人员对谈判双方的情况进行分析，达到知己知彼的阶段。此阶段的要点是：尽可能利用各种有效的途径获取信息，对信息进行组织、思考并对整体谈判形势作出判断。

（1）关于人的因素，谈判者要考虑谈判各方都持有什么样的观点、双方对同一个问题有没有认识上的差异、有没有敌对情绪、存在什么样的交流障碍。

（2）关于利益因素，谈判者应考虑并认知各方的利益所在，双方是否存在共同的利益、是否存在彼此矛盾但是可以兼容的利益等。

（3）关于方案因素，谈判者应审核既定的谈判方案，是否存在可供选择的谈判方案。

（4）关于标准因素，谈判者应该认知建议作为协议基础的谈判标准，是否存在可以划分利益的公平标准。

第二阶段：策划阶段（Planning Stage）。

这一阶段也就是谈判者在分析谈判形势的基础上，作进一步周密策划的阶段。此阶段的要点是要求谈判人员利用创造性思维，策划如何实施谈判。谈判者要再次思考以下四个方面的原则。

（1）关于人的问题，谈判者要对可能遇到的人的问题作出解决方案的策划，若出现了双方认识上的差异，如何解决？若出现了双方情绪上的冲突，又如何解决？

（2）关于利益问题，谈判者应考虑在本方的各种利益中，哪些利益是对本方非常重要的，哪些利益是对对方非常重要的，用什么样的方法可以满足双方的要求。

（3）关于方案问题，谈判者应考虑用什么样的方法可以找出最终双方都能接受的解决方案，如何让双方摆脱僵局。

（4）关于标准问题，谈判者应找出供最终决策的客观标准。如双方各不让步，哪些标准可以用来公平地划分利益？

第三阶段：讨论阶段（Discussion Stage）。

这一阶段也就是谈判双方讨论交流阶段。此阶段的要点是要谈判各方充分交流，努力达成协议，同样还要根据以下四个原则来考虑：

（1）关于人的问题，要探讨观念的差异，让对方发泄挫折和气忿的情绪，克服交流的障碍。

（2）关于利益问题，谈判每一方都要充分了解并关注对方的利益所在，使用各种询问方式进一步证实对方的利益所在。

（3）关于方案问题，双方都应积极配合对方在互利基础上寻求谈判解决方案。

（4）关于标准因素，对于相冲突的利益，努力以客观标准划分利益，并达成协议。

六、口头谈判和书面谈判

（一）口头谈判

口头谈判是指谈判人员面对面直接用口头语言来交流信息和协商条件，或者在异地通过电话进行商谈。口头谈判是谈判活动的主要方式，主要优点是：当面陈述、解释，直接、灵活，也为谈判人员展示个人魅力提供了舞台；便于谈判人员在知识、能力、经验等方面相互补充、协同配合，提高整体谈判能力；反馈及时，利于有针对性的调整谈判策略；能够利用情感因素促进谈判的成功等。口头谈判也存在某些缺陷：如利于对方察颜观色，推测己方的谈判意图及达到此意图的坚定性；易于受到对方的反击，从而动摇谈判人员的主观意志。但是，这些缺陷，反过来也是可供运用的优点。

（二）书面谈判

书面谈判是指谈判人员利用文字或图表等书面语言进行交流和协商。书面谈判一般通过信函、电报和电传等具体方式。书面谈判通常作为口头谈判的辅助方式，主要优点是：思考从容，利于慎重决策；表达准确、郑重，利于避免偏离谈判主题；在向对方表示拒绝时，要比口头形式方便易行。特别是在已与对方人员建立了良好的人际关系的情况下，通过书面形式既直接表明了本方的态度，又有利于减少不必要的矛盾，费用较低，有利于提高谈判的经济效益等。书面谈判的缺点在于：不利于双方谈判人员的相互了解。并且，信函、电报和电传等所能传递的信息是有限的，谈判人员仅凭借各种文字资料，难以及时、准确地对谈判中出现的各种问题做出反应，因而谈判的成功率较低。

书面谈判，切忌文不达意和马虎粗心，因此，对谈判人员的书面表达能力和工作作风有较高的要求。一般来说，书面谈判适用于那些交易条件比较规范、明确，谈判双方彼此比较了解的谈判。对一些内容比较复杂、交易条件多变，而双方又缺乏必要了解的谈判，则适宜采用口头谈判。

第三节　商务谈判的原则

商务谈判的原则是指商务谈判中谈判各方应当遵循的指导思想和基本准则。商务谈判的原则是商务谈判内在的、必然的行为规范，是商务谈判的实践总结和制胜规律。因此，认识和把握商务谈判的原则，有助于维护谈判各方的权益，提高谈判的成功率和指导谈判策略的运用。

商务谈判都依存于特定的环境和条件，并服从于谈判者对特定目标的追求。因而，在现实中存在的大量商务谈判行为，必然是各具特色、互不相同的。但是，任何一项商务谈判又都是谈判双方共同解决问题，满足各自需要的过程，从这个意义上讲，不同的商务谈判对谈判者的行为又有着共同的要求。或者说，无论人们参与什么样的商务谈判，都必须遵循某些共同的准则。商务谈判是一种原则性很强的活动，在商务谈判中，谈判者应遵循的原则主要有以下几个方面。

一、合法原则

合法原则是指商务谈判必须遵守国家的法律、政策。国际商务谈判还应当遵循有关的国际法和对方国家的有关法规。商务谈判的合法原则，具体体现在以下三个方面：一是谈判主体合法，即谈判参与的各方组织及其谈判人员具有合法的资格；二是谈判议题合法，即谈判所要磋商的交易项目具有合法性，对于法律不允许的行为，如买卖毒品、贩卖人口、走私货物等，其谈判显然违法；三是谈判手段合法，即应通过公正、公平、公开的手段达到谈判目的，而不能采用某些不正当的，如行贿受贿、暴力威胁等手段来达到谈判的目的。总之，只有在商务谈判中遵守合法原则，谈判及其协议才具有法律效力，当事各方的权益才能受到法律的保护。因此合法原则是商务谈判的根本。

二、平等互利原则

平等互利是商务谈判活动中必须遵循的一条重要原则。只有遵循平等互利的原则，才能帮助企业同外界建立良好的业务往来关系。

（一）谈判的各方没有高低贵贱之分

遵循平等自愿、协商一致的原则，要求买卖双方都处在平等地位，在自愿交易的基础上，相互充分协商，达成交易。虽然各企业从事经济活动的职能、规模、范围及经营方式、经营能力各不相同，但他们都是自主经营、自负盈亏的商品生产者，在商品交易面前均处于平等地位。进行任何一项交易都应出于双方自愿，是否成交和怎样成交，都要经过双方充分协商。任何凭借自己或他人的权势，在谈判桌上欺压对方的做法都是不足取的，除非己方想赶走对方，否则一定要将己方的架子放下来，才有可能继续下去。

（二）谈判各方的需求都要得到满足

因为需求，才使谈判各方走到一起来，也正是因为彼此需求上的分歧，才使各方坐下来进行交流。谈判各方均应竭力寻求使每一方都能受益的，即互利的解决方案，达到双赢的谈判结果。美国谈判学会会长尼尔伦伯格认为：在一场成功的谈判中，双方都有利可图，每一方都是胜利者。

实践证明，运用互利原则是有相当的优势。由于强调互利，着眼于寻求使每一个都能得利的方案，谈判的价值就凸现出来。这促使谈判双方尽力发挥各自的积极性和创造性，加强合作解决问题的信心，避免流于表面的观点之争、立场之争，从而大大缩短了谈判的进程，提高了谈判的效率。

谈判中不作任何让步是不可能的，因为互利的原则告诉我们，谈判的某一方在某一问题上的让步，就是另一方在该问题上的需求；而对于接受让步的一方，也会在其他问题上做出让步才能得到这次需求。只有充分认识并做出让步才能换取自己的真正需求。

三、信实原则

信实原则即守信与诚实原则。进行谈判，诚实、守信至关重要，这也是参加商务谈判的一项重要原则。所谓守信，即是言必行，行必果；所谓诚实，是说任何谈判，没有诚心诚意，言而无信，出尔反尔，朝告夕改，势必失信于人，破坏双方的合作，谈判必将失败。俗话说：“诚招天下客”，这在商务谈判中尤其如此。诚心实意，坦率守信，这既是一条谈判原则，又是谈判成功的有效法宝之一。为了在谈判中遵循这一原则，谈判者应该做到以下几点：

（1）讲信用，遵守谈判中的诺言。所谓“一诺千金”此乃取信于人的核心。

（2）信任对方，此乃守信的基础，也是取信于人的方法，只有信任对方，才能得到对方的信任。

（3）不轻诺，此乃守信的重要保障。轻诺寡信，必将失信于人。

（4）以诚相待，此乃取信于人的积极方法。诚实与保守商业机密并不矛盾，诚实的意义在于不欺诈，所以谈判人员应该明白这样的道理。

四、事人有别原则

由于商务谈判所涉及的是有关双方利益的事物，如货物与服务的价格、成本等，而不是谈判者，参加谈判的人只是事物的载体，谈判桌上发生冲突的是事物。所以，对事应是强硬的．当仁不让，坚持原则；而对人则应是友好的、温和的，关系融洽。这就是人事分离的理念。

在商务谈判过程中，当双方互不了解，出现争执，以及因人论事时，想解决问题达成协议是极其困难的。这是因为参加谈判的是有血有肉、有感情、有自我价值观的人。人与人之间可以经由信任、了解、尊敬和友谊建立起良好的关系，从而使一项该判活动变得顺利、有效。相反，发怒、沮丧、疑惧、仇视和抵抗心理，会将个人的人生观与现实问题结合在一起，使之产生沟通障碍，从而导致双方相互误解加深，强化成见，最后使谈判破裂。因此，将谈判个人的因素与谈判所涉及的目标分离开，是商务谈判获得成功的重要方法之一。把人与问题分开，就意味着谈判双方肩并肩地处理问题。这对于消除感情因素可能引发的不利影响，变消极因素为积极因素，有着非常重要的实践意义。

五、立场与利益分开原则

谈判者所持的立场与其所追求的利益是密切相关的。立场反映了谈判者追求利益的态度和要求，而谈判者的利益则是使其采取某种立场的原因。利益在许多情况下是内隐的，

而一个人的立场则由他自己决定，并常常通过自己的言谈举止显现出来。

人们持有某种立场为的是争取他所期望的利益，立场的对立无疑源于利益的冲突。如果某一方的利益追求在谈判一开始就得以实现，那他就没有必要继续坚持他的立场，双方很快就可以达成一致。而如果谈判者所持的立场无助于他对利益的追求，他就会重新审视这一立场，进行适当的修改和调整，甚至放弃这一立场。

在商务谈判中，谈判者的立场服从于他对利益的追求。就立场相互对立的双方来说，重要的不是调和双方的立场，而是调和彼此的利益。当然，在某些情况下，双方也完全可以通过合作来消除立场的对立，但调和立场的目的，恰恰是为了谋求彼此在利益上的协调一致。把注意力集中于相互的利益而不是立场，对谈判双方来说都是十分有益的。

六、客观标准的原则

商务谈判中面对存在的分歧，有些谈判者往往持强硬的态度，试图迫使对方不断让步；有些谈判者则过分突出感情的因素，在对方的压力面前不断地退让。靠压力来达成协议可能给谈判者带来一时的利益，但不可能只凭借强大的压力来获取长久的成功。同样，宽厚大方的做法虽然维系了双方的良好关系，但自己却陷于微利甚至是无利可图的境地，谈判的效率是低下的。

谈判要解决的问题应该以客观的标准为依托。坚持客观标准的原则，就是坚持协议中必须反映出不受任何一方立场所左右的公正的客观标准。通过对客观标准的讨论而不是固执地坚持自己的立场，就可以避免任何一方向另一方屈服的问题，使双方都服从于公正的解决办法。

七、实事求是原则

实事求是原则的涵义由“实事”与“求是”两部分组成。同人类其他活动一样，谈判从本质上讲也是人们的信息传递活动，所不同的是，谈判的各方是处在相互对立的各边。这种对立关系就使得谈判者在既定的立场、自身利益和强烈感情的支配下，更容易陷入固执己见，甚至某些偏见的泥潭中，不顾事实，远离客观真相，一意孤行，从而离谈判的目标越来越远。因此，谈判者必须遵循实事求是的原则。

谈判者提出的根据应该是真实的、符合实际的，所采取的标准应该是客观的、公正的，所提出的要求应该是合理的、恰如其分的，而不是过分的或强人所难的，这就是所谓的“实事”。谈判者应该在谈判之前切实做好调查研究和信息积累工作。在谈判中不仅要了解己方，还要了解对方，即知己知彼。在此基础上通过积极认真的思索与分析，寻求一个满足各方需要、平衡各方利益的最佳解决方案，这就是所谓“求是”。

实事求是原则是在谈判中解决棘手的利益需要问题的一条切实可行的重要原则，许多成功的谈判都是遵循这一原则而达成协议。背弃这一原则的谈判将是失败的，甚至产生无效协议。

八、时效性原则

所谓时效性原则，就是要保证谈判的效率和效益的统一。商务谈判要在高效中进行，不能搞马拉松式的谈判。随着科学技术的发展，科技进步与经济发展的关系日益密切，因而依赖科技进步的新产品开发周期、产品的有效生命期越来越短。企业在获得经济信息的基础上，为了开发新产品，延长产品的经济生命周期，就要广泛开展供需双方的谈判，以赢得消费市场。另外，为延长产品的有效生命周期，选择恰当的商务谈判对象也十分重要。

从我国国内情况来看，由于地区间在经济条件、技术水平、文化素质等方面存在较大差别，不同地区对某一产品的需求高峰就存在着时间差异。商务谈判可以利用空间分布的需求时间差异来延长产品生命周期。也就是说，要在某一地区某一产品还处在需求的朦胧状态或者需求高峰尚未出现之前，去占领和开辟销售市场。企业要善于掌握市场信息，遵循时效性原则去有效地利用商务谈判的手段实现经济目标。

九、最低目标原则

目标是人们行为的方向，激励着人们的行为。目标是由目标体系所构成的。目标体系又由无数个具体目标构成的。一般来说，目标有大目标和小目标、长远目标和眼前目标、总目标和具体目标之分。人们在实现这些不同类型的目标时，通常只能分阶段、分步骤地进行。在商务谈判过程中，遵循最低目标原则是谈判获得成功的基本前提。也就是说，谈判双方在不违背总体经济利益的原则下，按照双方的意愿各自可作适应的让步。从心理学角度看，初次接触和合作，人们最忌讳的是过高的要求和苛刻的条件。只有在相互交往加深了解之后，信任程度才会逐步加深，才能引发出诱人的合作前景。

从每一个企业的具体情况看，它的客户并非只有一个。如果与每一个谈判对象都能达成最低目标协议。这些最低目标的集合就能在实现整体目标体系的过程中，逐步向最高目标逼近。商务谈判同其他事物的发展一样，也有量的积累到质的飞跃的变化过程。虽然单个协议对企业来说可能是无关大局的，但多个协议的集结，却能增强企业活力，使之成为市场竞争的强者。

十、科学性与艺术性相结合的原则

商务谈判是一门科学，同时又是一门艺术，是科学性与艺术性的有机结合。一方面，商务谈判是人们协调彼此的利益关系，满足各自需要的行为过程，人们必须从理性的角度对所涉及的问题进行系统的分析研究，根据一定的规律、规则来制定谈判的方案和对策。

另一方面，商务谈判活动是由特定的谈判人员进行的，在这种活动中，谈判人员的知识、经验、情绪、情感及个性心理特征等因素，又都会在一定的程度上对谈判的过程和结果产生影响。很难在事先做出估测，调动和运用这些因素就具有某种艺术性。

在商务谈判过程中，谈判者应当既坚持科学，又讲究艺术，遵循科学性与艺术性相结合的原则。只有用理性的思维，抱着科学的态度对待谈判，才能发现谈判中带有规律性的现象和实质要求，把握其一般的发展趋势。同时，只有运用艺术化的处理手法，才能及时化解谈判中可能出现的各种问题，灵活地调整自己的行为，从而使自己在面对不断变化的环境因素时，能保持反应的灵敏性和有效性。

第四节 《商务谈判》研究的内容和方法

一、《商务谈判》研究的内容

商务谈判是一门新兴学科。目前国内外大多数研究谈判的书籍只是某些谈判人员零散经验和活动的描述。因此，作为一门科学理论，商务谈判是有待于人们深入探索、研究的领域。概括地讲，商务谈判所研究的内容是关于商务谈判活动中的一般规律，这些规律是商务谈判活动的客观表现，反映了商务谈判活动各个方面内在本质的属性。主要包括：

（1）商务谈判的基本范畴。涉及到商务谈判的界定以及谈判的原则、种类和程序。通过对这些问题的分析力求使读者了解商务谈判最基本的方面。

（2）商务谈判的阶段性理论。包括开局阶段谈判、实质性阶段谈判、签约谈判和签约后谈判。谈判每一阶段涉及的内容和方法都是有差异的。

（3）商务谈判的组织管理理论。

（4）影响商务谈判活动的其他环境因素。如市场、法律背景等知识；谈判者文化的差异性；谈判人员的思维语言和心理行为分析等。

（5）商务谈判的技巧和策略。商务谈判活动的实践性非常强，复杂而又多变，有许多技巧和策略有待于掌握。

二、《商务谈判》研究的方法

由于商务谈判学科与其他学科有着不同特点，决定了它的研究方法的独特性。

（1）要注重从商务谈判的实践活动来研究商务谈判理论。实践活动发展的深度和广度制约着理论发展的深度和广度。这一点强烈地表现在商务谈判的理论研究上。商务谈判是一门纯应用性的学科，其理论是否科学，就在于它是否能指导商务谈判活动的成功进行。脱离谈判实践而研究谈判理论，既会使理论研究不符合科学，也失去了理论研究的意义。

（2）把商务谈判活动作为一个动态系统来研究。一个具体的商务谈判过程始终处于变化发展之中，影响其变化法中的环境因素多种多样，有主有次，形成一个作用系统。进行商务谈判研究，就是要分析这个动态作用系统的特点、组合因素以及它们各自对谈判行为的影响，来寻找掌握控制其朝着有利于谈判方向发展的对策。

（3）必须综合运用其他学科的知识来加强对商务谈判科学的研究。商务谈判活动处理的是交换过程中的经济关系，因此研究它离不开一般的经济理论知识；商务谈判行为具有比较复杂的法律意义，常常需要应用法律知识来研究；除此以外，社会文化、风俗、个人心理动机等，也是影响谈判行为的直接因素，应该充分利用社会学、心理学、行为科学、语言学、逻辑学等方面的成果来进行分析。

本章小结

本章主要讲述了商务谈判的基本知识、商务谈判的分类、商务谈判的原则、《商务谈判》研究的内容和方法。通过本章的学习，读者应该掌握商务谈判的基本因素和发展历程；了解商务谈判的特征和现实意义；掌握商务谈判是如何分类的，以及应遵循的原则；了解《商务谈判》研究的内容和方法。

复习思考题

1．什么是商务谈判？
2．商务谈判的要素有哪些？
3．简述商务谈判的特征。
4．根据不同的分类标准，商务谈判的类型有哪些？
5．商务谈判的原则有哪些？

第二章　商务谈判组织

从客观方面来看，谈判活动的进行及结果的形成，很大程度上取决于谈判双方的目标、技巧及交易标的、金融力量、信誉等方面。但同样不可否定的是，谈判人员的心理活动也对此具有很大的影响作用。因为谈判活动是由谈判人员的许多行为来组成的，而这些行为的产生必然受到主观心理的支配，从而形成谈判人员对谈判的影响。

【本章学习目标】

- 掌握商务谈判人员素质；
- 了解商务谈判队伍的团队管理；
- 掌握商务谈判人员心理活动分析。

第一节　商务谈判人员的素质

素质在心理学上是指人的神经系统和感觉器官的先天的特点。然而在广义上理解，人的素质不仅是有生理、心理两个方面的基本特点，而且也包含了一个人的知识修养和实际能力方面的内容，人的素质可以在实践中得到逐步发展与提高。

一、一般谈判人员的素质

商务谈判是企业之间的业务沟通活动，谈判人员的素质则直接关系到谈判的成败。所谓素质，是人的品质与技能的综合，它是指人们在先天因素的基础上，通过接受教育和客观实践锻炼形成的，经过有选择、有目标、有阶段的努力训练而产生的结果。谈判人员是谈判行为的主体，因此谈判人员的素质是谈判成功与否的决定因素。作为一名成熟的、成功的谈判者所具备的素质应该有以下几点。

（一）知识素质方面

基础知识是一个人智慧和才能的基石，专业知识则决定一个知识的深度和从事本职工作的能力。基础知识和专业知识越广博深厚，适应能力、工作能力就越强。作为现代谈判人员，知识面越宽，应变能力就越强，专业知识越深，就越能适应谈判的需求。一个理想的商贸谈判者必须掌握经济学、民俗学、行为科学、地理知识心理学等丰富的基础知识。

同时，具备必要的商贸理论和经济理论知识，掌握商贸谈判的有关理论和技巧，熟悉商品学、市场营销学、经营策略、商品运输、贸易知识、财务经营管理知识等，熟悉并了解本专业范围内的产品性能、维修服务、成本核算等专业知识，精通各国文化习俗和谈判思维，精通 WTO 规则，能够解决贸易争端，善于组织国际商务谈判。

（二）心理素质方面

在谈判过程中会遇到各种阻力和对抗，也会发生许多突变，谈判人员只有具备良好的心理素质，才能承受住各种压力和挑战，取得最后的胜利。谈判人员所需要的心理素质主要包括以下几点：

（1）自信心。自信心是谈判者最重要的心理素质。所谓自信心是指谈判者相信自己企业的实力和优势，相信集体的智慧和力量，相信谈判双方的合作意愿和光明前景。自信心的获得是建立在充分调查研究的基础上，建立在对谈判双方实力的科学分析的基础上，而不是盲目的自信，更不是藐视对方轻视困难，固执自己错误的所谓自信是有害的。

（2）自制力。谈判过程中难免会由于双方利益的冲突而形成紧张、对立、僵持、争执的局面，如果谈判者自制力差，出现过分的情绪波动，就会破坏良好的谈判气氛，造成自己举止失态，表达不当，使谈判不能进行下去，或草草收场，败下阵来。谈判者具备良好的自制力，在谈判顺利时不会盲目乐观，喜形于色；在遇到困难时也不会灰心丧气，怨天尤人；在遇到不礼貌的言行时，也能够克制自己不发脾气。

（3）懂得尊重。在谈判中只有互相尊重，平等相待，才可能保证合作成功。所以谈判者首先要有自尊心，维护己方的尊严和利益，面对强大的对手不妄自菲薄，奴颜献媚，更不会出卖尊严换取交易。但同时谈判者还要尊重对方，尊重对方的利益，尊重对方的意见，尤其是对方的宗教信仰和生活习惯。

（三）气质性格方面

谈判人员应具备适应谈判需要的良好的气质和性格。良好的气质性格可以赢得对方的尊重，获得谈判成功的有利因素。有些性格特征是不利于谈判的，例如，性格内向、孤僻多疑、不善表达、冷漠刻薄、急躁粗暴、唯我独尊、嫉妒心理强、心胸狭窄等。良好的气质性格应具备的特征：大方而不轻佻、爽快而不急躁、坚强而不固执、果断而不粗率、自重而不自傲、谦虚而不虚伪、活泼而不轻浮、严肃而不呆板、谨慎而不拘谨、老练而不世故、幽默而不庸俗、热情但不多情等。

（四）思想意识方面

谈判人员要有维护国家、民族和本企业利益以及为此而努力奋斗的强烈信念。特别是对于涉外的谈判人员，更要强调终于祖国，坚决维护国家的主权和利益，坚决维护民族尊

严。要有严格的纪律性、原则性和高度的责任感。在谈判活动中，要自觉遵守组织纪律，坚持原则，具有强烈的事业心，尽最大努力争取商贸谈判的成功。要有廉洁奉公、不谋私利的高尚品格。在商贸谈判中，谈判一方是以小利，甚至采取行贿手段拉拢谈判人员，以牟取自身利益的事是经常发生的。在物质利诱面前廉洁奉公，使商贸谈判者应遵循的一个重要道德原则。

（五）身体素质方面

商务谈判往往是一项牵涉面广、经历时间长、节奏紧张、压力大、耗费谈判人员体力和精力的工作。赴国外谈判，还要遭受旅途颠簸、生活不适之苦；若接待客商来访，则要尽地主之谊，承受迎送接待、安排活动之累。所有这些都要求谈判人员必须具备良好的身体素质，同时也是谈判人员保持顽强意志力与敏捷思维的物质基础。

二、谈判领导人员的素质

客观上，谈判人员是存在层次高低之分的。谈判领导人员就是指那些对谈判负有领导责任的高层次谈判人员，他们对于谈判的领导并不总是表现为直接参与谈判过程，他们或是谈判场上的首席代表，或是运筹帷幄之中的幕后指挥者，也有可能是把握商务合作关键环节的权威人士。因此，无论从什么角度来认识这些谈判领导人员，他们都应该是富有经验的谈判高手。商务谈判的领导人员必须注意以下几点：

（1）应将事物本质面貌原原本本的向主要决策者汇报，包括事物的正面、反面、积极和消极的各个方面。谈判者应始终意识到自己所处的地位是辅佐决策者、协助决策者将工作做好，要客观地反映谈判工作所面临的前景和困难，汇报应做到及时，抓住要领，力求克服谈判者个人的感情色彩。

（2）应向决策者提供多种可供选择的方案，并指出各种方案的利弊，可能带来的敏感问题以及采取此方案需要解决的问题，供决策者选择。

（3）应全力贯彻决策者的决定，并使之完善化、具体化、可操作化。主谈人员应在谈判过程中全面贯彻决策意图，大胆负责，创造性地工作。

（4）应阅历丰富，目光远大，具有审时度势，随机应变、当机立断的能力。

（5）应有较强的学习能力和准确的概括能力，一个善于读书的人总是能够将书由薄读到厚，再从厚读到薄，从而真正把握书本的要旨，并使之转化为自己知识体系中之有机部分，由此不断丰富自己的知识背景，使自己在谈判中胸有成竹。

（6）应具有善于控制与协调谈判小组成员的能力。对于有些商务谈判来讲，谈判领导人员要将大部分精力放在国内各方面关系协调上，特别是使谈判小组成员内部的分工合理、协作有效，意见统一。

（7）应重视保密问题，要加强对下属保密观念的教育，既要保守我方商务机密，这是纪律问题；也要避免向第三者泄露在谈判中对方所提供的技术、商务信息，这是职业道德问题。

（8）应善于激励下属，充分调动每位谈判人员的积极性，激发大家的创造性。

（9）要勇于负责，特别是当内部意见不一致时，要敢于承受风险，敢于承担责任。

第二节　商务谈判队伍的团队管理

一场成功的谈判往往可以归结于谈判人员所具有的良好个人素质，然而单凭个别人高超的谈判技巧并不总能保证谈判获得预期的结果。一场商务谈判要达到预期目标，谈判队伍人员的功能互补与合作是至关重要的。现代商务活动的发展越来越多地体现出交易规模扩大、标的内容复杂的特征，这就要求谈判班子要按照系统原理追求整体优化效应，其内部管理要做到在既定目标引导下的协调一致。

一、建立科学有效的谈判组织

一场商务谈判往往需要各方面的专业人员，包括翻译的介入。当然这并不是所有的参与者都要坐上谈判桌。一项涉及面广泛的重要项目的谈判往往需要在正式谈判小组以外再聘请一些专家，或专门成立一个乃至若干个咨询顾问小组作为幕后参谋，他们同样担负着谈判使命，同样是谈判人员，只是他们的工作场合不同而已。谈判人员构成如图 2-1 所示。

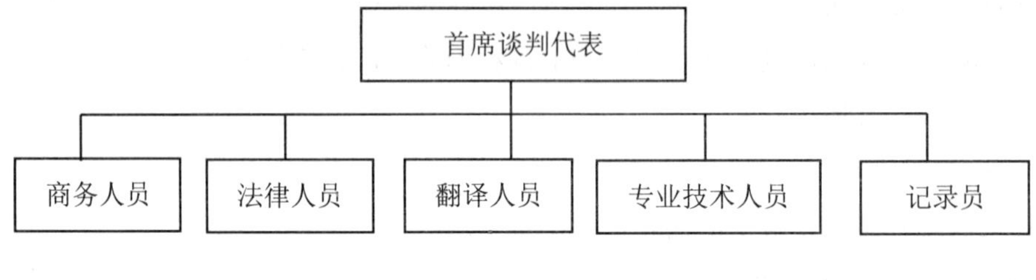

图 2-1　谈判人员构成

（一）正式谈判小组

正式谈判小组成员除了各自应拥有一定的经验、能力外，小组成员在专业知识、个性特点、谈判作风等方面的互补作用是十分重要的，这不仅对保证谈判小组具有各项专业知识是必要的，而且也为谈判实力的增强获得一个“乘数效应”，而不是简单的“叠加效应”。

有些涉及多国合作的大型项目的商务谈判，往往每一方都要派出十几个人的强大阵容，这主要是由于该项目谈判所涉及的内容广泛所决定的。但是一般的商务谈判只要小组成员个个尽心竭力，无需规模庞大。对于涉及面广、延续时间长的大型谈判，可以分解成若干阶段、多个层次的小型谈判，而小型谈判的参加者只要是在首席谈判代表的控制与指导下

进行工作，其人数一般也是较少的，而且各场谈判人员也可以由于谈判的阶段而替换。影响谈判小组规模的因素主要有以下几点：

（1）谈判所需要覆盖的专业知识范围，范围越广，人员就可能越多。

（2）内部沟通的有效性，特别是当出现意见分歧时，要能迅速地达成一致立场。

（3）整体配合的精干与高效，既要对每个成员明确责任，避免相互推诿，也要强调彼此信任合作。

（4）首席谈判代表的权威性，以他的资历和被赋予的责任与权力，首席代表权威的高低也会影响谈判队伍的规模。

（5）费用和成本的经济性，这一般是与人员数目成反比关系的。

总之，一个优秀的谈判班子的组成应该做到目标明确、人员精干、功能互补、团结合作，并且小组中有一位权威人士能起到核心领导作用。这样的谈判队伍在谈判场上才可以获取谈判的主动权。

（二）咨询顾问小组

由于商务谈判经常涉及到许多专业性很强的知识，从而使某些细节的谈判必须求助于那些具体领域的专家，这就使咨询顾问小组成为谈判中不可缺少的重要角色。

这些咨询顾问小组可能是经某种程序予以正式授权成立的，也可能是由正式谈判小组成员个人出面邀请而建立的松散的非正式的组织，前者多为大型商务谈判所需，后者则经常出现在标的金额较小的谈判之中。

无论是正式的还是非正式的咨询小组成员，他们都实际地参与着谈判的进程，他们是不出场的谈判人员，更是场上谈判人员的“外脑”。

二、谈判人员的激励

以谈判者追求的目的为标志可把谈判心理分为成功型、关系型、权力型三类。各种谈判心理具有不同特点，需要采取不同的激励措施。

（一）成功型谈判心理的特点与激励

成功型洽谈人，对谈判中定的目标十分重视，并强烈地追求目标的实现，视其实现程度的高低为自己谈判成功的大小。成功型人物主要有三种情况：年轻人初入行当，急于在上司、同事面前表现自己的才干，以求青睐，为日后的发展奠定基础；年岁大的人已有多年工作经历，希望把成功作为晋升的“催化剂”或者给自己增添光彩，以求更多的荣誉和更高的地位，以求更多的自尊和慰藉；无论年轻还是年老，对公司、老板或民族发自内心的热爱而迸发高度的责任感，使其执着地追求谈判的成功。对于这三种人，谈判的策略应有所不同。

"第一种人"，以"鼓励为主"，中国人常讲"戴高帽子"。即便对手有明显的失误和幼稚的表现，也要装出"十分钦佩其精干"的态度来，使其干劲十足地沿着你的策略走下去，以尽早步入结局。在其上司面前，你应该称赞他的"尽职""能干""努力"。也可使用"激将法"，如故意说："你可不像你的上司。""你是否吃准应如此？""你有能力决定这个问题吗？"等促使其匆匆跟上而落进你的圈套之中。但一般不要刺伤他的自尊心，这种伤害只会引来报复。

"第二种人"，以"多出难题"为宜，基于他的资历、影响，他有能力与你决定一些问题，应充分利用这个条件。在难题面前，他不会畏缩，否则在其同事面前会失面子。他为保全自己，一定会预备几张牌在手中作为防卫。出难题，不是没有节奏地出，而是紧一阵，松一阵。解决了问题，必报以"赞扬与歌颂"。一阵阳光过后，再乌云，若穷追猛打会使对方恼羞成怒，负隅一战，这时，你再去哄他就有些被动。

"第三种人"，多为软硬不吃的对手。多以原则对原则，即以国际贸易惯例、国际合同法、本国的法律、公司的规定、对方所在国的法律、对方公司的宣言、洽谈对手自己在会谈中为表现自己所宣扬的准则去谈判。

（二）关系型谈判心理的特点和激励

关系型洽谈者虽然重视洽谈目标，但首位关注的是上司与同僚对自己的看法，以及与洽谈对手的关系，不愿冒谈判陷入紧张局势的风险。办事喜欢多请示上司，谈判愿多听对手意见。以"上情下达、下情上达"为自己的目标以当个谈判桌上的传声筒为满足。这种人有三种情况：经验不足不敢决定问题为其一；怕担负责为其二；内外关系均熟，有碍面子、交情，把同僚、上司、对方的态度和立场作为自己的谈判目标，在谈判中没有自己的主见为其三。

对"第一种人"，最好主动点明问题的要害，提醒对手早做汇报，以免耽搁谈判。个别时候也可将问题分割，变成几个独立的问题，诱其谈判并达成一致。几个独立的问题解决了，那么复杂的问题也解决了。第二种人，是比较圆滑、诡秘类型。表面笑眯眯，就是不办事。对这种人最好先谈次要问题，让其在无大责的情况下，把能干的事干完。而当谈重大问题时要一下子全倾过去让其调兵遣将，否则会劳而无功，白费力气。此外，不宜把让步条件过早地给这种人。因为你给他让步，他也不会痛快地做相应让步，以早做决定，反而会拿你的让步请功于上司，炫耀于同事之间，对你只会恭敬致意，道声"我请示请示再作答"，要让条件，应该让给决策人。谁敢承担责任就与谁谈最后的条件。"第三种人"多以礼相待，叫苦连天，置对手于"同一战壕"。言谈话语忘却谈判二字，以商量探讨的口气谈问题，但涉及的问题都是要求对方让步的理由。

（三）权利型谈判心理的特点与激励

有权利型谈判心理的人喜欢发号施令，主宰谈判桌上的进程，常以结论为导向。有两种情况：个性强、自以为是和有地位、有组织能力，自尊心很强的。

第一种人不太注意别人的意见，哪怕是对他本来有利的意见也不辨好坏。谈判中惯用高压手段、边缘政策，不善于真正的谈判。这种情况的对策是：多踢皮球、晚作总结。不急于对这种人下决定或正面交锋，以软钉子对付他为好，也不必去激怒他，火上浇油，于己不利。因为这种人不怕撕破面子，他污泥浊水泼过来，面子上也难受。若以牙还牙又失身份，故避其锋芒为妙。若自己的洽谈人为此种风格，则应以文人做伴。因势利导用作红白脸的布局，文武并用对付谈判。对于第二种人则应多以恭维在先，利用其能力实现我方的目的为妙。

第三节　谈判人员心理活动分析

一、谈判人员的心理活动

谈判人员的心理过程是指谈判中谈判者心理活动的全过程，是谈判人员不同谈判阶段的心理对影响谈判的各种客观事实因素的动态反映。如图 2-2 所示。这个过程一般由即相对独立又相对依赖和促进的几个环节组成：刺激、需要、心理紧张、动机、行为、目标、需要被满足。

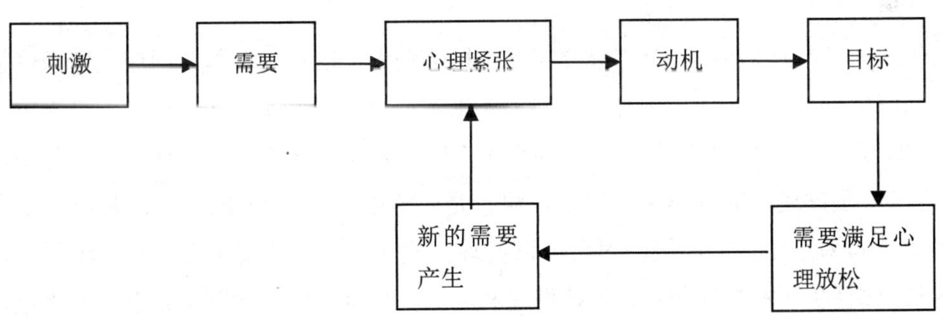

图 2-2　谈判人员的心理活动过程

首先，由于受客观外界因素存在的影响形成对谈判者主观心理的刺激，从而产生需求；其次，为了满足需求就会一度出现紧张的状态，当这种紧张状态达到一定程度时，动机变产生了，这种动机就行成了谈判者采取行为的驱动力了；最后，通过行为的作用，达到最终目标，也就是需要得到了满足，紧张心理被解除，一个完整的心理活动过程便告完成。随之而来的是，根据新的需求产生，新的心理过程则有循环往复地开始。

二、谈判人员的个性

人各有自己的性格，往往称之为个性。生活中的人有个性属于自然现象。在谈判中与其他工作场合一样，自然的个性应受到一定的制约，从而变成自在的个性。故在谈判中提倡双重个性。典型的性格形式有：慢性子与急性子、温善型与泼辣型。他们的自然性与自在性的掌握是判断人员修养的体现。

（一）慢性子

慢性子在生活中可以容忍，但在谈判中，慢性格不等于慢活。在工作的程序上、实施中应雷厉风行。应以“作风”自在的特性去代替慢慢悠悠的个性。平时讲话慢悠悠没关系，工作就应有其相应的作风。各国的谈判对手往往将性格特点中的弱点藏在自在的形象特征之后。

（二）急性子

虽然急性子干活快，但不是快就好，而慢就不好。有的快手干的活拖泥带水，问题很多，这与“急于求成、谋求虚荣”有关，也与“工作不沉稳、要求自己不严”有关。不能把急中出错简单地归于“时间紧迫”与“急则粗”，而应从自在的思想改造深度找原因。应急到点子上，快处理也应有章法。急性子也与直性子有联系，直言不能无分寸，急与直也不能忘却策略，无拘束的自由表露本身就是失策。所以急性子不足为贺，只有具备双重性才可嘉。

（三）温善型

有的业务人员性情温存，总以善意相度、相待别人。这对于工作的同僚是应予表扬提倡的。可在谈判桌上，仅以此法对待谈判，未免太单纯幼稚。这种人往往经不住对方“斩钉截铁”的谎言与“愁眉苦脸”的戏法的攻击，容易轻信于对方，守不住自己的阵地，虽然熟悉业务，但缺乏识人的本领。所以，温善是生活中的“友好使者”，却是谈判桌上的“消蚀剂”。按双重个性的原则，对人可以温善，尤其是离开谈判桌后，但在谈判中，则应根据问题的性质和对方的作风，保持警惕和斗志。只有这样，才既不是自己的本色，又能完成好谈判任务。如果这种类型的业务员不能正确处理“内外有别”与“自然和自在”的关系，从个性角度讲，也不适合作为谈判代表。因为这种人没有谈判力量，往往被对方俘虏后，反过来做说客。

（四）泼辣型

泼辣型的人性格外露，工作大胆，敢于争辩，但语言尖刻，不给人留面子和退路，也不给自己余地，横着一站，乱讲一阵。以道尽自己所想为快，不顾及谈判实际结果。故此

种性格虽有积极的一面，却无使用价值。只有加以改善，辅之以冷静的头脑、温文尔雅的风度，才能有效地发挥其自然条件的积极性。

三、谈判人员的心理评估

对谈判人员心理进行研究的最终意义就在于如何通过实现其心理满足，调整诱导其谈判行为有利于谈判协议的达成。谈判人员健康的心理评估可以从以下几个角度进行：

（1）自我尊重感的评估。自我尊重是成功谈判者必须具有的品质和谈判心理。若谈判者失去了自我尊重感，或者一方没有满足和维护另一方谈判者的自我尊重感，就会诱导不正常的谈判行为。

（2）责任感。当谈判者打算进行某项谈判活动时，必须从心理上准备承担的各种责任，只有这种责任感才能激发适当的行为，才能使谈判者面临巨大困难时都要求自己尽最大的努力。

（3）乐观主义。乐观主义的心理对谈判气氛的形成，对手所取的态度都会产生影响。乐观主义的心理应该为谈判者所具备。

谈判者的乐观主义心理表现在：虽然认为谈判中分歧很多，并且有些距离还很大，这是客观的，但以后甚至可能是明天就会和谐起来，相信无论是我方还是对方都力求以最积极的态度促成交易，等等。

（4）建立具体目标。善于实现自己目标的人最重要的经验就是建立的目标具体、客观，从而具有可行性，和海市蜃楼一样的目标可望不可及，等于没有目标。谈判者的正常心理应该表现为追求可以通过努力达到的目标。许多谈判者好大喜功，以此心态出发导致严重损害对方利益的行为，又何以能促成交易的达成呢？

（5）敏感性。敏感性心理是谈判人员心理的又一个方面。它能使谈判者捕捉到对方与谈判有关的一切信息，清醒认识谈判过程的发展，及时抓住可能成功的机会。

（6）创造性。谈判者应该以创新作为生活的主要信条，在解决某个问题时，是在积极地寻找自己的办法，而并非盲目简单地仿效他人。能把自己的创新思想以一种人们所能接受的形式表述出来，在谈判中善于不断提出新方案、新办法，谋求双方的一致。

（7）交际心理。真正的交际能力绝不是花言巧语的伎俩，而是与人沟通感情的能力。在这一方面，你应从心理上做好准备，愿意与人交往，与人沟通感情时做到细心倾听别人的谈话并力求把握其实质内容，对他人的愁苦抱有真挚的同情心。

（8）调整方向。谈判者应该从心理上认识到，人不可能以一种态度、一种方式永远保持成功。环境总是变化的，你应该注意这种变化，并适时地调整自己的方向。

（9）对压力的反应。谈判者必须具备足够的承受力和暴发力来对抗压力。要把压力视为生活的重要部分，当自己的心理承受力已经达到极限时，能有度过困难的办法。谈判中来自于上司、同事和对手的压力常常是多方面的，其程度也出乎人的意料。做好准备对付压力应该是谈判者必备的正常的心理的一部分。

本章小结

本章主要讲述了商务谈判人员素质、商务谈判队伍的团队管理和谈判人员心理活动分析。通过本章的学习，读者应掌握一般谈判人员的素质和谈判领导人员的素质；了解如何建立科学有效的谈判组织，如何对谈判人员进行激励；掌握谈判人员的心理活动、谈判人员的个性以及谈判人员的心理评估。

复习思考题

1．商务谈判基本的心理活动有哪些？

2．商务谈判中的谈判个性有哪些，其优缺点怎样？

3．对不同谈判心理和个性的激励对策是什么？

4．简述商务谈判人员的心理活动。

5．如何评估谈判人员的心理？

第三章　商务谈判语言与逻辑思维

各种思维存在于谈判者的大脑中，不通过交流时没有任何意义，而交流需要通过语言来表达。谈判的整个过程就是谈判双方的语言交换过程。如何把谈判者的判断、推理、论证的思维成果、思想感情表达出来，语言是关键。

商务谈判的过程是谈判者通过语言交流的过程。语言在商务谈判中起到至关重要的作用，决定着谈判成功与失败。在商务谈判中，通过精妙的语言可以掌握对方的目的、意图，从而改善自己谈判的方式，以取得谈判的胜利。谈判要说服对方，在材料的安排和语言运用方面，就必须符合逻辑思维的一般规律，必须讲究逻辑艺术。

【本章学习目标】

- 了解商务谈判语言的形式、特点、类别，以及语言在商务谈判中的作用；
- 掌握有声语言的各种沟通技巧，如叙述的技巧、提问的技巧、回答的技巧、辩论的技巧和说服的技巧；
- 了解无声语言的特点，掌握倾听的技巧和观察的技巧；
- 了解商务谈判逻辑的基本范畴、商务谈判的思维艺术以及商务谈判中的诡辩术。

第一节　商务谈判语言基本知识

一、商务谈判语言的形式

商务谈判语言的形式主要有谈判中的外交语言、谈判中的商业法律语言、谈判中的文学语言和谈判中的军事语言。

（一）谈判中的外交语言

外交语言的特征在于表达的可能性、圆滑性和缓冲性。使用时使对方感受到尊重，利于搞清楚问题，进退有余地。典型的外交语言有：“很荣幸能与你共同谈判该项目”“请恕我授权有限，不能满足您的要求”“尽管我们目前不能统一起来，但是如果您想回到谈判桌前，可随时同我们联系，我们的大门随时为您敞开的”。外交语言一般使用在评价双方交易关系的时候。

（二）谈判中的商业法律语言

商业法律语言是商务谈判语言的主体，其特点是通用性、严谨性、明确性。它多使用在利害攸关的交易条款谈判中。只有用严密的措辞、逻辑清晰的结论来描述拟订契约条款，才能划清权利义务，减少各种不确定性，以免发生纠纷。一系列国际贸易协定给商业法律语言提供了语汇。如国际商会编写的《国际贸易术语解释通则》、《跟单信用证统一惯例》等中的术语。

（三）谈判中的文学语言

文学语言在谈判中犹如绿草地上的花朵，会给人以清新感。由于谈判者所在地区文化的熏染及个性的爱好，文学语言自然而然地被谈判者引入，并有很大的魅力，因人而异，自如发挥。其语言特点是：优雅、诙谐、生动、富有感染力，引用者“轻松而不生硬，加难却不使人介意”。文学语言大都即兴而用，无一定之规范，常常使用较多的修饰方法。

（四）谈判中的军事语言

商务谈判始终围绕着权利和义务、得与失进行，谈判者容易失去心理的内在的平衡，而使用军事语言强化自己的态度，从心理上打击对方的意志。其语言特征为：干脆、简明、坚定、带有攻击性。大都来源于军事上的一些语汇。

当然，军事语言的运用也有一定的局限性，要把“自然的倔强性格”与“自在的策略性运用”所表现的军事语言区别开来。前者系无的放矢，具有主观性、盲目性，成效不好；后者则相反，是因客观需要而运用的，针对性、目的性强，成效自然也好。

二、商务谈判语言的特点

通常，商务谈判语言主要有以下几个特点。

（一）客观性

客观性指的是谈判双方的语言表述要尊重事实，反映真实情况。在传递信息时，必须以事实为依据，这是商务谈判语言最基本的特点。

从供方来讲，语言的客观性表现为：介绍本企业情况要真实；介绍产品的性能、质量要符合实际情况，如可附带出示样品或进行演示，还可以客观介绍一下用户对该商品的评价；报价要恰当可行，既要努力谋取己方利益，也不要损害对方利益；确定支付方式要充分考虑到双方都能接受、双方都较满意的结果。

从需方来讲，语言的客观性表现为：介绍自己的购买能力要符合事实；评价对方产品的性能要保持客观的态度；还价时要态度诚恳，压价时要有理有据。

只有当谈判语言具备客观性的特点时，谈判双方才能看到对方的交易是真诚的，双方

也会留下“以诚相待”的印象，使双方可以站在对方的立场上，相互体谅，为下一步的谈判奠定成功的基础。

（二）针对性

谈判语言要有的放矢，对症下药。根据不同的谈判对象、谈判话题、谈判目的、谈判时期，组织不同的谈判语言。在谈判开始时，要注意联络双方感情，创造良好的谈判氛围。在谈判进程中，要表明自己的态度，柔中带刚，以求取得良效。谈判后期，要考虑到合作的细节问题，保证交易顺利进行。

（三）灵活性

谈判者要密切注意信息的输出和反馈情况，当自己的谈话结束时，观察对方的反应。在对方讲话时，也要仔细倾听，察言观色，分析对方的意图和目的。根据观察的结果，改变自己说话的方式和技巧，保证实现谈判的目的。即使谈判中发生意外之事，也要随机应变，不拘泥于既定的方式方法，在谈判目的允许的范围内变通。如果思想僵化，只能在谈判中处于被动地位，不利于形成最终期望的谈判结果。

（四）适应性

俗话说“到什么山头唱什么歌”“什么场合说什么话”。谈判语言具备适应性，就要求谈判者应当注意区分说话的场合，适当的语言也会促使谈判的顺利进行。

（五）逻辑性

在谈判开始之前，谈判者要搜集整理谈判时所需的资料，做好充分的准备。在商务谈判中，把整理分析的内容通过符合逻辑的语言表达出来。逻辑性反映在问题的陈述、提问、回答、辩论、说服等各个语言运用方面。陈述问题时，要注意术语概念的同一性，问题或事件及其前因后果的衔接性、全面性、本质性和具体性。提问时要注意察言观色、有的放矢，要注意和谈判议题紧密结合在一起。回答时要切题，一般不要答非所问，说服对方时要使语言、声调、表情等恰如其分地反映人的逻辑思维过程。

提高谈判语言的逻辑性，要求谈判人员必须具备一定的逻辑知识，包括形式逻辑和辩证逻辑，将二者充分表述出来，才能促使谈判工作顺利进行。

（六）规范性

商务谈判语言的规范性主要包括以下几点：

（1）谈判语言必须坚持文明礼貌的原则，必须符合商界的特点和职业道德要求。无论出现何种情况，都不能使用粗鲁的语言、污秽的语言或攻击辱骂性的语言。在涉外谈判中，要避免使用意识形态分歧大的语言，如“资产阶级”“剥削者”“霸权主义”等。

（2）谈判所用语言必须清晰易懂。口音应当标准化，不能用地方方言或黑话、俗语之类与人交谈。

（3）谈判语言应当注意抑扬顿挫、轻重缓急，避免吞吞吐吐、词不达意、嗓音微弱、大吼大叫，或感情用事等。

（4）谈判语言应当准确、严谨，特别是在讨价还价等关键时刻，更要注意语言的准确性。在谈判过程中，由于一言不慎导致谈判走向歧途，甚至导致谈判失败的事例屡见不鲜。因此，必须认真思索，谨慎发言，用严谨、精练的语言准确地表述自己的观点、意见。

（七）技巧性

无论是在日常生活中，还是在商务谈判中，富有技巧性的谈话不仅受欢迎，还可以起到事半功倍的效果。技巧性的语言也会引起听众强烈的共鸣。在谈判中，常常会有激烈的争论，使气氛紧张，阻碍商务谈判的正常进行，但是，富有技巧的、幽默的谈话会瞬间转化僵持的气氛，使双方的态度都有所缓和。

三、语言在商务谈判中的作用

商务谈判通过语言来沟通，灵活的运用语言技巧可以增加谈判胜算。

（一）语言决定商务谈判成功与否

在商务谈判中，有时双方为了争取各自的利益，难免言辞激烈。在这种情况下，运用语言艺术不仅能缓解气氛，而且加快谈判进程；但如果采取强硬的言辞，很可能导致双方不欢而散。

（二）语言表明商务谈判的意图

在商务谈判中，谈判双方有着不同的社会背景、谈判目的，在语言和思想上也存在着差异。如何能让谈判对方理解自己的意图，就需要运用恰当的语言方式，来表明自己的权利、责任、义务。这样既表明了自己的立场，也避免以后合作中产生分歧。

（三）语言可以说服谈判对手

在商务谈判中，双方的利益是对立的。而谈判的过程就是使对方的观点向自己的观点靠拢，并最终达成一致。这就需要谈判者具备一定的语言技巧，既不能把话说得太明显，又要显示出自己的意图，让对手觉得你说的是“合理”的。在原则性问题上，要坚持自己的观点，据理力争；在其他问题上，要以理服人，保持良好的形象。

（四）语言可以处理商务谈判的人际关系

随着商务谈判的进行，谈判双方的人际关系也随之转变。通过交流，双方已经大概了

解对方的要求和意图。当语言表达与这些要求和意图形成一致时，就促成了谈判的成功，也可以为下一次的合作奠定良好的基础；反之，不恰当的言行，会使谈判对方感到反感，这就必然导致谈判失败。

第二节　商务谈判中有声语言的沟通技巧

一、叙述的技巧

叙述即通过语言表明自己对某一事件的观点、立场，让对方明白自己的态度和需要。在商务谈判中，不同的场合就需要不同的叙述技巧，以尽最大努力保证谈判成功。

（一）叙述的基本方式

1．精炼式

精炼式叙述是指对所要叙述的内容进行精简整合，既能完整表明自己的想法，又使语言不繁冗。这种叙述方式可让对方感觉谈判人说话做事干净利落，会留下深刻的印象。同时，言简意赅的说明，可以集中对方的注意力，是一种效果较好的叙述方式。精炼式叙述要求谈判者有较高的语言艺术功底，并且要事先充分做好准备工作，对谈判内容了如指掌。

2．对比式

对比式叙述是指将两件或两件以上互为对立的事件放在一起进行叙述，目的是突出自己想表述的观点和话题。这种叙述方法会引起谈判对方的兴趣，从而达到自己谈话的目的。对比式叙述要求谈判者对所谈内容及与其相关的内容有深入的了解，并能恰当地叙述清楚其中的关联与差异。

3．情境式

情境式叙述是指讲话者通过对语言的设计，将听众引入自己说话的情境中，使之对所讲话题产生共鸣。讲话者可以添加一定的肢体语言配合说话的内容，让听众产生特殊的感觉和印象。情境式叙述要求谈判者具有较强的语言表达能力并能创造出渲染的氛围，从而产生强大的感染力。

4．循序渐进式

循序渐进式叙述是指谈判者根据客观事物产生和发展的先后顺序，客观地对事物进行描述。其中描述方式也可以分为若干种，例如按时间顺序、空间顺序等。循序渐进式叙述要求谈判者具有较强的逻辑思维以及能将事态完整而清晰地表达出来。

（二）叙述的技巧

1．口齿清晰，通俗易懂

谈判者要用清楚易懂的语句表达自己的观点，这是谈判中最基础的一条准则。对于自己清楚的问题，要用最简练的语言表达；对于自己不清楚的，也不要不懂装懂，要实事求是地说明，尽量不要用模糊的词语，如“也许”“大概”“可能”等。

2．语言精练，简明扼要

为了使谈判对方尽快地明白自己的需求和态度，尽量用简单清楚的语言来表达。不仅能尽快地说明问题，而且会给对方留下良好的形象。

3．叙述准确，保持客观

在谈判过程中，谈判者进行叙述时尽量要使用客观的、礼貌性的语言。除了富有技巧性的语句外，不要随意添加自己个人的看法和观点。对于自己知道的要准确地叙述出来，不可添加夸张的成分。

4．注意头尾，心理效应

在心理学中，心理效应有首因效应和近因效应。首因效应，俗称为“第一印象”，是指在与对方的首次接触时，给对方留下的印象，在对方的头脑中形成并占据着主导地位。近因效应是指人们对近期发生事件的记忆效果要好于先前发生事件的现象。前后信息间隔时间越长，近因效应越明显。原因在于前面的信息在记忆中逐渐模糊，从而使近期信息在短时记忆中更为突出。谈判者要注意这两方面的效应，首先要在谈判初始，注意自己的说话方式和仪表，争取给对方留下良好印象，产生首因效应；其次是在结束时的表达要有足够的说服力，产生近因效应。在谈判时注意说话的开头和结尾，掌握对方的心理状态，才能胜券在握。

5．语调变换，创造氛围

在商务谈判中，谈判人员变换语音语调，使听众形成不同的听觉感受。同时，通过改变语音语调，可以显示自己的决心、自信、不满等，让对方感受到自己的态度。在开始和结尾时，谈判者使用不同的语调，也可以带领谈判对手进入自己的说话氛围，感受到自己立场。

二、提问的技巧

在商务谈判中，提问是指向谈判对手提出问题，要求对方陈述或解释某个问题，从而获得信息。谈判者可以通过不同的提问方式，摸清对方的真正谈判目的，从而为自己的筹划做准备。精妙的提问不仅能探取对方信息，还能增加彼此的沟通。

（一）提问的方式

通常，提问的方式主要有以下几种。

1．选择式提问

选择式提问是指在提问时给出对方两种或两种以上的选项，征求对方的意见，让对方选择答案。选择式提问可以体现对对方足够的尊重，双方可以在平等的条件下继续谈判。例如：“我们是先谈质量还是价格？”

2．诱导式提问

诱导式提问是指给对方提的问题具有强烈的暗示，暗含着己方对待这个问题的看法。例如：“我认为三月份交工，要比五月好，您说是吧？”

3．澄清式提问

澄清式提问是指己方提出的问题，希望对方给出明确的答复。一般用于在时间比较紧急、迫切地想知道对方答案的环境中。例如：“你们所能承受的最低价到底是多少？”

4．探索式提问

探索式提问是指在提问中，挖掘对方的新信息。这种问法不但可以获得信息而且通过问题可以显示对对方的重视。例如：“面对新的提议，您怎么看？”

5．多层次式提问

多层次式提问是指在提问中包含多个问题，并让对方做出明确答复。例如：“您对我们产品的质量和价格分别有什么看法?”

6．证实式提问

证实式提问是指针对对方的答复重新措辞，通过提问使对方证实或补充原先的答复。例如：“根据您刚才的陈述，我理解……是这样吗？”

（二）提问的时机

1．在对方发言完毕后提问

谈判中一定要仔细倾听对方的谈话，不仅是对谈判对手的尊重，更是在对方的发言中发现“蛛丝马迹”。当对方谈话结束时，可以根据当时的形态进行提问。当对方讲话时不要打断他/她的谈话，也可以适当地对谈话内容做笔记。

2．在对方发言的间歇提问

在谈判对方进行叙述问题时，若有一些偏离主题，可以在对方谈话间歇时向对方提问。既提醒对方进入正题，又显示自己在仔细倾听其谈话。例如：“细节问题我们稍后再谈，请您先谈谈您的主要观点，好吗？”

3．在自己的发言前后提问

谈判者可以在自己的发言前，提出一些设问句，以此来引出自己所讲的话题。例如："我对这个问题是什么看法呢？下面我来说说我的观点。"谈判者也可以在自己的发言结束后进行提问，看对方对自己的观点的看法。例如："以上就是我的观点，请问您对此有何看法？"

（二）提问的技巧

1．提前准备问题

在谈判开始之前，要准备提问的问题。充分考虑到对方可能涉及到的内容，当对方在陈述时没有表述清楚，可以及时提问。

2．保持提问的连续性

在商务谈判中，对一个问题进行提问时，要考虑清楚这个问题所牵涉的相关问题，不要提与之无关的问题，以免跑题。

3．不强行追问

对于对方回答不了、不愿回答、乏味的问题，不要连续、强行追问。这样会导致对方感觉尴尬或是敷衍了事。

4．不要抢着提问

可以对对方连续提问，但是应当在对方对一个问题阐述完毕后再进行提问。不要在对方没有讲完的情况下，继续提问，会让对方产生反感。

5．提问要诚恳

对于所提的问题，应该是为了得到自己有用信息，而不能是为了难为对方而提问，提问也要给予对方足够的尊重。

6．提问后要保持沉默，等待对方回答

在提出问题后，应闭口不言，并以平和的眼神看着对方，身体略微向前倾，让对方感受到是经过仔细思考提出的问题。

7．提问句式简短

谈判者尽量运用词少的句式将问题表述清楚，要让对方掌握提问的重点。

8．提问语速适中

提问语速过快，会导致对方听不清楚问题；语速过慢，会延误谈判的进程。只有用适度的语速进行提问，既能让对方听清楚提问，也给对方一定的时间思考。

三、回答的技巧

在商务谈判中，回答是谈判的关键环节。回答是解释、证明以及推销自己观点的有效方式。

（一）回答的类型

1．含糊式回答

含糊式回答是指在回答对方问题时，不给出明确的答复，因而可以理解为多重含义。这类回答避免将自己的真实意图暴露给对方，使对方在理解和判断上产生障碍。例如：“对于此类问题，我们以前是这样处理的……”

2．针对性回答

针对性回答是指针对对方提问的目的来回答问题。在这种情况下，首先要掌握好对方提问的真实意图，并根据其想法来回答，但又要考虑好说话的方式，以免将对方的问题领会错误，在回答时出现纰漏。

3．局限式回答

局限式回答是指在回答问题时，不必事无巨细，可以适当缩小回答范围，以选择有利的内容回答对方。例如：对方问到产品的质量时，回答时不必将所有的指标告知对方，只需提到有特色的指标，利用这些指标给对方留下良好的印象。

4．转换概念式回答

转换概念式回答是指针对对方提出自己不想回答的问题，可以一句带过，紧接着提出新的话题，将对方的注意力转移到新话题上。例如，对方提出产品的定价，这样回答：“我们产品的定价还是很合理的，我先说说我们产品的几大特色……”

（二）回答的技巧

（1）回答时将语速放慢。在回答对方的问题时，可以将语速放慢，给自己足够的时间来思考如何回答。

（2）不要急于回答对方的问题。在对方提出问题后，不要急着回答，可以适当地调整坐姿，或者喝一口茶。这样既可以放松自己的心态，也可以给自己留出考虑的时间。即使对方催促自己回答问题，也不要慌张，保持从容，在心理上战胜对方。

（3）不能回答的问题就不要答。对于自己不知道或者不想回答的问题，可以采用转换概念式回答，也可以干脆回答“这个问题我不清楚”。

（4）重复问题。对于自己没有想好的问题，可以重新问一下对方所提出的问题，以增加自己的思考时间。例如：“刚才您是说……吗？请您再说一遍好吗？”

（5）以问代答。这是一种“投石问路”的策略，通过向对方反问来获取自己所需的信息。这种方法也可以起到迷惑对方的作用，使自己从被动变为主动。

（6）模糊回答。模糊回答具有一定的弹性，可以给自己的回答留有一定的空间。通过运用广泛模糊的方式，可以缓和气氛，也不泄露自己的信息。但要尽量避免这种回答方式，会给对方留下不真诚的印象。

（7）拖延回答。对于自己没有准备好或者不清楚的问题，可以拖延回答。例如，在对方提出一个问题，可以回答：“对不起，我现在手头的资料不全，待我回去整理好后再答复您。”

（8）利用打岔转移话题。在富有经验的谈判队伍中，会灵活运用打岔的技巧。在这里打岔分为两类。一类是对方打岔，这种情况下应默许对方的行为，获取自己有用的行为；第二类是自己打岔，可以借用去厕所、接电话等方式进行打岔，待回来时便转移话题。

（9）沉默不答。在特殊的情况下，对于对方提出的问题可以不予回答。这种方法可以给对方形成无形的压力，让对方猜不透自己的意图，从而迫使对方放下主动权。

四、辩论的技巧

辩论是商务谈判的重要组成部分。双方在辩论时表达自己的观点、驳斥对方的要求。要想做到辩论的胜利方，就要求谈判人员掌握辩论的技巧及方式方法。

（一）观点明确、立场坚定

在商务谈判中，辩论的目的就是要让对方赞成自己的观点，利用客观事实，进行逻辑辩论。辩论并不是“强词夺理”“无理搅三分”，而是坚定自己的立场，并保持其公正客观。辩论是谈判的手段，不一定非要分出胜负，最重要的是要双方达成协议。

（二）思维敏捷、逻辑性强

在进行辩论时，不要带有愤怒的情绪，以免冲昏自己的头脑。谈判人一定要保持清晰的思路，这样的辩论才是强劲而有力的。

（三）轻重缓急、有的放矢

如果对方的辩解不触碰自己的原则，对于细枝末节的问题就可以暂且搁置一边。反驳对方的观点时，也要抓住要害，切记不可以在枝节问题上纠缠不休。

（四）保持公正、把握节奏

无论辩论如何激烈，都要用客观的词语来表述自己的观点，不要用贬义词，更不要用侮辱、诽谤的语言，这样只能导致谈判不欢而散。在处于辩论优势时，不要得意忘形，要

给对方留有余地；在处于劣势时，也要不卑不亢，从容不迫。把握好辩论的节奏，并保持信心，就会在心理上击倒对方。

（五）展现魅力、保持风度

辩论依据的是事实以及逻辑的力量，但这个过程也会展现个人的魅力、风度等。举止优雅、语言铿锵有力，可以为谈判起到积极的作用。魅力和风度可以显示强大的谈判实力，省略了因为不信任所产生的质疑和担心，提高了辩论的效果。

五、说服的技巧

在商务谈判中，辩论的目的是争取自己的利益，而说服的目的则是诱导对方同意自己的说法。因此，说服是实现谈判目的的前提。

（一）建立关系、取得信任

谈判既是争取，又是合作。在大多数情况下，一个人考虑是否接受他人的意见时，首先要衡量二者之间的熟悉程度和友好程度。在说服对方的过程中，首先就要站在对方的立场上考虑问题，这样才能缩小彼此之间的心理距离，减少逆反心理，会使对方产生认同感。

（二）营造气氛、找共同点

要想引起话题的共鸣，就必须在和谐的气氛中进行。若想得到对方的同意，就要找到二者之间的共同点。例如：双方在协商定价时，若想说服对方同意己方的定价，就要考虑清楚对方购买己方的产品的原因，并从这个原因入手，形成共同点，可以更顺利地说服对方支持己方的价格。

（三）简化步骤、有理有据

谈判过程中的说服并不是信口雌黄，而是要有理有据的说明自己的观点。当对方初步接受你的意见时，就要设法简化确认这一结论，以免对方临时变卦。在当场取得对方的承诺，就避免了以后在这一问题上出现纷争。

第三节　商务谈判中无声语言的沟通技巧

商务谈判是人与人之间的对抗，不仅有声语言在谈判中很重要，无声语言在谈判中也有着举足轻重的作用。世界著名非语言传播专家伯德维斯泰尔指出，两个人之间的一次普通交谈，语言传播部分还不到 35%，而非语言成分则传递了 65%以上的信息。由此可见，无声语言是不可或缺的。

一、无声语言的特点

无声语言的沟通是指谈判者通过面部表情和肢体语言进行交流的方式。要想准确、恰当地利用无声语言，就必须了解无声语言的特点。

（一）差异性

由于国家、民族、地区、文化等的差异，使无声语言具备了独特性，人们对同一表情和肢体动作理解也是不同的。例如，打招呼时，中国人以握手和点头为主，日韩则为鞠躬，西方人则亲吻面颊；大多数国家以点头表示赞成和同意，但保加利亚、尼泊尔则以摇头表示许可；中国人用跺脚表示气愤，法国人则认为是叫好等。对于各国家和地区的风俗习惯，谈判者要在谈判前做好准备工作，以免产生不必要的误会。

（二）直观性

口头语言给人听觉的刺激，而肢体语言给人更形象的感官效果。不同的肢体语言，给人不同的感觉。例如：对方双手叉腰，则显示为有极强的控制欲；眼睛瞅向别处，表示对方可能在思考其他事情，并没有仔细听你讲话；对方面部表情松弛，表明对这次谈判缺乏热情等。

（三）广泛性

无论是口头语言还是肢体语言，都可以表现出一个人目前的状态。在谈判过程中，语调的高低、身体的动作，可以看出对方的喜怒、积极或失望等情绪。

（四）依赖性

在商务谈判过程中，不同的语境下，同一语言或动作可以表示不同的意思。例如：睁大眼睛，可以表示为吃惊、愤怒、好奇等，这就要求谈判者要仔细观察当时所处的环境。

二、倾听的技巧

无论是在谈判还是在生活中，都要学会倾听。倾听不仅可以获取信息，也是对对方给予一定的尊重。倾听不仅仅是利用双耳去接收声音信息，更是从中获取有益信息以为我们所用。学会倾听也是一门艺术。

（一）倾听的基本规则

1．弄清自己的倾听习惯

应该弄清楚自己是否有一些不好的倾听习惯。例如：你是否喜欢在听别人说话时打断对方；你是否对别人的讲话断章取义；你是否没有耐心听对方讲话等。了解自身的倾听习

惯，并改善其中的缺点。

2．集中精神倾听

在倾听别人讲话时，要面向说话者，同他保持目光接触。在听的过程中，要善于通过你的姿势和语言证明你在倾听。例如：适当地点头或说“嗯”“是吗”等，或者配以微笑等表情，以表示自己确实在听和鼓励对方继续说下去。无论你是站着还是坐着，都要与对方保持最适宜的距离。说话者都愿意与认真听讲的人交往。

3．听后要表达自己的理解

在听对方讲话完毕后，可以适当地发表自己的意见，从而弄清楚对方想要表达的真实想法。

（二）倾听的障碍

倾听可以使我们更多地了解对方，隐蔽自己，也可以使我们作出更好的决策，掌握谈判的主动权。但是，许多谈判人员只注意怎样在谈判中更好地表露自己的立场、劝说对方，字斟句酌地精心筹划发言提纲，常常陶醉在自我表达的良好感情之中，却不肯用一点时间考虑一下怎么样去倾听及从对方的谈话中获取什么、接受什么。通常，这主要表现在以下几个方面：

（1）喜欢突显自己，急于发表自己的意见，常打断对方的讲话。

（2）过于情绪化，当谈论的不是自己所感兴趣的事时，不注意去听。

（3）容易受外界的干扰而不能仔细地去听。

（4）急于记住每件事情，反而忽略了重要的内容。

（5）心中有先人为主的印象。例如：对某人的看法不佳，便不去听他讲话。

（6）受到知识水平的影响，有意避免听取自己认为难以理解的话。

（7）听和说的节奏差异。一般人听人讲话及思考的速度大约是讲话速度的四倍,所以在听他人讲话时常会分心思考别的事情。

（8）当听对方讲话时，总是在思考如何回答，而不太注意听这个人后面所说的话。

（三）倾听的技巧

通常，倾听的技巧主要有以下几种。

1．集中精力、专心致志倾听

谈判者在听对方发言时要特别聚精会神，同时还要以积极的态度去倾听。切记不可“开小差”，不可将注意力分散到研究对策问题上去，因为在这种情况下，当对方所讲的内容为隐含意义时，倾听者没有领悟到或理解错误，就会造成事倍功半的后果。

2．判断性倾听

在对方讲话时，要注意筛选信息的真实性、简洁性。有时对方故意增加说话内容的长度，以此来消耗你的耐心。因此，听话者就需要在用心倾听的基础上，鉴别传递过来的信息的真伪，去粗取精，去伪存真，才能抓住重点，收到良好的倾听效果。

3．创造良好的谈判环境

在谈判对手讲话时，不插嘴、不打断对方，让对方保持谈话的持续性。对于自己不赞同、不清楚的观点，也要等到对方说完再提问。同时，也要对说话者保持客观的态度，不能先入为主的倾听，带有自己的主观色彩。只有保持良好的倾听习惯，才能为谈判的顺利进行提供良好的环境。

4．适当记笔记

当谈判者无法将自己的注意力集中在对方讲话上时，可以适当记录对方所讲的内容。一方面可以提高自己的注意力，另一方面可以记住对方表达的含义。俗话说，“好记性不如烂笔头”，记录可以保持对方谈话内容的完整性。但是这里的记录也要讲求方式，不可逐字逐句记录，这样只会把注意力集中在记录上，而非分析上。只要将对方纲领性的语句记录下来，明白对方所讲内容的意思即可。

三、观察的技巧

在谈判过程中，对谈判对手姿势和动作的观察、分析，是获得谈判信息、了解对手的一个极为重要的方法和手段。

（一）眼睛

“眼睛是心灵的窗户。”这句话道出了眼睛具有反映深层内心世界的功能。眼睛的动作最能够明确地表达人的情感世界。人的一切情绪、情感和态度的变化都可以从眼睛中显示出来。人可以对自己的某些外显行为做到随意控制，可以在某些情境中做到口是心非，却无法对自己的目光做到有效控制。

（1）在谈判中，对方的视线经常停留在你的脸上或与你对视，说明对方对谈判内容很感兴趣，想急于了解你的态度和诚意，成交的希望程度高。

（2）交谈涉及到关键内容如价格时，对方时时躲避与你视线相交，一般说来，对方把卖价抬得偏高或把买价压得过低。

（3）对方的视线时时脱离你，眼神闪烁不定，说明对你所谈的内容不感兴趣但又不好打断，产生了焦躁情绪。

（4）对方眨眼的时间明显长于自然眨眼的时间时，每次眨眼一般不超过一秒钟，说明对方对你所谈的内容或对你本人已产生了厌倦情绪，或表明对方感觉有优越感，对你不

屑一顾。

（5）倾听对方谈话时几乎不看对方的脸，表示倾听者试图掩饰什么。

（6）眼神闪烁不定，常被认为是掩饰的一种手段或不诚实的表现。

（7）眼睛瞳孔放大而有神，表示此人处于兴奋状态；瞳孔缩小无神，神情呆滞，表示此人处于消极、戒备或愤怒状态。

（8）瞪大眼睛看着对方是表示有很大兴趣。

（9）对方的视线在说话和倾听时一直不能集中，偶尔瞥一下你的脸便迅速移开，通常意味着对生意诚意不足或只想着占大便宜。

（10）下巴内收，视线上扬注视你，表明对方有求于你，成交的希望程度比你高，让步幅度大；下巴上扬，视线向下注视你，表明对方认为比你有优势，成交的欲望不强，让步幅度小。

（二）眉毛

眉毛和眼睛的配合是密不可分的，二者的动作往往共同表达一个含义，但单凭眉毛也能反映出人的许多情绪变化。

（1）俗话说，“喜上眉梢”，人们处于惊喜或惊恐状态时，眉毛上耸。

（2）处于愤怒或气恼状态时，眉角下拉或倒竖。

（3）眉毛迅速地上下运动，表示亲切、同意或愉快。

（4）紧皱眉头，表示人们处于困窘、不愉快、不赞同的状态。

（5）眉毛高挑，表示询问或疑问。

（6）眉宇舒展，表示心情舒畅。

（7）双眉下垂，表示难过和沮丧。

（三）嘴巴

人的嘴巴除了说话、吃喝和呼吸以外，还可以有许多动作，借以反映人的心理状态。

（1）嘴巴张开，嘴角上翘，常表示开心、喜悦。

（2）撇嘴，常表示讨厌、轻蔑。

（3）咂嘴，常表示赞叹或惋惜。

（4）努嘴，常表示暗示或怂恿。

（5）撅起嘴，常表示生气和赌气，是不满意和准备攻击对方的表现。

（6）紧紧地抿住嘴，往往表现出意志坚决。

（7）嘴角向下拉，是不满和固执的表现。

（8）嘴角稍稍向后拉或向上拉，表示听者是比较注意倾听的。

（四）手部动作

手势是谈判者在交谈中使用得最多也最灵活方便的行为语言，有极强的吸引力和表现力。借助手势或与对方手与手的接触，可以帮助我们判断对方的心理活动或心理状态，同时也可帮助我们将某种信息传递给对方。

（1）手掌：掌心向上的手势，常表示谦虚、诚实、屈从，不带有威胁性；掌心向下的手势，常表示控制、压抑、压制，带有强制性；伸出并敞开双掌，常表示坦白、诚恳、言行一致。

（2）手指：食指伸出，其余手指紧握，呈指点状，常表示教训、指责、镇压；把拇指指向对方，常表示诬蔑、藐视、嘲弄；双手相握或不断玩弄手指，常表示犹豫、为难、缺乏信心；把手指蒙在嘴前，或轻声吹口哨，常表示紧张、担心、束手无策。

（3）拳头：稍握拳头，置于胸前，手指曲动，常表示犹豫、疑虑、忐忑不安；紧握双拳，手心出汗，置于椅背或腿部，常表示愤怒、烦躁、急于攻击。

（4）手臂：双臂紧紧交叉于胸前，身体稍前倾，往往表示防备、疑窦；两臂交叉于胸前并握拳，往往是怀有敌意的标志；两臂置于脑后，十指交叉，搂住后脑，身体稍后仰，往往表示权威、优势和信心。

（5）用手指或手中的笔敲打桌面，或在纸上乱涂乱画，往往表示对对方的话题不感兴趣、不同意或不耐烦的意思。这样做，一方面可以打发和消磨时间，另一方面也起到暗示或提醒对方注意的作用。

（6）不时用手敲脑袋，或用手摸头顶，表示正在思考。

（7）一手托腮，手掌撑住下巴，身体微倾向前，头稍往后仰，眼皮半闭垂下，表示正在做决断性的思考。

（8）手与手连接放在胸腹部的位置，是谦逊、矜持或略带不安的心情的反映。在给获奖运动员颁奖之前，主持人宣读比赛成绩时，运动员常常有这种动作。

（9）其他手势。十指交叉，或放在眼前，或置于桌前，或垂右腹前，常表示紧张、敌对和沮丧。指端相触，撑起呈塔尖式，男性塔尖向上，女性塔尖向下，常表示自信；若再伴之以身体后仰，则通常可表现出讲话者的高傲与独断的心理状态，起到一种震慑听话者的作用。搓手，常表示谈判者对某一结局的急切期待。背手，常显示一种权威；若伴之以俯视踏步，则表示沉思。

（五）腰、腹部动作

腰部在身体上起着承上启下的作用，腰部位置的“高”或“低”与一个人的心理状态和精神状态是密切相关的。同样，腹部位于人体的中央部位，它的动作带有极丰富的表情与含义。

（1）鞠躬、弯腰，表示谦逊或尊敬之意。再者，心理上自觉不如对方，甚至惧怕对

方时，就会不自觉地采取弯腰的姿势。

（2）腰板挺直，颈部和背部保持直线状态，则说明此人情绪高昂、充满自信、自制力较强。相反，双肩无力地下垂，凹胸突背，腰部下塌，则反映出疲倦、忧郁、消极、被动、失望等情绪。

（3）双手横叉腰间，表示胸有成竹，对自己面临的境况已做好精神上或行动上的准备，同时也表现出以势压人的优势感和支配欲。

（六）腿部动作

（1）“二郎腿”：与对方并排而坐时，对方若架着“二郎腿”并上身向前向你倾斜，意味着合作态度；反之则意味着拒绝、傲慢或有较强的优越感。相对而坐时，对方架着“二郎腿”却正襟危坐，表明他是比较拘谨、欠灵活的人，且自觉处于很低的交易地位，成交期望值很高。

（2）并腿：交谈中始终或经常保持这一姿势并上身直立或前倾的对手，意味着谦恭、尊敬，表明对方有求于你，自觉交易地位低下，成交期望值很高。时常并腿后仰的对手大多小心谨慎，思虑细致全面，但缺乏自信心和魄力。

（3）分腿：双膝分开、上身后仰者，表明对方是充满自信的、愿意合作的、自觉交易地位优越的人，但要指望对方作出较大让步是相当困难的。

（4）架腿（把一只脚架在另一条腿的膝盖或大腿上）：对方与你初次打交道时就采取这个姿势并仰靠在沙发靠背上，通常带有倨傲、戒备、怀疑、不愿合作等意味。若上身前倾同时又滔滔不绝地说话，则意味着对方是个热情的但文化素质较低的人，对谈判内容感兴趣。如果频繁变换架腿姿势，则表示情绪不稳定、焦躁不安或不耐烦。

（5）双脚不时地小幅度交叉后又解开，这种反复的动作表示情绪不安。

（6）摇动足部，或用足尖拍打地板，或抖动腿部，都表示焦躁不安、无可奈何、不耐烦或欲摆脱某种紧张情绪。

（七）其他姿势

（1）交谈时，对方头部保持中正，时而微微点点头，说明他对你的讲话既不厌烦，也非大感兴趣；若对方将头侧向一边，尤其是倾向讲话人一边，则说明他对所讲的事很感兴趣；若对方把头垂下，甚至偶尔合眼似睡，则说明他对所讲的事兴趣索然。

（2）交谈时，对方咳嗽常有许多含义，有时是焦躁不安的表现，有时是稳定情绪的缓冲，有时是掩饰说谎的手段，有时听话人对说话人的态度过于自信或自夸表示怀疑或惊讶而用假装清清喉咙来表示对他的不信任。

（3）交谈时，对方不断变换站、坐等体位，身体不断摇晃，常表示他焦躁和情绪不稳；不时用一种单调的节奏轻敲桌面，则表示他极度不安，并极具警戒心。

（4）交谈时，若是戴眼镜的对方将眼镜摘下，或拿起放在桌上的眼镜把镜架的挂耳靠在嘴边，两眼平视，表示想用点时间稍加思考；若摘下眼镜，轻揉眼睛或轻擦镜片，常表示对争论不休的问题感到厌倦或是准备喘口气再战；若猛推一下眼镜，上身前倾，常表示因某事而气愤，可能进行反攻。

【模拟练习】

1．假如你是一名某产品卖方的谈判人员，指定一套谈判时的入题与阐述的方案，可以自己拟定产品类别、名称。

2．某人善于说服他人，往往可以断定他具有怎样的特性？

A．他的语文功底很好；

B．他一定看过很多书；

C．能说会道的人太多了，这是天生的，和后天没有关系；

D．他一定善于倾听，善解人意；

E．他一定职务较高。

3．有一年，香港选美大赛进入决赛阶段。主持人为了测试参赛者杨小姐的谈吐技巧，便面对台下观众问道："杨小姐，假如要你在两个人中选择一个作你的终生伴侣，你会选择谁？这两个人，一个是波兰音乐家肖邦，一个是德国法西斯头子希特勒！"漂亮聪颖的杨小姐不慌不忙，语出惊人："我要嫁给希特勒！"台下观众顿时骚动起来。追问原因，杨小姐微笑着回答："我希望自己能感化希特勒。如果我嫁给希特勒，第二次世界大战就不会死那么多人，也肯定不会让他发动第二次世界大战！"此话一出，引起观众雷鸣般掌声。

A．案例中杨小姐借助哪种语言技巧精妙地回答出主持人的问题？

B．如果你是这位杨小姐，你会怎样回答？

4．有一个妈妈把一个橙子给了邻居的两个孩子。这两个孩子便讨论起来如何分配这个橙子。两个人吵来吵去，最终达成了一致意见，由一个孩子负责切橙子，而另一个孩子选橙子。结果，这两个孩子按照商定的办法各自取得了一半橙子，高高兴兴地拿回家去了。

第一个孩子把半个橙子拿到家，把皮剥掉扔进了垃圾桶，把果肉放到果汁机上打果汁喝。另一个孩子回到家把果肉挖掉扔进了垃圾桶，把橙子皮留下来磨碎了，混在面粉里烤蛋糕吃。

根据上面的情形，虽然两个孩子各自拿到了看似公平的一半，然而，他们各自得到的东西却未物尽其用。这说明他们在事先并未做好沟通，也就是两个孩子并没有申明各自利益所在。没有事先申明价值导致了双方盲目追求形式上和立场上的公平，结果，双方各自的利益并未在谈判中达到最大化。

根据这则例子说明谈判语言在谈判中的作用。

第四节 商务谈判的逻辑思维

早在 20 世纪 30 年代，我国演讲学者杨炳乾在谈到演讲与逻辑的关系时指出：“夫思维为演讲之根本，而思维与语言之真确又为演说成功之要素。故伟大的演说家，其推理必精，观察必正。而此种才能之训练，乃伦理学之职务，是以伦理学与心理学，俱为演说学之基础科学也。”演讲与谈判是相通的，逻辑学所研究的思维形式及其规律，是正确思维的必要条件。谈判要说服对方，在材料的安排和语言运用方面，就必须符合逻辑思维的一般规律，必须讲究逻辑艺术。

一、商务谈判逻辑的基本范畴

逻辑是人类思维方法的总结，自然也是谈判思维的科学基础。谈判中的辩证逻辑和普通逻辑是有区别的：辩证逻辑思维要求谈判者真正地认识谈判，必须掌握谈判的一切方面、一切逻辑和中介，这种全面性是谈判中辩证逻辑的第一个特点；第二要求从谈判自身发展运动的变化中来观察谈判；第三必须把全部谈判实践作为真理的标准，体现谈判思维的具体针对性。而形式逻辑是根据常见谈判活动作出形式上的定义并据此片面、静止、抽象、表象地分析谈判的本质，所以应该着重研究辩证逻辑在谈判中的运用。

（一）商务谈判中的概念

概念是反映事物本质内部联系的思维形式。在谈判中，概念是抓住论题本质及其内部联系的基础，否则容易使谈判失去方向。如“调价”的概念，卖主提出如果材料涨价则供货价格要相应上调，其实买方也可以把“调价”的概念具体化，争取自己的利益，针锋相对地指出如材料降价则供货价格也要下调。

（二）商务谈判中的判断

辩证思维的判断乃是对客观现象矛盾本性有所断定的思维形式，其主要功能是认识事物，与普通思维的是则是、否则否的静态判断不同，其有四个对立统一的方面：“同一与差异”“肯定与否”“个别与一般”“现象与本质”，常常表现为谈判思维中。

如贸易方式的谈判中，补偿贸易虽然可以减少短期筹资的压力，但如果对方在一进一出两次作价中估价过高过低，补偿贸易的优点则并不存在，表现了同一与差异的辩证关系。正如谈判中一方做出许多姿态：激动、愤怒、委屈，表现出吃了亏的样子，而实际上他已经从成功条件中捞到了好处，在分析是不可让现象掩盖了本质。

（三）商务谈判中的推理

推理是在分析客观事物矛盾运动的基础上，从已有的只是推理出新知识的思维形式，由前提和结论构成。其形式有类比、归纳和演绎。从某种形式上讲谈判的过程是复杂的推理过程。辩证逻辑思维推理的精华是“客观性、具体性和历史性”。

如卖方提出由于人员费用增加，材料价格上涨而成本增加，价格应比过去上涨百分之几。从形式逻辑来看合情合理，但如果使用辩证推理精华，买方可以发问：是整个社会行业的情况，还是仅仅是你自己企业的情况，费用成本的具体变化如何？过去是如何处理这些情况所发生的变化？卖方的推理可能失去客观性，与具体情况有差异，违背过去的做法。

（四）商务谈判中的论证

论证是根据事物的内部联系，利用辩证的联系方法，以一些已被证实为真的判断情况来确定某个判断的真实性或虚假性的思维形式，是综合运用各种思维形式来认识矛盾的过程。论证一般由论题、论据和论证方式三个因素构成，论证的原则包括全面性、本质性和具体性。

二、商务谈判的思维艺术

如将谈判者的文化、习俗、逻辑思维的基本范畴视为谈判思维的构成单元，实际运用中选择思维构成单元的方法称为思维艺术。思维艺术归纳起来，散射思维、快速思维和逆向思维。

（一）散射思维

同时对谈判议题各方面进行全方面扫描的思维形式称之为散射思维。这种思维艺术形式贵在多路出击、消除死角，使议题各个方面都提到谈判桌上，更换频率转移思路，使对方无喘息之机，以便各个击破。

（二）快速思维

快速思维是指针对论题快速地应答或反击，其对象为某个论题或某一枝节，其效力不在于说服对手，主要是整吓对手，动摇对手意志。要求谈判者思想启动快，凌空搏击对手某一点、线或截面，绝不等所有信息收集后再还击。

如在易货贸易谈判中，已谈妥对销的结算方式、商品的品质规格、包装条件、交货期、检验方法许可证等内容，而后以快速思维艺术穿过直接对销原则—对汇平衡——买卖商品作价原则，要求通过对方商品的降价执行这一原则，否则对销贸易就难以达成，达到震吓对方的效果。

（三）逆向思维

逆向思维是指以反问或否定的角度来论述问题，驳斥对方论点的思维方法。在散射思维和快速思维的夹击下，人们顺应对方意图回答就会十分被动，受制于人，许多隐秘不讲不好，因对方穷追不舍；讲了也不好，会正中对方下怀。逆向思维是进攻和防卫的有效辩论武器。

如卖方要求一次性而不是按发货批次开信用证，因为货物分别是从六七个国家来，卖方嫌麻烦及费用高而不愿集中发货，但分别开证，卖方有劳务及收汇问题。表面看来卖方的要求有道理，但买方可采用逆向思维来辩论，使卖方的要求站不住脚：集中开证可以，必须集中交货，贵方受证、收汇麻烦，我方分别接货、保管更麻烦，劳务开支更大，且一次开证等于提前开证，又会增加费用，若能取多次时间或者全部货物发运完毕，一次开证也行，卖方应提出可解决问题的平等方法。

逆向思维还有另一种表现形式——反证，即设定对方的立论成立，倒过去推论其成立的条件及依据，若这些条件和依据不合情理则立论被否定。

三、商务谈判中的诡辩术

在谈判中故意运用形式逻辑的缺点或不正当的论证达到损人利己的目的的逻辑思维方法即是诡辩术。这给对手的感觉是有理说不清。其主要表现形式有平行论证、以现象代替本质、以相对为绝对、以偏概全和泛用折中。但诡辩术在商业中的运用要恰当，切不可滥用。

（一）平行论证

平行论证是指当一方在论证对方的弱点时，对方虚晃一枪另辟战场，抓住你的另一弱点论战，或故意提出新的论题，转移视线，使谈判失去统一方向。破解时应当向使用者明确指出，把一个一个论题分清楚，根据论题之间的逻辑联系分别予以论辩。

（二）以现象代替本质

以现象代替本质是指通过强调问题的表现形式或虚张无关紧要的利益，而掩盖自己的真实意图的一种诡辩术。破解时应分清问题的现象和本质，舍去现象，切中本质问题，抓住不放，进行辩论。

（三）以相对为绝对

以相对为绝对是指把一个相对判断作为一个绝对判断的一种诡辩术。破解时必须强调所使用的前提仅仅只是一个相对判断，当条件发生变化时，相对判断可能成为一个错误的前提，随之所论证的结论也必须否定了。

如卖方在喊高价之后，强调其产品为国际金奖产品。其实，所谓国际金奖产品只是某国某组织评出的，并不一定代表国际先进水平，而且也只是过去的金奖产品，可能在成交时质量是比较一般的了，如果相对分析是成立的，高价成交就没有依据了。

（四）以偏盖全

以偏盖全是指抓住对方的弱点不放，不做全面公正的诡辩术。如谈判中，买方抓住卖方报价不合理的部分，推断整个报价其他部分都有水分，或者买方抓住卖方批评中不当的部分纠缠不放而否定整个评论。这种论证方式往往会使洽谈气氛相当紧张。破解时，首先要开诚布公承认自己的弱点，然后说明自己其他方面的合理因素，纠正对手的片面认识。

（五）泛用折中

泛用折中是指通过搬弄纯粹抽象的概念，把性质不同的两个方面混淆等同起来的论证方式。在谈判发生分歧时，折中习惯地被人们视为最管用的协调方法，其实可能损害一方而偏于另一方。如价格谈判中，卖方开价虚头过大为 10 元，买方开价无虚头为 4 元，卖方提出折中各让 3 元以 7 元成交，这种折中自然有害于买方。这里买方破解时应该强调双方开价的区别把开价这个抽象的概念做具体分析，坚持维护自己提出的价格条件。

本章小结

本章主要讲述了商务谈判语言基本知识、商务谈判中有声语言沟通技巧、商务谈判中无声语言沟通技巧和商务谈判逻辑思维。通过本章学习，读者应了解商务谈判语言的形式、特点、类别，以及语言在商务谈判中的作用；掌握有声语言的各种沟通技巧，如叙述的技巧、提问的技巧、回答的技巧、辩论的技巧和说服的技巧；了解无声语言的特点，掌握倾听的技巧和观察的技巧；了解商务谈判逻辑的基本范畴、商务谈判的思维艺术以及商务谈判中的诡辩术。

复习思考题

1．谈判中有哪些语言？
2．谈判有声语言的沟通技巧有哪些，在谈判中应该怎样去对待和应用谈判有声语言？
3．谈判无声语言的沟通技巧有哪些，在谈判中应该怎样去对待和应用谈判无声语言？
4．谈判逻辑的基本范畴有哪些？
5．谈判中的基本思维及相应的对策有哪些？

第四章　商务谈判的文化背景

商务谈判除了与经济活动联系密切之外，还受到诸如世界政治经济与国际关系，各国法律体系以及社会文化等方面的深刻影响，尤其是社会文化因素的影响更为突出。因此谈判人员不仅仅要掌握谈判本身的规律性，还要熟知其他有关的、广泛的背景知识。

【本章学习目标】

- 了解文化差异产生的原因和文化差异对国际商务谈判的重要性;
- 掌握文化差异对国际商务谈判的影响，以及应对国际商务谈判中文化差异问题的策略;
- 了解各国商人的谈判风格。

第一节　商务谈判者的文化差异与沟通

商务谈判作为人际交往的一种形式，必然涉及不同地域、民族、社会文化的交往与接触，从而产生跨文化谈判。在跨文化谈判中，不同地域、民族、文化的差异必将影响到谈判者的谈判风格，从而影响到整个谈判的进程。因此，从事跨文化的商务活动，就必须了解和掌握不同文化间的联系与差异。在做谈判准备时，更要明了文化差异对谈判的影响，只有积极地面对这种影响才能实现预期目标。

一、文化差异

文化是个复杂的名词。文化广义指人类在社会历史实践中所创造的物质财富和精神财富的总和；狭义指社会的意识形态以及与之相适应的制度和组织机构。作为意识形态的文化，是一定社会的政治和经济的反映，又作用于一定社会的政治和经济。随着民族的产生和发展，文化具有民族性。每一种社会形态都有与其相适应的文化，每一种文化都随着社会物质生产的发展而发展。

人们每天都在通过与周围人的交往学习文化。确切地说，文化是指一个国家或民族的历史、地理、风土人情、传统习俗、生活方式、文学艺术、行为规范、思维方式、价值观念等。它包含信仰、知识、艺术、习俗、道德等社会生活的各个方面。

文化差异广泛地说，是指世界上不同地区的文化差别，即指人们在不同的环境下形成的语言、知识、人生观、价值观、道德观、思维方式、风俗习惯等方面的不同文化上的差异（尤其是东西方文化差异），导致了人们对同一事物或同一概念的不同理解与解释。

（一）文化差异产生的原因

造成文化之间存在差异的原因很多，主要有以下几个方面。

1．经济差异

人们会因为经济水平的高低而关注不同问题。例如，发达国家的人们生活富裕，受教育水平普遍较高，人们在满足了温饱问题之后，更注重生活品质，对安全的欲望普遍较强。而在经济相对落后的国家或地区，人们主要关心的是温饱问题。

2．地域差异

地域差异指不同地理区域由于地理环境而造成的差异，人们因在不同地域而往往有着不同的语言、生活方式和爱好，而这些必将影响到他们的行为习惯。中国的古谚中有“十里不同音，百里不同俗”的说法，说明地理上的差异对文化差异产生了巨大影响。

3．民族差异

由于历史、饮食等种种原因，民族与民族之间的差异体现在生活的方方面面。拿维吾尔族和汉族来说，维吾尔族男女老少，能歌善舞，热情好客。而汉族人性格温和，情感不外露。这就形成了维吾尔族人在饮食、服饰、居住、节日、礼仪等物质生活和文化生活上与汉族的显著差异。

4．宗教差异

宗教是人类社会发展到一定阶段的产物。世界上有三大宗教：基督教、佛教和伊斯兰教。不同的宗教有着不同的戒条，从而影响到人们认识事物的方式、行为准则和价值观念。

（二）文化差异对国际商务谈判的重要性

国际商务谈判是指处于不同国家和地区的商务活动的当事人，为满足各自需要，通过信息交流与磋商争取达到意见一致的行为和过程。它具有跨文化性。来自不同文化背景的谈判者有着不同的交际方式、价值观和思维方式，这就意味着在国际商务谈判中了解各国不同文化，熟悉商业活动的文化差异是非常重要的。

在谈判实践中，很多谈判者常常没有领悟、重视或注意到文化对谈判方式的重要影响。对于外国谈判方的文化，有些谈判者也许已经注意到谈判对方的一些“不同的”或者“费解”的谈判方式的具体表现，但却认为并不重要。有的人盲目地认为涉外谈判是用事实和数据说话，而事实和数据是通用的。同样，有些谈判者去异国他乡谈判时，为与对方保持融洽的关系，他们会注意到双方文化上的相似之处，而忽视其不同之处。

二、文化差异对国际商务谈判的影响

文化对谈判的影响是广泛而深刻的。不同的文化将人们相互疏远并形成沟通中难以逾越的障碍。因此，谈判者要尊重、接纳彼此的文化，而且要透过文化的差异，了解对方行为的真正意图，并使自己被对方所接受，最终达成一致的协议。总的来说，文化差异对商务谈判的影响主要体现在以下几个方面。

（一）语言沟通技巧的运用

文化差异对谈判过程的影响，首先表现在谈判的语言沟通过程中。语言是任何国家、地区、民族之间进行沟通的桥梁，在国际商务活动中语言的差异是最直观明了的。虽然解决语言问题的方法也很简单，如雇佣一个翻译或者用共同的第三语言交谈就行了。但来自不同文化背景的谈判人员所使用的语言行为存在着很大的差异，如果不了解这些差异，那么就很容易误解对方所传播的信息，从而影响谈判目标的实现。

（二）非语言——肢体语言的使用

文化差异对谈判过程的影响不仅表现在语言沟通过程中，还表现在非语言沟通过程中。文化差异会导致不同国家或地区的谈判人员在形体语言、动作语言的运用上有着巨大的差异。谈判人员以非语言的、更含蓄的方式发出或接受大量的、比语言信息更为重要的信息，而且所有这类信号或示意总是无意识地进行的。因此，当谈判人员发出不同的非语言信号时，具有不同文化背景的谈判对手极易误解这些信号，而且还意识不到所发生的错误。这种不知不觉中所产生的个人摩擦如果得不到纠正，就会影响商业关系的正常展开。例如与美国人交往，如果你不看着他的眼睛，或者让人觉得眼神游移不定，那么他就会担心你不够诚实，或生意中有诈；而跟日本人交往，如果你盯着他，他可能认为你不尊重他。

（三）谈判风格

谈判风格是谈判者在谈判活动中所表现的主要气度和作风，谈判风格体现在谈判者谈判过程中的行为、举止和控制谈判进程的方法、手段上。谈判者的谈判风格带有深深的文化烙印。文化不仅决定着谈判者的伦理道德规范，而且影响着谈判者的思维方式和个性行为，从而使不同文化背景的谈判者形成风格迥异的谈判风格。

三、应对国际商务谈判中文化差异问题的策略

通常，应对国际商务谈判中文化差异问题的策略主要有以下几种。

（一）做好谈判的计划工作

也就是要充分了解自己及谈判对手的情况，包括其他利益方的国家和文化情况，即所

谓的知己知彼。为了做到知己我们要清楚地知道自己想要什么；要了解是什么阻碍了自己想要的东西；列出谈判双方可能有的各种选择，考虑哪些方案是自己可以接受的或是能被对方接受的等。业务谈判是双方或多方的，要想取得洽谈成功，知彼也是非常重要的，在谈判中，不仅要全面动态地了解对手对协议的期望，更要了解对方的民族习性、谈判手段和语言文化等信息。

（二）克服沟通障碍

在谈判时要明确目标，善于变通，积极地、创造性地开展工作。要注意双方是否有沟通障碍，是否有下列情况发生：存在由于文化背景不同造成的某些词语和肢体语言上的误解；虽然知道，却没有准确地理解对方所提供的信息内容；虽然理解，却不愿意接受这种理解。要注意克服沟通障碍。谈判的截止日期、分心、情绪压力、责任、文化认知背景都会让谈判者在考虑问题的时候更多依赖自己的文化惯性思维。对于这些诱因的理解能够帮助谈判者对待跨国谈判的文化因素。

（三）掌握与不同国家和地区的商务谈判技巧

不同的文化造就不同的性格和行为，形成不同的谈判风格。不同的谈判风格主要表现在谈判过程中的行为、举止和实施控制谈判进程的方法、手段上。在东西方商务谈判过程中，文化背景的差异、不同的文化心态、风俗习惯等，往往被很多人忽略，而常常正是文化因素的影响，决定了商务谈判活动的成败。在进行谈判时，各个民族都是平等的。无论对手所处的文化环境看起来有多么不可思议或无法理解甚至荒谬，谈判时都应该彼此尊重。在正确谈判意识指导下，涉外谈判者必须掌握谈判对手的谈判风格，灵活应变，对症下药，使国际商务谈判向有利于己方的方向发展。

四、中国文化对商务谈判的影响

我国是一个文明古国，历史悠久、文化灿烂，素有“礼仪之邦”的美称。我国很早以前就开始了大规模的国内商业交换活动和一定规模的对外贸易活动，形成了比较稳定的文化背景，并为国外人士所熟知，从一定意义上说，它促进了商务活动的发展。但是另一方面，这种比较稳固的文化背景的某些因素由于其产生的时代局限性，影响了商务活动尤其是与国外的贸易活动。这就要求谈判者能分析本国文化，将其运用于商务谈判活动中时，应把积极因素发扬光大，避免消极因素或其他某些因素给谈判工作带来的不利影响。

随着中国的对外开放，中国与国外发生的经济关系的日益频繁，我们必须创造出良好的谈判作风。从过去谈判实践来看，我国文化背景对商务谈判的影响表现在以下几个方面。

（1）中国文化习惯于不从法律来考虑，而是着重从伦理道德原则来考虑是否形成一笔交易。尽管新一代的谈判者正在力求克服这一点，但是多少还是带着这种文化的烙印。

我国到目前为止，法律体系还有待完善，许多问题的解决由于没有明确的法律依据，只能依据伦理道德原则标准。有时中国式的谈判只是口头约定，点点头，或者摆摆手，尤其是谈判的领导者；中国式谈判常常用已经形成的友谊来影响协议，而不是因为协议决定双方是否友好，这使得谈判一开始就有极强的倾向性；中国谈判者通常在谈判中先力求达成一个关于一般性原则的协议，极少注意细节问题，以一般性原则的协议代替细节性谈判这显然不是务实的谈判。

（2）中国式的商务谈判带有明显的政治色彩，对商务谈判活动也有一定的影响。我国的谈判者必须对国家尊严和国家利益，对政治思想形式，特别是对国家计划及财政收支的全局利益出发指导谈判活动。但是，由于国家机关存在着官僚作风，权力一定程度的集中，以及某些政策多变，常常使得谈判者缺乏自信和自主，因而也不愿意过多承担责任，从而拖延谈判日期，影响谈判效率。

（3）在具体谈判策略上，我国谈判者的基本特点是坚持要对方首先透露他们所关心的利益，却深深隐藏自己所关心的利益和要求；在谈判中严守讨价还价的原则，会对对方所出价格闭口不谈；注重单价概念，很少全盘考虑其他方面；在谈判时间上，坚持官方的工作休息时间，即使谈判进行到最激烈的时候，只要到了休息时间，可以马上停止下来；在谈判组织上，中国的谈判者习惯组成一定规模的小组，依赖群体的心理很强，力求小组成员高度统一于谈判领导之下；在签约上，合同书面文件十分简单，七内容容易模棱两可。

（4）中国的谈判者十分讲究“面子”的关系。虽然大多数文化承认任何不慎的谈判能够伤害自尊，因而需要仪式化的礼节，但是过分地把“面子”集中在威信及尊严上，倒容易反映出过弱的自尊心。因此，有时这个谈判者视奉承比利益还重，为了得到面子而不惜失去某些实在的东西。中国文化十分重视友谊，这也在一定程度上影响到商务谈判。关系的范畴很广，同学、老乡、战友、亲戚等，一切社会关系都包括在内。有了关系，谈判就大大增加了成功的可能性，甚至交易可以不必通过谈判就达成，关系成了“信任”的同义词。与此相反，若没有关系，即使谈判明显有利，谈判者也决不会放弃自己利益受到对方损害的疑虑和担心。

（5）谈判者家庭对谈判的影响。中国文化有一个重要的特点是，人们的家庭观念特别重，家庭生活对工作影响很大，人们的许多方面都依赖于家庭生活。注重谈判者的家庭是很有用的，送个礼物给他的家人意义是重大的，即使是个赞许，也会使谈判者愉快，但若赞许其下级或者同事高明，无疑会被认为是对其本人的藐视。

（6）中国地大物博、民族众多，各地各民族的谈判风格也不尽相同，如南方人的细致、精明，北方的粗犷、豪放，但总的来讲，都源于同一文化。

第二节　各国商人的谈判风格

来自不同国家或地区的客商有着迥然不同的历史传统和政治经济制度，其文化背景和价值观念也存在着明显的差异。因此，他们在商务谈判中的风格也各不相同。在国际商务谈判中，如果不了解这些不同的谈判风格，就可能闹出笑话，产生误解，既失礼于人，又可能因此而失去许多谈判成功的契机。如欲在商务谈判中不辱使命，稳操胜券，就必须熟悉世界各国商人不同的谈判风格，采取灵活的谈判方式。

一、美国商人的谈判风格

在美国历史上，大批拓荒者曾冒着极大的风险从欧洲来美洲，寻求自由和幸福。顽强的毅力和乐观向上勇于进取的开拓精神，使他们在一片完全陌生的土地上建立了新的乐园。他们性格开朗、自信果断，办事干脆利落，重实际，重功利，事事处处以成败来评判每个人，加上美国人在当今世界上取得的巨大经济成就，这就形成了美国商人独特的谈判风格。

同美国人谈判，是与非必须保持清楚，如有疑问，要直截了当地问清楚，以免日后造成纠纷。美国人谈判的特点主要有以下几个：

（1）干脆直爽，直截了当。美国商人在谈判中习惯于迅速将谈判引向实质阶段，不兜圈子，不拐弯抹角，不讲客套，并将自己的观点全盘托出。他们对谈判对手的直言快语也很欣赏，如果对方换个角度或从某个侧面也讲得令其心服，最终达成妥协则皆大欢喜。

（2）重视效率，追求实利。美国人习惯于按照合同条款逐项进行讨论，解决一项，推进一项，尽量缩短谈判时间。他们十分精于讨价还价，并以智慧和谋略取胜，他们会讲得有理有据，从国内市场到国际市场的走势甚至最终用户的心态等各个方面劝说对方接收其价格要求。

（3）全盘平衡，一揽子交易。美国人在谈判某一项目时，除探讨所谈项目的品质规格、价格、包装、数量、交货期及付款方式等条款外，还包括该项目从设计到开发、生产工艺、销售、售后服务，以及为双方能更好地合作各自所能做的事情等，从而达成一揽子交易。

二、英国商人的谈判风格

英国是最早的工业化国家，早在 17 世纪，它的贸易就遍及世界各地。历史上，英国曾经被称“日不落”帝国，这些都使英国国民的大国意识强烈。尽管从事贸易的历史较早，范围广泛，但是贸易洽商特点却不同于其他欧洲国家。

（1）慎重保守。英国人不轻易与对方建立个人关系。即使是本国人，人们个人之间

的交往也比较谨慎，很难一见如故。他们不轻易相信别人，依靠别人。这种保守、传统的个性，在某种程序上反映了英国人的优越感，他们有很强的民族自豪感，心理上的排外性很浓，看不起别国人。但是你一旦与英国人建立了友谊，他们会十分珍惜，长期信任你。在做生意上关系也会十分融洽。所以，一个结论就是，如果你没有与英国人长期打交道的历史，没有赢得他们的信任，没有最优秀的中间人作介绍，你就不要期望与他们做大买卖。

（2）准备不充分。这点与德国商人的谈判风格正好相反。英国人对谈判本身不如德国人、美国人那样看重，相应地，他们对谈判的准备也不充分，不够详细周密。在谈判中，英国人表现更多的是沉默、平静、自信、谨慎，而不是激动、冒险和夸夸其谈。他们对于物质利益的追求，不如日本人表现得那样强烈，不如美国人表现得那样直接。他们宁愿做风险小、利润也少的买卖，也不喜欢冒大风险、赚大利润的买卖。在 1989 年，英方与中方曾拟合作一个大项目，当一切都谈妥之后，由于形势有了变化，英方担心中方政策有变，毅然放弃了这个合作项目，这就是英国人的特点。

（3）重视身份地位。英国是老牌的资本主义国家，但那种平等和自由更多地表现在形式上。在人们的观念中，等级制度依然存在，这就是为什么英国还保留象征性的王室统治。在人们的社交场合，“平民”与“贵族”仍然是不同的。在对外交往中，英国人比较注重对方的身份、经历、业绩，而不是像美国人那样更看重对手在谈判中的表现。所以，在必要的情况下，与英国人谈判，派有较高身分、地位的人，有一定的积极作用。

（4）通常不能按时履行合同。英国商人有一个共同特征，就是不能保证合同的按期履行，不能按时交货，据说这一点举世闻名。英国人为此也做了很大努力，但效果不明显。对于出现这种现象的原因，有一种说法是：英国工业历史较为悠久，但近几个世纪发展速度放慢，英国人更追求生活的秩序与舒适，而勤奋与努力是第二位的。另外，英国的产品质量、性能优越，市场广泛，这又使英国人忽视了作为现代贸易应遵守的基本要求。基于英国商人的这种特点，他们在谈判中通常处于被动地位。

三、法国商人的谈判风格

法国是一个工业发达的老牌资本主义国家。法兰西民族在近代史上有其社会科学、文学、科学技术上的卓越成就，民族自豪感特别强，他们具有戴高乐的依靠坚定的“不”字以谋取自己利益的高超谈判本领。法国人的谈判风格主要有以下几点：

（1）注重人际关系。法国人天性比较开朗，比较注重人情味。所以他们非常珍惜交易过程中的人际关系，有人说，在法国“人际关系是用信赖的链条牢牢地互相联结的”。这种性格也影响到商业上的交往。一般说来，在尚未互相成为朋友之前，法国人是不会与你做大笔生意的。因此，你如果和法国人洽谈生意，就必须和法国人建立友好关系，这需要做出长时间的努力。法国人的人情味还表现在：谈判不能只顾谈问题，否则会被嘲笑为是个枯燥乏味之人。除非在最后做决定时可以一本正经，在其他的时间里，多谈一些关于社会新闻或文化等方面话题往往受大家欢迎。当然这也与法国人的素质有关。有人说："不知道是听来的还是看书积累的知识，就是杂货店或肉店的女老板，也会时而滔滔不绝地谈论艺术，一下子又会把话题扯到政治上去，真叫人感到惊讶！"

（2）讲究服饰礼仪。法国人具有良好的社会风范，他们多受过良好教育，从小就被指点培养各种好的文明习惯。法国的时装领导世界潮流，法国人相当注意修饰自己的外表，在正式场合，他们的衣着装饰都相当讲究。在他们看来，衣着代表着一个人的修养、身份和地位，因此，在与法国人谈判时，必须注意自己的服饰，尽可能穿上自己最好的衣服。

（3）坚持使用法语谈判。法国人具有一个人所共知的特点，就是坚持在谈判中使用法语，即使他们英语讲得很好，也是如此。而且在这一点上很少让步。因此，专家指出，如果一个法国人在谈判中对你使用英语，那么这可能是你争取到的最大让步。所以，在与法国人谈生意时，如果己方不是占很大的优势，最好选择一名优秀的法语翻译。至于为什么法国人只用法语，原因有很多，可能是法国人爱国的一种表现，也可能是因为法语会使他们减少由语言不通而产生的误会。

（4）喜欢横向式谈判。在商务谈判中，法国人明显地偏爱横向式谈判。也就是说，他们喜欢先为协议勾画出一个大致的轮廓，然后再造成原则协议，最后确定协议的各个方面。他们把谈判的重点放在拟订一些重要的原则上，而不注意细节，这与美国人的一个问题一个问题地谈判的风格正好相反。

（5）注重个人决策。法国是"存在主义"的发祥地，对于个人权力还是很珍视的，即使在商业谈判中，法国人也很注重同个人的关系。而且认为，以个人为基础的关系要比公司的信用重要得多。法国的企业通常组织机构明确、简单，实行个人负责制，个人权力很大。在商务谈判中，也多是由于个人决策负责，所以谈判的效率也较高。即使是专业性很强的洽商，他们也能一个人独当几面。

（6）时间观念不强。法国人的时间观念不是很强，在公共场合如正式宴会，有种非正式的习俗，那就是主客身份越高，他或她来得越迟。法国人的时间意识是单方面的。在商务谈判中，他们经常迟到，却总能找到许多堂皇的理由。但是，如果你由于什么原因而迟到，他们就会非常冷淡地接待你。所以如果你有求于他们时，你不要迟到，否则你不会被原谅。相反，如果法国人迟到了，你要学会忍耐。

四、德国商人的谈判风格

德国人的性格特点是倔强、自信。他们办事谨慎，富有计划性。他们敬业精神很强，重视工作效率、追求完美。德国能在短短几十年内在世界经济中再度崛起，是同他们这种自强不息的民族奋斗精神分不开的。德国人谈判的特点主要有以下几方面：

（1）严谨认真，准备周密。德国人在谈判前准备充分，对所要谈判的标的物以及对方公司的经营、资信情况等均进行详尽认真的研究，掌握大量详实的第一手资料，以便在谈判中得心应手，左右逢源。

（2）缺乏妥协性和灵活性。德国人在谈判中审慎稳重有余而适当的妥协性和灵活性不足。如果我们对出口商品报价过高，他们可能会觉得双方的价格相距太远，不值得进一步探讨，从而可能使我们失去一次贸易机会。相反，他们一旦报出价格，那他这个价格显得不可更改。德国商人很少讨价还价，即便是有，讨价还价的余地也会很小。

（3）诚实守约，重视合同的履行。德国人在签订合同之前，往往要仔细研究合同的每一个细节，并认真推敲，感到满意后才会签订合同。合同一经签订，他们会严守合同条款，一丝不苟地去履行。他们不轻易毁约，同样，他们对对方履约的要求也极其严格。

五、意大利商人的谈判风格

意大利存在着大量的商业机会，可以从那里购买或向那里销售各类产品。如果购买的产品正是他们的技术所生产的，这些产品一般都具有很高的质量。意大利人与外国做生意的热情不高，而热衷于同国内企业打交道，因为他们觉得国内企业和他们存在共同性，而且产品的质量也是可以信赖的。意大利由于历史和传统的原因，形成了比较内向的社会性格，不大注重外部世界，不主动向外国的风俗习惯和观念看齐。

意大利人情绪多变，喜怒无常。他们做手势时特别激动。肩膀、胳膊和手随着说话声音的节拍挥动不止。看他们陈述观点简直是一种观赏。当然，最好是在他们脾气好的时候。如果他们生气，他们会近似于疯狂。如果你看到两个意大利人快要动手打起来了，你不要去管，因为他们可能正在争论这次轮到谁付出租汽车费了。意大利人特别喜欢争论，如果允许，他们会整大争论不休，特别是在价格方面，更是寸步不让。但是，他们对产品质量、性能以及交货日期等事宜都不太关注，虽然他们当然希望所买或销售的产品能正常使用。这一点与德国人明显不同，德国人宁愿多付款来取得较好质量的产品和准确的交货日期，而意大利人却宁愿节约一点，力争少付款。

如果说法国人有时候在出席正式宴会时不太准时的话，那么意大利人是欧洲最不遵守时间的民族。他们约会、赴宴经常迟到，且都习以为常，有时候甚至会单方面取消约会。另外，意大利人崇尚时髦，不论是商人还是旅行家，都衣冠楚楚，潇洒自如。他们的办公地点，一般设施都比较讲究；他们对生活中的舒适，如住宿、饮食都十分注重；对自己的国家及家庭也感到十分自豪与骄傲。在商务谈判中，最好不要谈论国体政事，但可以听听他们或引导他们谈谈其家庭、朋友。而且，在意大利从事商务活动，必须充分考虑其政治因素。特别是涉及到去意大利投资的项目时，更要慎重从事，先了解清楚意大利一方的政治背景。否则，如果遇到政局发生变动，就难免蒙受经济损失。

六、俄罗斯商人的谈判风格

近几年，中俄之间的贸易急剧增加，两国之间的贸易额保持较高的增长率。因此，有必要了解俄罗斯商人的谈判风格。

（1）效率较低。俄罗斯人受到官僚主义办事拖拉作风的影响，做事断断续续，大大增加了谈判的困难。他们绝不会让自己的工作节奏适应外商的时间表。外商遇见的俄罗斯办事人员，绝不会急急忙忙奔回自己的办公室，向上级呈送一份有关谈判的详细报告，除非外商供应的商品正好是俄罗斯人极想要的商品。在谈判期间，如果外商向他们发信或打电传，征求他们的意见或反应，往往得不到及时回应。另外，俄罗斯人常把许多专家带到洽淡中，诸如技术专家、经济专家或法律专家，这样不可避免地扩大了谈判队伍，由于每个专家都要在谈判中维护和争得各自的地位，这就拖长了谈判时间。

（2）固守传统，缺乏灵活性。原苏联是个外贸管制的国家，是高度计划的外贸体制。任何企业或个人都不可能自行进口或出口任何产品所有的进出口计划都是经过专门部门讨论决定，并经过一系列环节审批、检查、管理和监督。在这种高度计划体制中，人们已习惯于照章办事，上传下达，忽视了创造性的发挥。虽然在苏联解体后实行了市场经济制度，但是，在涉外谈判中，一些俄罗斯人还是带有明显的计划体制的烙印，在进行正式洽商时，他们喜欢按计划办事，如果对方的让步与他们原本的具体目标相吻合，容易达成协议；如果是有差距，让他们做出让步特别困难。甚至他们明知自己的要求不符合客观标准，也拒不妥协让步。

（3）谈判强手多。俄罗斯人虽有拖拖拉拉的作风，但在谈判桌前绝对精明，他们常常是经过充分准备的，深深懂得如何在交易中以少换多。俄罗斯人在讨价还价上堪称行家里手。许多比较务实的欧美生意人都认为，不管报价是多么公平合理，怎样精确计算，他们也不会相信，千方百计地要挤出其中的水分，达到他们认为理想的结果。

为了压降价格，他们一般采取以下的方法。一是“欲擒故纵”。他们常常这样对洽淡对手说：“我们实在无法同你洽谈生意，你的价格比你的竞争者实在高太多了，如果我们同他们谈判，现在就已经达成协议了。”二是“降价求名”。例如，他们会如此告诉你：“如果我们第一次向你订货，你的开价较低，那么你就会源源不断地接到新的订单。”三是“虚张声势”。在谈判中，他们会大声喊叫，连说：“太不公平了。”或者梆梆地敲桌子，以示自己的不满和抗议，甚至还会拂袖而去。你最好是不为所动。假如你真的降低了价格，你就会为自己的做法后悔不迭的。

另外，俄罗斯人不容易改变自己的看法。在价格洽谈时，无论对方的价格是多么低，他们总是不会接受你的第一次报价。所以在洽谈过程中，你要具有一定的灵活性。你可以事先特地为俄罗斯人印好一份标准价格表，这份表上所有的价格实际上都有适当的溢价。这就能给后面的洽谈留下余地。

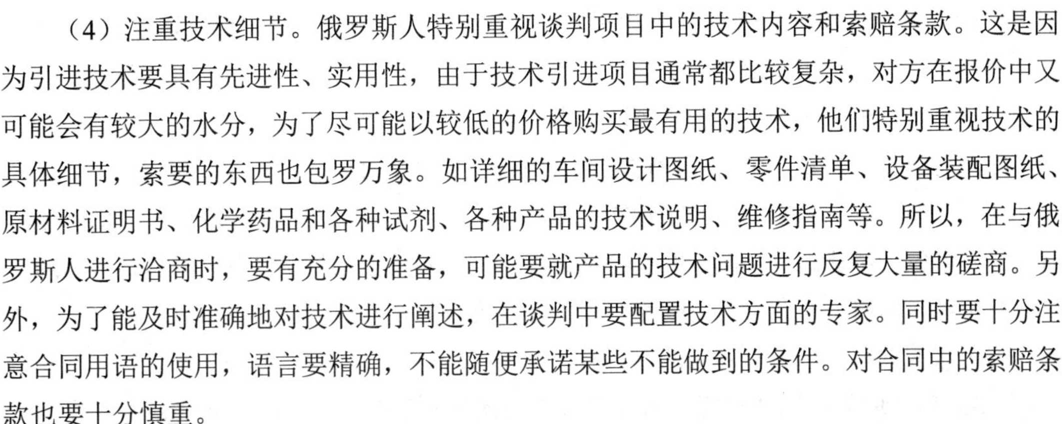

（4）注重技术细节。俄罗斯人特别重视谈判项目中的技术内容和索赔条款。这是因为引进技术要具有先进性、实用性，由于技术引进项目通常都比较复杂，对方在报价中又可能会有较大的水分，为了尽可能以较低的价格购买最有用的技术，他们特别重视技术的具体细节，索要的东西也包罗万象。如详细的车间设计图纸、零件清单、设备装配图纸、原材料证明书、化学药品和各种试剂、各种产品的技术说明、维修指南等。所以，在与俄罗斯人进行洽商时，要有充分的准备，可能要就产品的技术问题进行反复大量的磋商。另外，为了能及时准确地对技术进行阐述，在谈判中要配置技术方面的专家。同时要十分注意合同用语的使用，语言要精确，不能随便承诺某些不能做到的条件。对合同中的索赔条款也要十分慎重。

七、日本商人的谈判风格

日本人深受中国传统文化的影响，儒家思想道德意识已深深地沉淀于日本人内心的深处，并在行为方式上处处体现出来。日本是一个岛国，资源缺乏，人口密集，具有民族危机感。这就使日本人养成了进取心强，工作认真，事事考虑长远影响的性格。他们慎重、礼貌、耐心自信地活跃在国际商务谈判的舞台上。日本人谈判的特点主要有以下几个方面：

（1）讲究礼节，彬彬有礼地讨价还价。日本商人走出国门进行商务谈判时，总希望对方能前往机场、车站或码头迎接，迎接人的地位要等同或略高于日本商人的地位。他们经常说说笑笑地讨价还价，体现了一种礼貌在先，慢慢协商在后的谈判思想，使谈判在友好的气氛中进行，以便达成协议。

（2）注重建立和谐的人际关系。日本人把与谁做生意同怎样做生意看得同样重要。他们往往将相当一部分时间、精力花在人际关系中，愿意与熟悉的人做生意并建立长期友好的合作关系。他们不习惯直接的纯粹的商务活动，如果有人不愿意开展人际交往活动而直接进入实际性的商务谈判活动，结果反而会欲速则不达。

（3）商品的质量至关重要。日本人在商务谈判中首先着眼于商品的质量、包装和生产工厂，而后才会谈及价格。当然，价格问题也很重要，但必须是以符合所要求的质量标准且能提供优质服务为前提。在他们心中，产品的质量、优质的服务和可接受的价格这三个要素缺一不可。一旦他们与你做成了第一笔生意，而且很顺利，他们就会继续与你合作下去，即使再有其他贸易公司报以更优惠的价格（指我们出口），他们也不会轻易转向这家公司买货。

八、韩国商人的谈判风格

韩国是一个自然资源匮乏，人口密度很大的国家。韩国以“贸易立国”，近几十年经济发展较快。韩国商人在长期的贸易实践中积累了丰富的经验，常在不利于己方的贸易谈判中占上风，被西方国家称为“谈判的强手”。韩国人谈判的特点主要有以下几个方面：

（1）进行充分的咨询准备工作。谈判前，韩国人通常要对对方的情况进行咨询了解，如经营项目、规模、资金、经营作风以及有关商品的行情等。一旦韩国人与你坐在一起谈判，那么可以肯定地说，他们已对这场谈判进行了周密的准备。

（2）注重礼仪，创造良好的谈判气氛。韩国人十分注意选择谈判地点，他们一般喜欢选择有名气的酒店进行会晤，并且特别重视谈判开始阶段的气氛。见面时总是热情地与对方打招呼，向对方介绍自己的姓名、职务等。当被问及喜欢用哪种饮料时，他们一般选择对方喜欢的饮料，以示对对方的尊重。

（3）巧妙地运用谈判技巧。韩国人常用的谈判方法有两种，即横向式谈判和纵向式谈判。前者是先谈主要条款，然后谈次要条款，最后谈附加条款，后者即对双方共同提出的条款逐条协商，达成一致后，再转向下一条款进行讨论。有时也会两种方法兼而用之。他们还时常使用“声东击西”“先苦后甜”“疲劳战术”等策略。有些韩国商人直到最后一刻仍会提出“价格再降一点”的要求。

九、阿拉伯商人的谈判风格

由于地理、宗教和民族等问题的影响，阿拉伯人以宗教划派，以部落为群。他们性情固执，比较保守，家族观念等级观念很强，不轻易相信别人，整个民族具有较强的凝聚力。他们的谈判风格主要有以下几个特点：

（1）先交朋友，后谈生意。阿拉伯人通常要花很长时间才能做出谈判的决策。他们不希望通过电话来谈生意。当外商想向他们推销某种商品时，必须经过多次拜访，有时甚至第二次、第三次拜访都接触不到实质性的问题。与他们打交道，必须先争取他们的好感和信任，建立朋友关系。只有这样，下一步的交易才会进展顺利。

（2）对讨价还价情有独钟。在他们看来，没有讨价还价就不是一场严肃的谈判。无论是大商店还是小商店均可讨价还价，标价只是卖主的报价。在商务谈判中更是如此，他们甚至认为，不还价就买走东西的人，还不如讨价还价后什么也不买的人受卖主的尊重。

（3）通过代理商进行商务谈判。几乎所有阿拉伯国家的政府都坚持让外国公司通过代理商来开展业务，代理商从中获取佣金。一个好的代理商对业务的开展大有裨益。他可以帮雇主同政府有关部门取得联系，促使有关方面尽早作出决定，帮助安排货款的收回，劳务使用、物资运输、仓储等诸多事宜。

十、华侨商人的谈判风格

华侨分布在世界许多国家，他们乡土观念很强，勤奋耐劳，重视信义，珍惜友情。由于经历和所处环境的不同，他们的谈判习惯既与当地人有别，也与我们大陆人有所不同。

（1）作风果断，雷厉风行。华侨经济在世界上很有地位、令世人瞩目。在商务谈判中，他们从不优柔寡断，看准了就干。他们富于冒险精神，敢于正视困难，对前途充满了信心，善于抓住每一个商贸机会。

（2）善于讨价还价。华侨有一套巧妙的讨价还价办法，从不以一次让价为满足，总是一而再，再而三地讨价还价，直到该商品不能再降价为止。他们认为谈判双方都很精明，谈判的时候应当“有小便宜就占”。他们这种敬业精神和积极稳妥的现实风格，使得他们在创业道路上一往直前，硕果累累。

（3）华侨商人多数都是由老板亲自出面谈判，即使在谈判之初由代理人或雇员出面，最后也要由老板拍板才能成交。

本章小结

本章主要讲述了商务谈判者的文化差异与沟通，各国商人的谈判风格。通过本章的学习，读者应该了解文化差异产生的原因和文化差异对国际商务谈判的重要性；掌握文化差异对国际商务谈判的影响，以及应对国际商务谈判中文化差异问题的策略；了解各国商人的谈判风格，这有助于商务谈判人员在谈判中根据不同的谈判对象，使用不同的谈判策略。

复习思考题

1．简述文化差异对国际商务谈判的重要性。
2．简述中国文化对商务谈判的影响。
3．美国、英国、法国商人谈判风格都有哪些？
4．德国、意大利、俄罗斯商人谈判风格是怎样的？
5．日本、韩国、阿拉伯以及华侨商人的谈判风格如何？

第五章　商务谈判方案策划

商务谈判方案是在谈判开始前对谈判目标、谈判议程、谈判策略预先所做的安排。谈判方案是指导谈判人员行动的纲领，在整个谈判过程中起着非常重要的作用。

【本章学习目标】

- 了解商务谈判方案制定的要求；掌握商务谈判方案策划的思路；
- 掌握商务谈判策划的整个流程：确定商务谈判的目标、搜集商务谈判所需的情报资料、确定商务谈判争议点、商务谈判双方的优劣势分析、估计商务谈判对手的低价及初始立场、制定商务谈判的战略和战术方案、确定商务谈判议程以及商务谈判方案策划书编写。

第一节　商务谈判方案策划基本知识

成功的谈判有赖于谈判前的系统策划。商务谈判策划，是指在商务活动中，将商务谈判活动的每一个环节引入全新的构想与创新，事先做好整体规划，并以之为谈判实施的行为准绳，作为谈判追踪、校正、评估谈判绩效等行为的依据。其内容主要包括谈判目标的确定、谈判定位、谈判总体策略以及在一定时期内的短期谈判战术策划等。商务谈判就其实质而言就是谈判组织者在谈判过程中，通过对谈判事项的深入分析，充分利用各种资源条件，充分发挥各项资源条件的效能，使己方在谈判过程中取得尽可能大的效益。所以有人说策划就是对各项资源的重新整合。有人对谈判的成功过分地依赖于临场发挥和应变，但一个大型的商务谈判成功的关键主要还在于谈判前要对所要谈判的问题进行细致的事前研究，确定谈判目标、了解谈判对手。从而确定正确的谈判策略，以保证谈判顺利进行。

一、商务谈判方案制定的要求

由于商务谈判的规模、重要程度不同，商务谈判内容有所差别。内容可多可少，要视具体情况而定。尽管内容不同，但其要求都是一样的。通常，一个好的谈判方案要求做到以下几点：

（1）简明扼要。所谓简明就是要尽量使谈判人员很容易记住其主要内容与基本原则，

使他们能根据方案的要求与对方周旋。

（2）明确、具体。谈判方案要求简明、扼要，也必须与谈判的具体内容相结合，以谈判具体内容为基础，否则，会使谈判方案显得空洞和含糊。因此，谈判方案的制定也要求明确、具体。

（3）富有弹性。谈判过程中各种情况都有可能发生突然变化，要使谈判人员在复杂多变的形势中取得比较理想的结果，就必须使谈判方案具有一定的弹性。谈判人员在不违背根本原则的情况下，根据情况的变化，在权限允许的范围内灵活处理有关问题，取得较为有利的谈判结果。谈判方案的弹性表现在：谈判目标有几个可供选择的目标；策略方案根据实际情况可供选择某一种方案；指标有上下浮动的余地；还要把可能发生的情况考虑在计划中，如果情况变动较大，原计划不适合，可以实施第二套被选方案。

二、商务谈判方案策划的思路

下面主要介绍如何成功地运用一套系统的方法来对整个谈判做出最佳的谈判前期规划，以保证在整个谈判过程中，不打无准备之战。通常，商务谈判策划案应该明确以下几个问题：

（1）在谈判中，要达到什么目标？己方拥有哪些资源条件、应如何有效地进行整合？

（2）谈判对手的目标是什么？

（3）谈判对手的优劣势是什么？

（4）谈判进程如何安排？

（5）谈判地点如何选择？

（6）谈判议题如何设计？

（7）谈判过程中应该采取何种策略？

（8）谈判对手可能采取何种策略？

（9）谈判对手可能会提出何种问题？如何进行应对？

（10）如何设定谈判的底线？

（11）采用何种手段调节谈判的氛围？

（12）如何有效地进行谈判人员组合？

第二节　商务谈判策划流程

商务谈判策划的整个工作流程如下图所示，其包括了 9 个阶段：确定谈判目标，搜集谈判所需的情报资料，确定谈判争议点，谈判双方的优劣势分析，估计对方的底价及初始立场，制定谈判的战略战术，制定谈判日程，谈判策划书的撰写，谈判方案的实施、控制与调整等。商务谈判策划流程如图 5-1 所示。

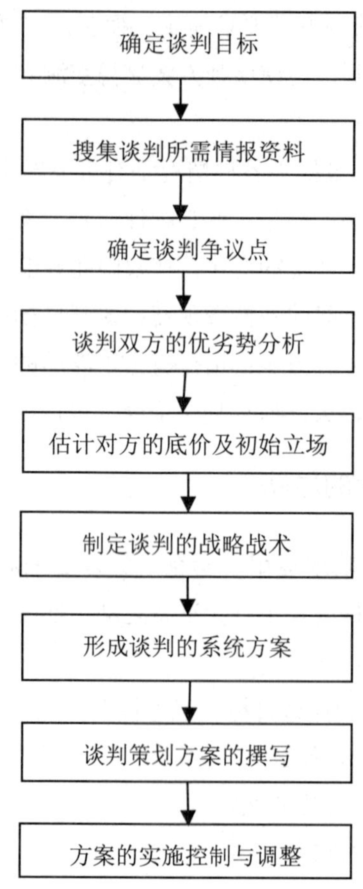

图 5-1　商务谈判策划流程

一、确定商务谈判目标

确定商务谈判目标是谈判的起点，也是进行谈判策划的出发点。谈判目标是在谈判主题确定的基础上，在制定谈判方案时，对谈判所要达到结果的设定，是整个谈判的指导核心。商务谈判的目标多种多样，谈判目标的不同将直接影响到谈判的策略、战术的设计与应用，也会影响到谈判者的角色设置，影响到对谈判结果的评估与判断。

商务谈判目标是指谈判要达到的具体目标，它指明谈判的方向和要求达到的目的、企业对本次谈判的期望水平。商务谈判的目标主要是以满意的条件达成一笔交易，确定正确的谈判目标是保证谈判成功的基础。商务谈判的目标可以分为以下三个层次：

（1）最低目标。最低目标是谈判必须实现的最基本的目标，也是谈判的最低要求。若不能实现，宁愿谈判破裂，放弃商贸合作项目，也不愿接受比最低目标更低的条件。因此，也可以说最低目标是谈判者必须坚守的最后一道防线。

（2）可以接受的目标。可以接受的目标是谈判人员根据各种主客观因素，经过对谈判对手的全面估价，对企业利益的全面考虑、科学论证后所确定的目标。这个目标是一个诚意或范围，即己方可努力争取或做出让步的范围。谈判中的讨价还价就是在争取实现可接受目标，所以可接受目标的实现，往往意味着谈判取得成功。

（3）最高目标。最高目标，也叫期望目标。它是本方在商务谈判中所要追求的最高目标，也往往是对方所能忍受的最高程度，它也是一个难点。如果超过这个目标，往往要冒谈判破裂的危险。因此，谈判人员应充分发挥个人的才智，在最低目标和最高目标之间争取尽可能多的利益，但在这个目标难以实现时是可以放弃的。

假如在公司的某次谈判中以出售价格为谈判目标，则以上三种目标可用下例加以表述：

①最高目标是每台售价 1400 元。

②最低目标是每台售价 800 元。

③可以接受并争取的价格在 800 到 1400 元之间。

值得注意的是，谈判中只有价格这样一个单一目标的情况是很少见的，一般的情况是存在着多个目标，这时就需考虑谈判目标的优先顺序。在谈判中存在着多重目标时，应根据其重要性加以排序，确定是否所有的目标都要达到，哪些目标可舍弃，哪些目标可以争取达到，哪些目标又是万万不能降低要求的。

在商务谈判中，谈判双方的谈判目标往往是矛盾的，因此在谈判策划时，为保证谈判的顺利进行，必须考虑谈判各方的目标，特别是冲突目标间的调停。

如：某工业建筑（厂房）不动产出售生意。资产拥有者希望在这笔生意中将厂房卖出，以期达到以下目的：①将这座工业建筑物“脱手”（自我中心目标）；②增加流动资产（自我中心目标）；③避免进一步损失，因为生意上已经出现赤字（保护性目标）；④最大限度的抬高售价以获取最大限度的纯利润（竞争性目标）；⑤以最低限度的上交税率而又不增加买主负担的方式销售（自我中心目标）；⑥使买主和业主都能以最低限度的纳税率来分配收益（对买主来说既是合作性目标又是自我中心目标；对业主来说是自我中心目标）。

上述某些目的要有买主的支持和同意方能实现，因此又包含了合作性目标。

一般的贸易谈判的目标指标主要有制定价格、商品质量、交货日期、付款方式和费用、对方的可靠性、合同期限、以及合同续签的优先权等内容。比如：一项投资合作、共同组建新的经济实体的谈判目标主要包括了投资控股权（投资股权比率及相应资产作价）、新公司的经营权分配、新公司的财务控制制度、合作的期限、投资各方的权益保证等内容。

二、搜集商务谈判所需的情报资料

在确定谈判目标后，要根据谈判目标的要求，在谈判前，尽可能获取与谈判相关的情报资料，如谈判目标、双方论点、市场、对方及其谈判人员的主要利益，双方及各自谈判人员的优劣势、对方的底价，以及经济、社会或政治气候的影响。这是谈判策划的基础，也是整个谈判成功与否的基石。谈判策划所需的主要情报资料如下：

（1）己方的目标。

（2）双方的论点。

（3）有关的市场数据。

（4）双方和谈判者的主要利益。

（5）双方和谈判者的优劣势。

（6）对方的底价。

（7）目前的经济、社会和政治气候的影响。

实际上，这种情报的搜集往往在谈判目标确定前就已经开始了，而且贯穿到整个谈判过程。在谈判开始前要搜集信息。如：一项专利技术的出售者在开始谈判前都应尽可能收集事实资料，获得的信息包括以下内容：①潜在购买者为发展或获得同种或相当的技术而做的努力；②潜在购买者可能通过获得该技术而获得的经济和其他方面的利益；③潜在购买者为了切实运用该技术（如果购买成功达到话）而付出的费用和时间。

三、确定商务谈判争议点

在谈判目标确定后，通过对相关资料的分析，就必须对为达到每一个目标而存在的争议点进行研究。谈判的争议点是当谈判双方由于各自的谈判目标不一致而发生冲突过即将发生的冲突时产生的矛盾焦点。在一定程度上说，谈判就是为了有效解决争议点而进行的磋商活动。没有争议点的谈判仅仅是一种商务事项的明确，而非真正意义的谈判。

所有的争议点可以分为经济类和非经济类两种。也可以根据争议点获取利益的长短分。

对争议点的分析，首先必须分析双方的矛盾所在，以了解谈判的具体要点。在确定有哪些争议点的基础上，分析各争议点的实质内涵，研究各争议点之间的相互联系，最后确定各争议点的主次层级关系。另一方面，还要判断谈判对手会如何确定这些争议点，以便在确定争议点的判断中取得主动。

当确定出争议点后，要对照已搜集的信息，对谈判目标重新进行审定。目标与争议点相比照后，如果发现当初所确定的目标不切实际，就应当对目标进行适当调整。

对商务谈判争议点的分析可以从以下几个角度进行：

（1）已经获得的信息和还需要的信息。

（2）当争议点影响某一目标时产生的具体利弊。

（3）相关市场因素。

（4）双方优劣势、兴趣、利益。

（5）对方在谈判开始时可能的态度和底价。

（6）可能的双方获利的结果。

（7）事实上的谈判开始时的立场态度。

（8）事实上的底价。

（9）选择的战略战术。

（10）可能的让步和权衡。

有时争议点的提出会被作为一种战术使用，所以进行争议点分析时，还必须辨明对手所提出的争议点是正式的还是虚假的。当谈判者单独提出一个争议点以交换让步，而该让步对另一方来说其价值高于它要求交换的东西时，也会产生争议点，确定正式的争议点有助于识别对方谈判者是否运用这一战术制造虚假的争议点。

四、商务谈判双方的优劣势分析

为了进一步评判谈判双方所处的地位，必须系统分析谈判双方所处的环境、条件及其所提供的机会及威胁，分析己方与谈判对手所拥有的资源优势与劣势。这是确定谈判战略战术的先决条件。

由于商务谈判的交易物都有其市场基础，所以市场分析往往是商务谈判环境分析的一项重要内容。它包括对谈判物的市场价值分析、商业惯例的评估、与谈判对象物相关谈判方法的市场习俗和规范及参与者的主观价值。对己方谈判者所拥有的优势及存在的劣势的确定，以及对对方优势的评估将影响到谈判基本战略与战术的运用。通过对以上内容的分析，可以在谈判中扬长避短，创造与本方有利的谈判氛围和谈判地位，并针对对手的弱点与不足，进行有力的攻击。

（一）确定或估计商务谈判各方优劣势

要在确定商务谈判各方的关系性质的基础上，从以下几个方面着手：

（1）各方的主要利益点。

（2）环境制造的压力与限制。

（3）其他谈判人员的影响。

商务谈判双方的关系可以分为以下四种类型：

（1）独立。各方至少有一个其他可行选择。

（2）依赖。各方均没有其他可行选择。

（3）程度不等的互相依赖。只有一方缺乏可行的选择。

（4）单方面依赖。只有一方缺乏可行的选择。

（二）商务谈判各方的主要利益

无论是在计划还是谈判中，谈判者应该懂得，除非双方都认为这些条款要比不签协议继续谈判更为有利，而且符合自己的最佳利益，否则就不会达成协议。而估计谈判双方优劣势最好的方法就是考察自己和对手的主要利益。如果自己为能够影响对方主要利益的一方，就已为自己发现了一个优势。参加商务谈判双方的主要利益不外乎要求：达成一个公认的好结果；获得越多越好；避免损失。

在双方利益的基础上，还应估计双方赋予各项目的价值以及可能的谈判结果。例如：在交易时，应评估双方谈判需要有什么不同，或者应协议怎么创造出比无协议时更多的优惠以供分享。如果购买者和销售者对商品的估计完全一致的话，他们就不会签约交易，因为任何一方都得不到利润。一般商务谈判协议的达成是基于这样一些共识：各方均放弃一些东西，以获得彼此认为价值更高的，属于对方的另一些东西；各方均获得了比各自放弃的东西更具有价值的东西。

要估计对手的主要利益，就应尽可能全面地回答：为什么对方想参加这一交易？这需要对以下五个相互重叠问题的分析来着着手。

1．对方的真正需要

谈判者首先应划清对手真正的需要与看似真正的需要两者之间的界限。以下几个问题可用来判断对方真正的需要：

（1）为什么对方会对某一个问题是否有谈判的可能性而感兴趣？

（2）有没有足够的理由让对方心甘情愿的为此次谈判承担责任？

（3）对方希望得到什么？

（4）对方希望得到的东西为什么对对方如此重要？

（5）如果要缓签甚至取消某一谈判协议对对方来说会有什么问题?

（6）对推进和完善某一谈判协议，对方有什么计划和期望？

（7）对方有多少不同利益？在对方表面需求之下是否还隐藏着其他更为基本的需要？

（8）对方是否强调合法性和公正性？如果是的话，其侧重点在程序方面还是在实质方面，或者是两者兼而有之？

（9）对方在以往相似情景下如何举措？

2．对方的背景

对方的背景分析包括考察对方有关人员的培训、职业、履历及个人习惯。在这些方面的不同表现往往反映出各人不同的处世哲学和人生价值观。这种不同既可能为双方达成协议创造某种机会，亦可能起阻碍作用。不同的价值观很可能会使谈判变得容易一些，因为就同一议题作出的不同价值判断往往为双方采用双赢战术和互惠战术创造更多的机会，这样也就导致谈判中会出现妥协和让步。当然也要注意的是，不同的预测也可能导致双方的误解和无效沟通，从而成为谈判达成一致的障碍。

如果双方具有一些共同的背景可能更有利于谈判。在谈判之前必须了解己方与对方以前是否有过关系或者有没有其他关系。如果有的话，那应该通过下面几个问题分析一下这些共同背景的意义：

（1）双方在过去的谈判中或双方的关系处于友好状态还是敌对状态？

（2）双方过去的谈判和相处过程中，是否发生过任何特殊事件可能影响对方现在的需要、业务以及优势？

（3）对对方来说，以前的谈判是否成功且足以使他们相信眼前的谈判亦肯定会走向对双方都有利的结果？如果不是，那么是否有可能通过这次谈判来缓解以前的僵局或挽回失败？

3．对手对协议的需要

对手对协议的需求性质和强度也将影响谈判双方的谈判地位，成为判定对手主要利益的重要因素。以下问题有助于判断对手对协议的需要程度：

（1）哪些条款对方希望在谈判中达成一致？

（2）如果通过协议问题得到解决，那么对方会获得怎样的结果？

（3）如果问题没有通过谈判得到解决，对方又会有怎样的结果？

（4）如果问题没有通过谈判得到解决，对方会有哪些变通措施？

（5）假设双方的和解范围是相同的，那么双方所要达成的协议的可能获利范围如何？

（6）如果协议达成，最可能的收获是什么？

（7）如果协议不能达成，最可能的结果是什么？

（8）如果协议不能达成，会产生哪些结果？

（9）对方是否愿意冒险？

4．对方及对方谈判者的个人感受

个人感受是确定对方主要利益的第四个依据。通过对下列问题的了解来弄清楚对方及对方谈判者的个人感受：

（1）对方及对方谈判者的个人嗜好或类似倾向是否会影响对方的目标和优势？

（2）对方及对方谈判者的个人厌弃或类似倾向是否会影响对方的目标和优势？

（3）对方及对方谈判者的个人势力、特权、思想倾向、工作责任心以及偏见是否会影响谈判？

5．对对方的其它他影响

除上述影响外，还有下列因素可能影响对方的主要利益：

（1）心理效应和条件。

（2）家庭压力。

（3）社会标准，社团习俗，传统和压力。

（4）长期和短期的政治状况。

（5）长期和短期的经济状况。

（6）环境造成的压力和限制。

五、估计商务谈判对手的低价及初始立场

运用充分的想象力，比较准确地估计对方的底价，并通过分析对方的观点及己方针对每一论点和目标改变对方能力，估计对方在谈判开始时的立场态度，是制定谈判战略战术方案的重要前提。

（一）预测谈判对手的谈判底线

预测谈判对手的谈判底线之前，要明确两个问题：一是根据己方对现实的估算，确定谈判对手可能接受的最糟糕的结局会是什么？二是如果己方的战略战术奏效，期望的最好的结局又会是什么？

谈判双方对谈判目标，经济或非经济的成本及附加的谈判拖延、谈判困难、谈判中断等问题的价值评估，会影响他们在谈判中所确定的谈判底线。谈判双方的谈判底线也会相互影响。所以，在预定对方的谈判底线时也要考虑到对方是如何估计本方的谈判底线。在预测对方谈判底线的同时，谈判者还要预测一下谈判对手对谈判结果的最高期望值。

（二）预测谈判对手的初始立场

要预测谈判对手的初始立场，需要考虑以下两个问题：

（1）谈判对手会不会恰在或低于最高期望值的点上开始谈判，而其目的是为以后的条件交换、让步或改变自己的错误估计打下伏笔？

（2）如果对方在高于最高期望值的点上开始谈判，那么最终可能高出多少？

对每一项条款的价值的理解和期望会影响双方的立场。谈判双方对谈判结果期望值的现实程度将会影响到达成协议的可能性，也就是说，由不现实的期望值导致的不现实的要求往往会降低协议达成的可能性。

六、制定商务谈判的战略、战术方案

在完成了上述各项信息搜集分析工作之后，接着所要做的就是制定谈判的战略战术方案。谈判战略战术方案的制定是整个谈判策划工作的核心与灵魂。谈判的成功与否直接受所制定的战略战术方案的影响。恰当的战略战术方案是谈判成功的有力保证。商务谈判的战略战术方案主要包括：确定初始立场、确定谈判底线、确定谈判战术模式、考虑让步和条件交换等内容。

（一）确定商务谈判初始立场

确定谈判初始立场，是确定谈判战略战术方案的第一项内容。所谓谈判的初始立场是指己方在谈判初期提出的交易条件与交易要求，是贸易谈判中的开盘条件，也是己方对谈判结果的理想期望值。在确定己方在一个或一组争议点上的谈判初始立场时，应该既有一定的现实性，又要有一定的高度，即应该设定在对对方谈判底线的估计之上，以求得让步的余地。

高的现实性期望对获得谈判成功至关重要。高的现实性期望是指预料中的较高的位置或目标，亦即在谈判容量容许之上下限范围内获得尽可能多的利益。如果期望偏低，谈判者所获往往不尽如人意。有研究表明，与保守的期望相比较，由较高期望驱动的谈判一般总能导致更有利的结局。但另一方面，当初始立场远离现实的时候，往往会令谈判对方怀疑己方的谈判诚意和合作可信度，引起对方不满甚至触怒对方导致谈判陷入僵局，严重的甚至会导致谈判的破裂。因此，只有根据一个高的现实性期望来确定谈判的初始立场。

确定谈判初始立场，首先要根据所掌握的有关资料，在对谈判双方所处地位、所拥有的资源条件进行详细分析及对谈判对手所持立场的精确判断下的前提下，对谈判中的每一个争议点或争议点组合暂定一个假设的立场，从而形成一个有计划的、综合的初始立场起点值。然后，根据第一轮谈判结束时所获得的信息来判断此起点是否适用于整个谈判过程，并从全局的角度考虑其是否合理，对这一初始立场的起点进行适当调整，使设定的初始立场得到完善。

（二）确定商务谈判底线

谈判底线是谈判中谈判者对谈判结果的最低期望要求，是谈判时谈判者接受谈判结果与否的一个判断基准值。凡是低于这一基准值的任何开价或要求，谈判者都应予以拒绝。在所有的谈判中，实际上都是在谈判的初始立场和谈判底线之间所做的讨价还价、说服、妥协工作。在谈判中，就是要尽量使谈判结果靠近谈判的初始立场，远离谈判底线，获得满意的谈判结果。

确定谈判底线，不仅要为整个谈判设定底线，还要为每一个谈判争议点设定底线。如果各争议点之间存在可能条件交换关系时，应当为第一组相关的争议点设定底线。

为了更有利于谈判底线的设定，可以将谈判的各争议点进行排序。一般是按各争议点的挑衅性强弱进行排序，除非是有些争议点有必要推迟解决。这里所说的挑衅性强弱并不是指对对方有意伤害或蓄意引起争端，而是指那些抛开对成功可能性的考虑，仅视己方利益而定的旨在获得最有力结局的争议点。如一次谈判中用谈判场地的租赁以及组织工作的花费相当可观。那么，在这次最具挑衅性的争议点便是要对方来承担这些费用。

在谈判底线设计时，为了某些战略战术的需要可以使用不现实的谈判底线，甚至不设底线。在大多数场合，谈判底线的设立应建立在对谈判比较现实的假设或者合理的需求之上。但是有两个例外：一是当对方对自身的预估不现实；二是当同样或更多的利益可以在其他场合获得。有时在谈判中，以缺乏授权或有限授权为由抵御对方的压力，保持谈判桌上的和谐，并积极收集信息。这是在计划过程中谈判底线没有设定好之前的一个明智选择。

（三）选择商务谈判战略、战术

战略是指导谈判的客观策略，即指导谈判活动的一些原则性思路；而战术则是用以实施战略的具体手段。选择合适的战略方针，对实现谈判的目的、目标有重要意义。要选择适当的战略，就必须对谈判的有关问题有清醒的认识。

1．谈判战略选择前需弄清的有关问题

（1）谈判是否包括争论或和解？

（2）是否存在一个以上的争议？

（3）能否在谈判中引入新的争议？

（4）谈判各方的利益是短期的还是长期的？

（5）谈判各方之间的关系是长期保持还是仅限于某次谈判，或者介于两者之间？

（6）谈判者之间的关系是长期保持还是仅限于某次谈判，或者介于两者之间？

（7）各方的利益是经济性的还是非经济性的，或者两者兼有？

（8）各方是否用相同的方法评级谈判项目？

（9）各方进行谈判是否出于自愿？

（10）谈判是秘密进行还是公开进行？

（11）谈判的内容能否公之于众？

（12）委托人是个人还是私人组织、公司、单位或其他类型的机构？

（13）谈判中所要协商的各种事项对各方的价值是大还是小？

（14）谁获益最多？谁失去最多？

（15）谈判涉及的是常规事项还是特殊事项？

（16）谈判是面对面进行还是以电话、信函方式进行，或以上方法兼而有之？

（17）各方在需求、事实、法律、经济资源、道义等方面实力是否均等？

（18）是否存在诸如优先取舍权那样的选择可能性？如有的话，又能在何种程度上被接受？

2．常见的谈判战略

（1）不让步。

（2）不再让步。

（3）仅为打破僵局而让步。

(4) 以小的系列让步实现高的现实性期望。

（5）让步在先。

（6）解决问题。

（7）达到协议以外的其他目标。

（8）终止谈判。

3．常见的谈判战术

（1）披露信息。

（2）创造事实。

（3）接受信息。

（4）漏斗方式。

（5）利用信息资源。

（6）通过讨价还价获取信息。

（7）经讨论获取信息。

（8）提出先决条件。

（9）率先开价或避免率先开价。

（10）要求对报价做出反应。

（11）互惠。

（12）双赢提议。

（13）尝试性提议。

（14）议价。

（15）辩论。

（16）有条件提议。

（17）实力。

（18）虚张声势。

（19）语气。

（20）重视或轻蔑。

（21）制造心理许诺。

（22）保全面子。

（23）不与有问题的人打交道。

（24）插入新争议点。

（25）集中注意力于进程。

（26）启动。

（27）僵局。

（28）休会。

（29）耐心。

（30）最后期限。

（31）缺乏授权或有限授权。

（32）出其不意。

（33）诉诸个人利益。

（34）委托人或决策者的积极参与。

（35）集体谈判。

（36）联盟者。

（37）媒介与社会压力。

（38）多方谈判。

（39）利用可选择的机会。

（40）折中。

（41）送礼物或娱乐。

（42）自行解决。

（43）诉讼。

影响谈判的战略战术选择的因素主要有预想中的谈判动力、谈判目标的性质以及谈判是否牵涉到一个以上的议题。

（四）考虑让步和条件交换

为了获得最大程度的收益，在考虑谈判战略战术的时候，也要计划好让步和条件交换。一般来说，双方都期待对方做出让步。对谈判争议点的不同价值取向，为条件交换创造了机会。条件交换实际上是对某一谈判选择及其组合进行价值与利益评估，最终做出能获得对双方都有利的决策的过程。

让步和条件交换是在双方预想中的协议范围内进行的。每一次让步都有一定的理由因而显得合理而稳固。这种稳定性对于谈判者有力陈述自己的立场非常重要。每一次让步的实质内容和顺序都是为一个或一组争议点设定的。谈判人员必须清楚在每个争议点时间是否存在容许条件交换的内在联系。在一场各个争议点之间存在潜在条件交换的多项议题谈判中，可以按照如表 5-1 所示的合约范围计划各次让步。

表中列出了两个初始立场不同的争议点，一个有理由的潜在让步计划和各自分别的谈判底线。同样也显示了对各项组合争议点的掌握。

表 5-1　预计中的合约范围

争议点 1	争议点 2	争议点 1 和 2 的组合
初始立场	初始立场	初始立场
潜在让步 A	潜在让步 C	潜在让步 F
潜在让步 B	潜在让步 D	潜在让步 G
	潜在让步 E	
谈判底线	谈判底线	谈判底线

计划好所有的让步和条件交换还有以下几个作用：

（1）通过设计好一些谈判者并不十分看重的表面让步来达到其条件交换的目的。比如，谈判者故意就一个无关痛痒的争议点做出让步，从而为在下一个更有价值的争议点上要求对方做出让步打下了基础。

（2）有助于谈判者只在一些小的利益方面做出让步而在关键问题上不让步。

（3）有助于让谈判者为某个潜在市场考虑好充分的理由，而这些往往是在真正的讨价还价过程中难以顾及的。

（4）有助于事先在条件交换进行价值评估。预先计算要比在谈判中当场计算更有效。在作出让步之前，必须清楚对方所努力争取的一切价值何在。

七、确定商务谈判议程

谈判议程，是谈判议事日程的安排，是商务谈判的一项重要内容，它往往需要谈判双方协商确定。一项谈判的战略战术，都必须根据谈判议程的先后顺序来安排落实。

（一）商务谈判日程的内容

一般商务谈判日程包括通则议程和细则议程两个层次。

1．通则议程

通则议程包括确定议题和议题的讨论时间安排。

（1）确定议题。对己方来说，确定第一步应将与本次谈判有关的所有问题罗列出来，尽可能不要出现遗漏；第二步，根据对方的利益有利还是不利这一标准，将所列出的问题进行分类；第三步，尽可能将对本方有利的问题列入谈判的议题，而将对本方不利的议题排除在谈判议程之外，或者只选择那些对本方不利但危害不大的列入议题，而将危害大的问题排除在外。其目的是使议题安排有利于自己。比如，在技术转让谈判中，转让方把接收方在技术的使用、产品的销售与技术转让费的支付等问题一一列入谈判议题，这些方面显然都属于接受方的责任和义务，将之列入议题无疑是对转让方有利的，但同时技术转让方却竭力避免将其应承担的责任，如技术保证条款及内容不列入谈判的议题，目的是在谈判中逃避责任。

（2）议题讨论的时间安排。谈判议题确定后，讨论的时间安排方式多种多样。有的人首先安排一般原则问题，达成原则性一致意见后，再讨论具体细节问题。有的人则不分重大原则问题和次要问题，先把双方可能达成协议的问题或条件提出讨论，然后再讨论可能有分歧的问题。还可首先安排解决与资金有关的问题，然后解决与资金无关的问题，或者反之。

安排好议题讨论的时间顺序，是一项策略或艺术，它对于在谈判中掌握主动，具有不可忽视的作用。通则议程安排好后要送交对方审议，经双方同意，议程正式生效。

2．细则议程

细则议程具有保密性，它包括谈判议程和谈判前的准备议程，仅供己方代表使用。其内容一般有以下几个方面：

（1）先安排好说话的顺序。

（2）确定所要征询的专家。

（3）准备相关文件、资料。

（4）应在何时提出问题，提出何种问题。

（5）应向何人提出问题，提出何种问题。

（6）由谁提问题，谁给予补充。

（7）何时打岔，由谁来打岔。

（8）何时吃饭休息。

（9）如何暂停讨论。

（10）利用权威来解决某些事项；是否需要仲裁、上诉？何时处理？由谁办理？可能会出什么意外？怎么应对？是否需要更换组员、何时更换？由谁替补？

（二）做出一项好的议程需要考虑的因素

通常，要做出一项好的议程需要考虑以下 12 个因素：

（1）在实际谈判的开始阶段应当促使双方消除紧张情绪，创造和谐气氛。

（2）在解决某些问题前搜集信息是必要的，这是为了不使己方的地位被低估，也不使双方错过达成协议的机会。

（3）如果对方知道某些信息后会更多地倾向做出较多让步，那么在谈判的开始阶段应有选择地透露一些信息。

（4）初始立场在第一阶段便应互相告知，这样在暂时休会已做出估算、评价、修正后，能按照预定的程序继续谈判。

（5）使最初的开价、等待和还价更顺利。

（6）在对各个争议点进行谈判前，至少要就如何界定这些争议点达成默契，这是至关重要的。

（7）某个或某些争议点必须在其他争议点的讨论前先解决。

（8）在谈判中，要先解决相对简单的争议，以创造友善和和谐的谈判氛围以及合作契机。

（9）最好弄清楚初次谈判中最困难的争议能否解决。

（10）安排好全部要讨论的争议点的顺序是有用的。

（11）对方对谈判的扩大毫无准备。

（12）让对方设定谈判的程序，往往能获得较多价值的情报，以此可以发现对方希望先涉及哪些方面，避免哪些问题。

有时谈判议程本身就可以成为谈判的主题，如谈判期间依次推进的步骤，各阶段的时间安排、以及谈判中和谈判后涉及的保密问题。

在谈判议程的设计中，有两种观点可以参考：一种观点认为可以将议程分为两个阶段：第一阶段里运用提供情报的战术去发现潜在的多种选择方案；第二阶段里则运用其他一些战术来找出一个争议点，并策划一个或多个可以接受的解决方案。另一种观点是把设定谈判程序分为三个主要阶段：最初提供可交换信息的阶段；开价和还价的竞争阶段；创造成熟的双方都获益的合作阶段。

八、商务谈判方案策划书编写

上述各方面确定后，如果是正规的大型的商务谈判，还必须将有关策划的内容规范化，形成系统的书面谈判策划案。因为人型的商务谈判往往参与者众多，为了保持谈判小组成员之间的协调、默契，就得就有关问题达成共识，保证内部信息沟通的顺畅。谈判策划书就是将谈判的目的、目标、有关谈判所持的原则、政策、谈判争议点及其所持立场、谈判的主张、谈判战略战术的内容要点、谈判组织、谈判议程等与谈判有关的事项进行系统说明的书面文件。

（一）商务谈判方案策划书的要求

通常，谈判方案策划书编写一般有以下几点要求：

（1）策划书必须对商务谈判所涉及的内容进行系统的分析，对己方所持的观点进行系统的说明，对所准备采用的战略战术进行详细解剖，对各种可能出现的意外情况及其如何处置进行必要阐述。

（2）策划书的文字必须简明扼要，不要使用过多的专业术语，以便使谈判组织内各种专业人员均能有效地理解策划书所阐述的有关内容，同时注意策划书的可读性。

（3）策划书在形式上要求尽可能做到精美，以使谈判小组成员以严肃认真、精益求精的态度对待谈判。

（4）策划书要在内容的逻辑陈述上，符合人们的思维习惯。

（5）策划书不仅要讲谈判问题的主要方案，还要设想实施方案需要的条件，可能碰到的困难，以及这些困难的应对事项。

（二）商务谈判方案策划书的格式

一份完整的商务谈判方案策划书一般应包括以下内容：

（1）封面。

（2）目录。

（3）前言。

（4）策划案摘要。

（5）动机。

（6）谈判目标及必要性。

（7）方案说明及谈判双方的情景分析。

（8）谈判所需要的资源。

（9）谈判的预期结果及可能面临的风险分析。

（10）谈判过程中所使用的战略、战术说明。

（11）谈判议程及相关要件说明。

（12）结束语。

本章小结

本章主要讲述了商务谈判方案策划基本知识、商务谈判策划流程。通过本章的学习，读者应该了解商务谈判方案制定的要求；掌握商务谈判方案策划的思路；掌握商务谈判策划的整个流程：确定商务谈判的目标、搜集商务谈判所需的情报资料、确定商务谈判争议点、商务谈判双方的优劣势分析、估计商务谈判对手的低价及初始立场、制定商务谈判的战略和战术方案、确定商务谈判议程以及商务谈判方案策划书编写。

复习思考题

1．制定商务谈判方案有哪些要求？

2．商务谈判方案策划的思路有哪些？

3．商务谈判的目标分为哪三个层次？

4．商务谈判策划所需的主要情报资料有哪些？

5．可以从哪些角度对谈判争议点进行分析？

6．商务谈判的战略战术方案有哪些？

7．商务谈判日程包括哪些内容？

8．商务谈判方案策划书的要求有哪些？

第六章　商务谈判的进程

谈判是一个连续的动态过程，要顺利达到谈判目的，降低谈判风险，提高谈判效率和成功率，加强过程控制至关重要。一个完整的谈判过程包括：开局、实质、协议等三个阶段。

【本章学习目标】

- 了解开局在整个谈判中的作用、形成良好开局的原则；
- 掌握开局的任务和内容、开局的形式；
- 了解如何正确处理开局阶段的“破冰”期、如何建立良好的谈判气氛；
- 掌握开场陈述和报价；掌握商务谈判的讨价和还价、商务谈判的让步和突破；
- 了解商务谈判结束的时间、标志；掌握商务谈判结束的方式、原则和技巧；
- 了解商务谈判结束前应注意的问题。

第一节　商务谈判的开局

商务谈判开局是整个谈判的基点，它往往预示了双方谈判的基本态度，为谈判的发展趋势定下基调，对谈判过程会产生重要的影响。一个良好的开局能引领谈判向有利方向发展，会为谈判成功奠定良好基础。

一、开局在整个谈判中的作用

开局是影响整个谈判格局和前景的重要阶段。这个阶段之所以会产生重大影响，主要有以下几个原因：

（1）开局阶段人们精力最为充沛，注意力也最为集中，所有的人都在专心倾听别人的发言，全神贯注地理解对方讲话的内容。

（2）洽谈的格局就是在开局后的几分钟内确定的，它对后面所要解决的问题及解决问题的方式有直接的影响。

（3）这是双方阐明各自立场的阶段，是各自重要观点的第一次“亮相”

（4）在开局阶段，谈判双方阵容中的个人地位及所承担的角色完全显露出来。

从上述四点可以清楚地看到，正式谈判的开局确实是颇有影响的时期，有经验的谈判人员都能在这一阶段采取各种有效措施，充分发挥其应有的作用，使谈判向着成功的方向发展。

二、形成良好开局的原则

通常，开局中要遵循以下四大原则：

（1）享受均等的表达己方观点的机会。这样双方都有了了解对方的机会，也就有了进一步谈判的基础。至于，在双方谈判议程尚未达成前，努力做到谈话时间与倾听时间基本平衡。谈判有一个原则是多听少说。这里并不矛盾，因为不说或说的不够详细，就无法让对方在开始时就明白你的主要意图，谈判也就很难达到你最初想要的结果。

（2）由于在开局阶段时间比较短，所以提问和陈述都要尽量简洁。切记滔滔不绝，要在最短的时间表达出最主要的内容。

（3）要有合作精神。要给对方足够的机会发表不同意见，提出不同设想。只要有可能就尽量提一些使双方达成一致的问题。并在重要的时候重申这些问题来巩固印象和效果。

（4）要愿意接受对方意见。在开局阶段，只要对方建议是合理的、正当的就应尽量对对方的建议表示赞同。通常来说，赞扬对方的观点比反对对方的观点效果要好得多。

三、开局的任务与内容

谈判开局对整个谈判过程起着至关重要的作用，它往往关系到双方谈判的诚意和积极性，关系到谈判的格调和发展趋势，一个良好的开局将为谈判成功奠定良好基础。这一阶段的目标主要是对谈判程序和相关问题达成共识；双方人员互相交流，创造友好合作的谈判气氛；分别表明己方的意愿和交易条件，摸清对方情况和态度，为实质性磋商阶段打下基础。总体来说，开局中有以下三个方面的工作要做。

（一）具体问题的说明

所谓具体问题的说明主要包括了“4P”，即目的（Purpose）、计划（Plan）、进度（Pace）及成员（Personalities）四个方面内容。

谈判双方初次见，要互相介绍参加谈判的人员，包括姓名、职务、谈判角色等情况。然后双方进一步明确谈判要达到的目标，这个目标应该是双方共同追求的合作目标。同时双方还要磋商确定谈判的大体议程和进度，以及需要共同遵守的纪律和共同履行的义务等问题。具体问题的说明目的就是谈判双方友好接触，统一共识，明确规则，安排议程，掌握进度，把握成功。

（二）建立适当的谈判气氛

谈判气氛会影响谈判者的情绪和行为方式，进而影响到谈判的发展。谈判气氛受多种因素的影响，谈判的客观环境对谈判的气氛有重要影响，例如双方面好充分准备，尽可能营造有利于谈判的环境气氛。谈判人员主观因素对谈判气氛的影响是直接的，在谈判开局阶段一项重要任务就是发挥谈判人的主观能动性营造良好的谈判气氛。谈判气氛的形成一般是通过双方相互介绍、寒暄，以及双方接触时的表情、姿态、动作，说话的语气等方面。谈判气氛的营造既表达双方谈判者对谈判的期望，也表达出谈判的策略特点，因此也是双方互相摸底的重要信息。

（三）开场陈述和报价

（1）双方各自陈述己方的观点和愿望，并提出倡议陈述己方对问题的理解，即己方认为谈判应涉及的问题及问题的性质、地位；己方希望取得的利益和谈判的立场。陈述的目的是使对方理解己方的意愿，既要体现一定的原则性，又要体现合作性和灵活性。然后，双方各自提出各种设想和解决问题的方案，并观察双方合作的可靠程度，设想在符合商业准则的基础上寻求实现双方共同利益的最佳途径。

（2）在陈述的基础上进行报价。报价就是双方各自提出自己的交易条件，报价是各自立场和利益需求的具体体现。报价分为狭义报价和广义报价：狭义报价是指一方向另一方提出己方希望成交的具体价格；广义报价是指一方向另一方提出的包括具体价格的一揽子要求。报价既要考虑对己方最为有利，又要考虑成功的可能性，报价要准确清楚，双方不受对方报价的影响，可以按自己的意图进行报价。报价的目的是双方了解对方的具体立场和条件，了解双方存在的分歧和差距，为进行磋商准备条件。

四、开局的方式

如果谈判的准备工作已经全部完成，这时，就可以向对方主动提交洽谈方案，或者在对方提交的方案基础上给予相应的答复。通常，向对方提交方案有以下几种方式。

（一）提交书面材料，不做口头陈述

这是一种局限性很大的方式，只在两种情况下运用。第一种情况是，本部门在谈判规则的束缚下不可能有别的选择方式。比如，本部门向政府部门投标，这个政府部门规定在裁定的期间内不与投标者见面、磋商。另一种情况，是本部门准备把提交最初的书面材料也作为最后的交易条件。这时要求文字材料明确具体，各项交易条件要准确无误，让对方一目了然，只需回答“是”与“不是”，无须再作任何解释。如果是对对方所提出的交易条件进行还价，还价的交易条件也必须是终局的，对方要么全盘接受，要么全盘拒绝。

（二）提交书面材料，并做口头陈述

这种方式需要己方在会谈前将书面材料提交给对方，这种方法有很多优点，书面交易条件内容完整，能把复杂的内容用详细的文字表达出来，对方可一读再读，全面理解。提交书面交易条件也有缺点，如写上去的东西可能会成为一种对自己一方的限制，并难以更改。另外，文字形式的条款不如口语带有感情色彩，细微差别的表达也不如口语，特别是在不同语种之间，就更有局限性。因此，谈判者应掌握不同形式下的谈判技巧。在提出书面交易条件之后，就应努力做到下述要点：让对方多发言，不可多回答对方提出的问题；尽量试探出对方反对意见的坚定性，即如果不做任何相应的让步，对方能否顺从意见；不要只注意眼前利益，还要注意目前的合同与其他合同的内在联系；无论心里如何感觉，都要表现出冷静、泰然自若；要随时注意纠正对方的某些概念性错误，不要只在对本企业不利时才纠正。

（三）面谈提出交易条件

这种形式是在事先双方不提交任何书面形式的文件，仅仅在会谈时提出交易条件。这种谈判方式有许多优点：可以见机行事，有很大的灵活性；先磋商后承担义务；可充分利用感情因素，建立个人关系，缓解谈判气氛等。但这种谈判方式也存在着某些缺点：容易受到对方的反击；阐述复杂的统计数字与图表等相当困难；语言的不同，可能会产生误会。运用这种谈判方式应注意以下几个事项：

（1）谈判员不要在会谈中漫无边际地东拉西扯，而应该明确所有要谈的内容，把握要点。

（2）不要把精力只集中在一个问题上，而应把每一个问题都谈深、谈透，使双方都能明确各自的立场。

（3）不要忙于自己承担义务，而应为谈判留有充分的余地。

（4）同前所述，不要只注意眼前利益，要注意到目前的合同与其他合同的内容联系。

五、正确处理开局阶段的“破冰”期

开局阶段通常被称为“破冰”阶段。谈判双方在这段时间内相互熟悉、了解，对于正式谈判的开始起到了铺垫作用和充分的准备。那么到底“破冰”期应该控制在多长时间才比较合适呢？这要根据谈判性质和谈判期限的长短来区别对待。一般说来，“破冰”期控制在谈判总时间的2%到5%是比较合适的。比如，长达4个小时的谈判，那么用10分钟的时间来“破冰”就可以了。如果谈判要搞好多轮，并要持续数日，则“破冰”的时间也要相应增加，可用整天的时间组织观光或去娱乐场所，以沟通感情、增进彼此之间的了解。

“破冰”期是走向正式谈判的桥梁。如何掌握好“破冰”期的“火候”，也是谈判者的一种艺术，成功的谈判者无一不是从正确处理好“破冰”期开始。“破冰”期长了，会降低谈判效率，增大成本投入，甚至会导致谈判者产生单调乏味的感觉，最终取得适得其反的后果；“破冰”期短了，会使谈判者感到生硬、仓促，谈判起来，没有“水到渠成”的感觉，达不到创造良好开端的目的。至于“破冰”期究竟进行到何种状态才算适宜，这不仅要以时间的长度加以考虑，更重要的是靠谈判双方的经验、直觉。

通常，在“破冰”期中，应注意如下几个问题：

（1）行为、举止和言语不要太生硬。谈判“破冰”期应是感情自然流露。谈判双方的言行举止，都应当是随和而流畅，切不可语言生硬、举止失度，如说话粗俗等不良行为。

（2）克服紧张情绪。许多性格内向，或没有经验的谈判者，由于心情紧张，在面对谈判对手时，手足无措，不知说什么好、结果使对方也很不自然。谈判者必须克服紧张情绪，不可唯唯诺诺，缩手缩脚。

（3）说话简洁、精练，不要罗嗦。有些谈判者啰哩啰嗦。一句话重复很多遍，在这惜时如金的谈判桌前是最让人反感的，特别在谈判的一开始，马上会给人留下不好的印象，谈判者在“破冰”期内的用语必须注意效果，要简洁、精练。

（4）不要急于进入正题。前面已经谈到，谈判者初见面时不宜急于切入正题，而应首先沟通感情、增进了解，否则便犯了“破冰”期之大忌。俗话说“欲速则不达”，谈判要循序渐进，不可心急。

（5）不要与谈判对方较劲。“破冰”期内的交谈，一般都是非正式的，通常采用漫谈的形式。因此，语言并不严谨。谈判者不可对对方的每一句话都斤斤计较，这会影响感情交流。不能一言不合，就立即回敬、反唇相讥甚至拍案而起。这只能弄巧成拙、招致蔑视。

（6）不要举止轻狂。“破冰”期是展示双方气质、修养的第一回合。谈判是一种文明竞争的方法。谈判员一开场的言谈、举止，形成对方对其第一印象的判断，如果谈判者在谈判的一开局就举止轻狂，甚至锋芒毕露地炫耀自己，就会给对方留下非常差的印象，甚至招致对方的反感。

六、建立良好的谈判气氛

谈判气氛是谈判对手之间的相互态度，它能够影响谈判人员的心理、情绪和感觉，从而引起相应的反应。因此，谈判气氛对整个谈判过程具有重要的影响，其发展变化直接影响整个谈判的效果。谈判气氛在谈判一开始就已形成，但它必须在整个谈判过程中都得到保持，这就需要谈判人员的共同努力。谈判双方见面后的短暂接触，对谈判气氛的形成具有关键性的作用。谈判双方人员的目光、动作、姿态、表情、气质、谈话内容及语调、语速等，都会影响谈判气氛。

（一）商务谈判气氛的类型

商务谈判气氛的类型主要有以下几个：

（1）平静、严肃、谨慎的谈判气氛。这主要表现为：双方均不是谈判新手，自信而平静，处于一个特定的场合，谈判一方对另一方不甚了解，处于一种互相防备、摸着石头过河的气氛之中。这种氛围多用于双方不太了解且实力相当的商务谈判。

（2）和谐、友好、积极的谈判气氛。这主要表现为：谈判双方态度热情、诚恳、主动积极、满怀合作的诚意。双方能理解对方的需要，对达成协议充满信心，见面时有共同感兴趣的话题，语气轻松自然，常伴有诙谐幽默的语句，能使双方在谈判中增进友谊，促进早日达成协议。大多数谈判人员希望在这种氛围中进行谈判，这种氛围适合于己方处于劣势条件时的谈判。

（3）缓慢、拖沓、消极的谈判气氛。这主要表现为：通常在持续性、分阶段的商务谈判中，双方人员对谈判感到厌倦、进入谈判场地时松松垮垮、萎靡不振、握手时草率了事，入座后左顾右盼、表情麻木、露出一种无所谓的态度。在这种氛围中，谈判双方信心不足，精力不集中，不认真倾听对方的表述，处于一种疲劳作战的状态之中。

（4）紧张、对立、冷淡的谈判气氛。这主要表现为：谈判双方见面缺乏热情、漠不关心；目光不对视、不握手打招呼；开口话不投机、语气强硬、互相轻视对方、各自坚持自己的意见不让步，企图压倒对方。在此氛围中，双方带有明显的防备、互不信任的态度。这种谈判氛围无疑给谈判蒙上了一层阴霾，常见于贸易纠纷谈判。

（二）商务谈判开局气氛的作用

商务谈判一般都是互惠式谈判，成熟的谈判人员都会努力寻求互利互惠的最佳结果。因为良好的气氛具有众多的良好效应。商务谈判开局气氛的作用主要有以下几个：

（1）为即将开始的谈判奠定良好的基础。

（2）传达友好合作的信息。

（3）能减少双方的防范情绪。

（4）有利于协调双方的思想和行动。

（5）能显示主谈人的文化修养和谈判诚意。

这些要点说明在谈判之初建立一种和谐、融洽、合作的谈判气氛无疑是非常重要的。如果商务谈判一开始就形成了良好的气氛，双方就容易沟通，便于协商。所以谈判者都愿意在一个良好的气氛中进行谈判。如果谈判一开始，双方就怒气冲天，见面时拒绝握手，甚至拒绝坐在一张谈判桌上，则会对整个谈判无疑蒙上一层阴影。

（三）创造谈判开局气氛的方法

谈判开局气氛对整个谈判过程起着相当重要的影响和制约作用。可以说，哪一方如果控制了谈判开局气氛，那么，在某种程度上就等于控制住了谈判对手。根据谈判气氛的高低，可以把商务谈判的开局气氛分为高调气氛、低调气氛和自然气氛。

1．营造高调气氛

高调气氛是指谈判情势比较热烈，谈判双方情绪积极、态度主动，愉快因素成为谈判情势主导因素的谈判开局气氛。通常在下述情况下，谈判一方应努力营造高调的谈判开局气氛。本方占有较大优势，价格等主要条款对自己极为有利，本方希望尽早达成协议与对方签订合同。在高调气氛中，谈判对手往往只注意到对他自己的有利方面，而且对谈判前景的看法也倾向于乐观，因此，高调气氛可以促进协议的达成。营造高调气氛通常有以下几种方法：

（1）感情攻击法。感情攻击法是指通过某一特殊事件来引发普通存在于人们心中的感情因素，并使这种感情迸发出来，从而达到营造气氛的目的。

（2）称赞法。称赞法是指通过称赞对方来削弱对方的心理防线，从而焕发出对方的谈判热情，调动对方的情绪，营造高调气氛。

（3）幽默法。幽默法是指用幽默的方式来消除谈判对手的戒备心理，使其积极参与到谈判中来，从而营造高调谈判开局气氛。

（4）问题挑逗法。问题挑逗法是指提出一些尖锐问题诱使对方与自己争议，通过争议使对方逐渐进入谈判角色。这种方法通常是在对方谈判热情不高时采用，有些类似于“激将法”。但是，这种方法很难把握好火候，在使用时应慎重一些，要选择好退路。

2．营造低调气氛

低调气氛是指谈判气氛十分严肃、低落，谈判的一方情绪消极、态度冷淡，不快因素构成谈判情势的主导因素。通常在下面这种情况下谈判一方应该努力营造低调的谈判开局气氛：本方有讨价还价的砝码，但是并不占有绝对优势，合同中某些条款并未达到本方的要求，如果本方施加压力，对方会在某些问题上做出让步。低调气氛会给谈判双方都造成较大的心理压力，在这种情况下，哪一方心理承受力弱，哪一方往往会妥协让步。因此，在营造低调气氛时，本方一定要做好充分的心理准备并要有较强的心理承受力。营造低调气氛通常有以下几种方法：

（1）感情攻击法。这里的感情攻击法与营造高调气氛的感情攻击法性质相同，即都是以情感诱发作为营造气氛的手段，但两者的作用方向相反。在营造高调气氛的感情攻击中，是激起对方产生的积极的情感，使得谈判开局充满热烈的气氛；而在营造低调气氛时，是要诱发对方产生消极情感，致使一种低沉、严肃的气氛笼罩在谈判开始阶段。

（2）沉默法。沉默法是以沉默的方式来使谈判气氛降温，从而达到向对方施加心理压力的目的。注意这里所讲的沉默并非是一言不发，而是指本方尽量避免对谈判的实质问题发表议论。

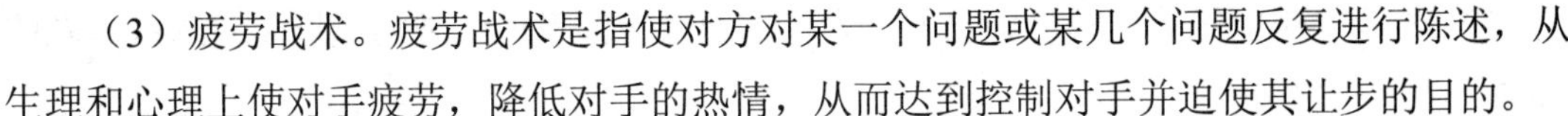

（3）疲劳战术。疲劳战术是指使对方对某一个问题或某几个问题反复进行陈述，从生理和心理上使对手疲劳，降低对手的热情，从而达到控制对手并迫使其让步的目的。

一般来讲，人在疲劳的状态下，思维的敏捷程度下降，容易出现错误，热情降低，工作情绪不高，比较容易屈从于别人的看法。

（4）指责法。指责法是指对对手的某项错误或礼仪失误严加指责，使其感到内疚，从而达到营造低调气氛，迫使谈判对手让步的目的。

3．自然气氛

自然气氛是指谈判双方情绪平稳，谈判气氛既不热烈，也不消沉。自然气氛无需刻意地去营造，许多谈判都是在这种气氛中开始的。这种谈判开局气氛便于向对手进行摸底，因为，谈判双方在自然气氛中传达的信息往往要比在高调气氛和低调气氛中传送的信息要准确、真实。当谈判一方对谈判对手的情况了解甚少，对手的谈判态度不甚明朗时，谋求在平缓的气氛中开始对话是比较有利的。营造自然气氛要做到以下几点：

（1）注意自己的行为、礼仪。

（2）要多听，多记，不要与谈判对手就某一问题过早发生争议。

（3）要准备几个问题，询问方式要自然。

（4）对对方的提问，能做正面回答的一定要正面回答。不能回答的，要采用恰当方式进行回避。

谈判气氛并非是一成不变的。在谈判中，谈判人员可以根据需要来营造适于自己的谈判气氛。但是，谈判气氛的形成并非完全是人为因素的结果，客观条件也会对谈判气氛有重要的影响，如，节假日、天气情况、突发事件等。因此，在营造谈判气氛时，一定要注意外界客观因素的影响。

七、开场陈述

开场陈述是指在开始阶段双方就本次洽谈的内容，陈述各自的观点、立场及其建议。其任务是让双方把本次谈判所要涉及的内容全部提出来，同时使双方彼此了解对方对本次谈判内容所持有的立场与观点，并在此基础上，就一些原则性分歧发表建设性意见或倡议。

（一）开场陈述的内容

开场陈述的内容是指谈判双方在开始阶段理应表明的观点、立场、计划和建议。这主要包括以下内容：

（1）己方的立场。即己方希望通过洽谈应取得的利益，以及准备采取何种方式为双方共同获得利益做出贡献；今后双方合作中可能会出现的成效或障碍，以及己方洽谈的方针等。

（2）己方对问题的理解。即己方认为本次会谈应涉及的主要问题以及对这些问题的看法、建议或想法等。

（3）对对方各项建议的回答。如果对方开始陈述或者提出某些建议，本方必须对其建议或陈述做出应有的反应。

（二）开场陈述的方式

通常有两种开场陈述的方式：第一种是由一方提出书面方案发表看法；第二种是会面时双方口头陈述。这两种方式的实际效果要结合具体的洽谈环境来操作，不能一概而论。但有一点是明确的，就是陈述应是正式的，要以真诚、自然的方式表达出来，使对方明白己方所要表达的意图，而不是向对方宣战，牢记礼貌优先。

（三）开场陈述的技巧

在开场陈述时，双方都不想把话说绝，也不会单方面让步。在这一阶段应该注意以下几个问题：

（1）说话要谨慎，不能把不想让对方知道的情况暴露在对方面前。谈判人员应注意言辞和态度，不要因出言不慎或态度欠佳引起对方的反感。这样就会在谈判双方间筑起无形的墙，失去对方的配合。

（2）陈述要把握要点，集中阐述己方想法。己方认为谈判控制在哪些范围合适，认为哪些问题较重要，应优先考虑，己方有什么希望，基本态度怎样，比较关心哪些问题，愿为谈判作哪些努力等。

（3）己方开场陈述后，应留时间给对方陈述。在对方陈述时，应注意倾听，并对对方的观点和意见进行整理，分析对手的谈判目的和意图，找出双方的共同点与不同点，以确定己方策略。

（4）陈述内容要得到对方的首肯。对方同意陈述内容就意味着在最初谈判阶段双方意见相合。

（5）在对方陈述时，通过己方的提问，探知对方在谈判中所持立场的坚定程度，以便磋商中有的放矢地讨价还价。因此，要把对方陈述中的要点搞清楚，不确定的地方要积极询问，认真倾听。

（6）陈述既要简明扼要，内容要尽可能广泛，又要注意内在联系，以利于创造合作机会。

八、报价

报价是整个谈判的核心内容，因为一旦谈判的一方报出价来，整个商务谈判的轴心即以此建立，整个谈判也将以此为轴心展开。这里所说的报价，不仅是狭义上所指产品在价

格方面的要价，而且泛指整个交易相关的所有要求，包括商品的数量、质量、包装、价格、装运、保险、支付、商检、索赔、仲裁等交易条件，其中价格是关键，具有重要的地位。

报价是商务谈判由横向铺开转向纵向深入的转折点。

（一）报价前的准备

“商场如战场”，但商场又不同于战场，故报价前不仅要知己、知彼，还要知各种相关条件。

1．知己

报价前最基本的要求就是对自己的了解，比如作为卖方在向买方报价前，一定要对自己将要报价的产品有详细的了解。这其中包括自己产品的优势、劣势、产品的定位、己方公司在整个市场中的地位等。一个对自己的产品都没有信心的销售人员不可能在谈判中表现出自信，而所有的自信都来源于对自己产品的了解和对市场环境的熟悉。

熟悉自己的产品实际上是商务谈判中开局的根本。除了产品本身以外，无论是作为业务人员的基本素质或是谈判本身的要求，报价前都应该对己方和交易的要求全面掌握。例如哪些条件是自己可以接受的，哪些是绝对不能接受的；具体的交易条件如付款方式、交货期等。越是对自己公司和产品了如指掌，越是能够在谈判中帮助自己立于不败之地。

2．知彼

了解对方的实力和要求，对谈判成功也起着至关重要的作用。通常情况下，买卖双方实力的大小很大程度上决定着双方议价能力的大小。一般来说，大客户或大供应商的议价能力也较强。然而，大部分时候当每一个客户都宣称自己是大客户时，另外一方很难看清谁是真正有实力的大客户，这就需要在报价前做好细致的调查工作，以便在报价中采用相对应的策略并报出适当的价格。除了对对方实力的了解以外，对于对方公司的信誉、运营状况等最好也能提前掌握。总之，对对手了解的越多，就越能帮助自己在谈判过程中争取主动并始终立于不败之地。

3．知其他

仅了解己方和对方的相关情况还是不够的，若想在商务洽谈中完全处于有利地位，还要知“其他”，这里的“其他”是泛指己方和对方以外的一切因素，如市场条件、同行竞争情况等。这些条件都关系着报价及今后洽谈的各种策略。这些要素的掌握，实际上是谈判人员经验的积累。这些都要求谈判者善于在日常工作中总结问题，善于学习，只有这样，才能日积月累逐步完善自己。

（二）报价的形式

报价有书面报价和口头报价两种形式。

（1）书面报价。书面报价通常是一方事先以文字材料、数据和图表等详尽的表述表明己方谈判中所要达成的交易条件。这种报价形式将己方的权利和义务清楚地进行表述，使对方有时间针对报价作充分的准备，也使谈判更为紧凑。但书面报价的白纸黑字成为己方承担责任的依据，对己方有较强的约束力。

（2）口头报价。口头报价即一方以口头的形式提出自己的要求和愿意承担的义务。口头报价不像书面报价那样对己方有约束感，具有较大的灵活性和表现力。谈判者可以根据谈判的形势灵活调整变换自己的谈判策略，努力发挥个人的谈判艺术特长来达成交易。但是，如果没有娴熟的沟通技术和经验的话，口头报价容易造成偏离主题；同时，口头报价对一些复杂的问题，如统计数字、计划图表等难以表述清楚。因此，实际谈判中谈判人员往往采取以书面报价为主，口头报价为补充的报价方式。

（三）报价的依据

商务谈判中，报价的高低直接关系到谈判双方的利益分配。因此，如何报价在谈判中具有至关重要的作用。通常报价多少要依据以下因素：

（1）成本因素。这里的成本主要是指“市场成本”，一般是指产品从生产到交货的一切费用。具体来说，它包括生产该产品所需的原材料、劳动和管理费用以及为购销该商品所耗费的调研、运输、广告费和关税、保险费、中间商的佣金等费用。

（2）需求因素。需求因素对价格水平的影响主要通过需求弹性加以体现。所谓需求弹性是指相对数的角度说明价格变动带来的商品需求变动的幅度。不同商品具有不同的弹性，从理论上讲弹性分为完全无弹性、完全有弹性、单位弹性、缺乏弹性和富有弹性五种。

完全无弹性是指价格的变动不会对市场需求带来任何影响。完全有弹性是指价格的变动对市场需求带来极大的影响，也就是说，价格的微小变动就会使市场需求变动很大。单位弹性是指价格的变动百分比与市场需求变动的比率相同。缺乏弹性是指价格变动的比率大于市场需求变动的比率，说明稍微提价有助于提高总收益。富有弹性是指价格变动的比率小于市场需求变动的比率，说明稍微降价有助于提总收益。

（3）竞争因素。决定价格下限的是商品成本，决定价格上限的则是顾客的需求程度。在上限与下限之间所订的价格的高低，则由竞争来决定。也就是说，价格的确定不以个别成本为依据，而是取决于既定需求条件下同类商品的竞争状态，取决于由竞争形成的社会平均成本和平均利润。一方面，主要是注意竞争者的多少，竞争者越多，说明竞争越激烈，价格的变化也就越大。另一方面，要注意竞争的激烈程度，不同市场下，竞争的程度也就有所不同，在谈判中就要充分利用这一点。

（4）产品因素。不同性质和特征的产品，买方的购买习惯也就有所不同。一般来说，消费品价格的灵活性大，而工业品的价格灵活性小。此外，不同产品存在着的不同的利润率，也就导致谈判者的不同价格目标。

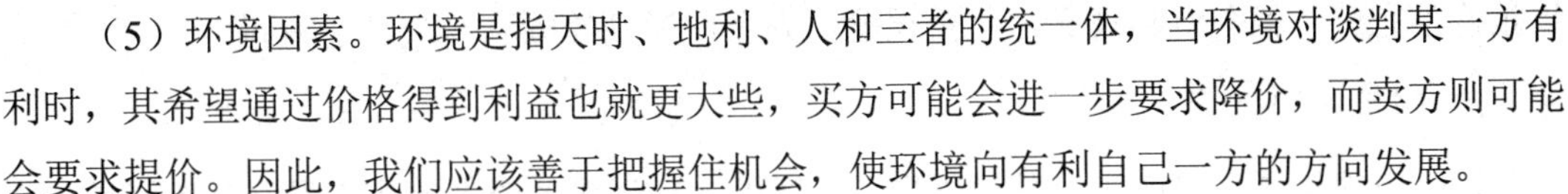

（5）环境因素。环境是指天时、地利、人和三者的统一体，当环境对谈判某一方有利时，其希望通过价格得到利益也就更大些，买方可能会进一步要求降价，而卖方则可能会要求提价。因此，我们应该善于把握住机会，使环境向有利自己一方的方向发展。

（四）报价的原则

1．开盘价为“最高”或“最低”价

对于卖方来说，开盘价必须是“最高”价；与此相反，对于买方来说，开盘价必须是“最低”价，这是报价的首要原则。

首先，开盘价为己方要价定了一个最高限度。如果己方是卖方，则开盘价为己方订出了一个最高价，最终双方的成交价格肯定低于此开盘价；如果己方是买方，则开盘价为己方订出了一个最低价，最终双方的成交价格肯定高于此开盘价。

其次，开盘价会影响对方对己方提供商品或劳务的印象和评价。从人们的观念上来看，“一分价钱一分货”是大多数人信奉的观点。开价高，人们就会认为商品质量好，服务水平高；开价低，人们就会认为商品质量一般（或有瑕疵、样式过时等），服务水平低。

再次，开盘价高，可以为以后磋商留下充分回旋余地，使己方在谈判中更富有弹性，以便于掌握成交时机。最后，开盘价对最终成交价具有实质性影响。开盘价高，最终成交价的水平就较高；相反，开盘价低，最终成交价的水平就较低。

2．报价必须切合实际

开盘价要报得高一些，但绝不是指漫天要价、毫无道理、毫无控制，恰恰相反，高的同时必须合乎情理，必须能够讲得通。如果报价过高，又讲不出道理，对方必然认为你缺少谈判的诚意，或者被逼无奈而中止谈判扬长而去；或者以其人之道还治其人之身，相对也来个“漫天要价”；或　　提出质疑，而我方又无法解释，其结果只好是被迫无条件让步。因此，开盘价过高将会有损于谈判。

报价的基本原则，应该是通过调研与权衡，尽可能报出一个既满足己方合理利润又最大可能会被对方考虑接受的合理价格。

3．报价必须留有余地

根据谈判对手的习惯，报价方通常给自己的报价留出虚头，留出虚头的主要目的是为以后谈判留出适当的回旋余地，过高过低都将为谈判造成困难。虚头留出多少，要视具体情况来定，竞争对手的多少、货源的情况、对手要货的用途、关系的远近等都会影响虚头的大小。

4．报价必须完整

通常所说的报价应该是指一套完整的报价而不仅仅是一个金额，这其中包括价格本身、价格条件、产品的组成、质量、包装、交期、付款方式等一系列有关交易的相关内容。如果报价不完整，就会引起歧义，甚至误解，为今后谈判的顺利开展制造障碍。

5．报价必须自信

这一点很重要，但现实交易过程中，仍然可以看到很多谈判人员在报价时特别是在口头报价时缺乏足够的自信。实际上，这种自信心正是源于对市场的准确把握，对己方产品的实际了解，以及对对方诚恳的态度，这种自信心必将为买家留下一个良好的印象。

6．报价必须准确、干脆

与上述自信心相同，报价时必须准确而干脆，除非万不得已，商务谈判中最忌讳在对方未还价之前先否定自己的价格。这样很容易给对方留下不诚实或业务不熟练的坏印象，只要不违背大的原则，即使报错了价格，也只能将错就错，而在今后的谈判中想办法纠正或弥补，而不能一开始就否定自己的价格。

（五）报价的先后次序

（1）如果预期谈判会出现你争我夺，各不相让的气氛，那么“先下手为强”的策略就比较适用。

（2）如果己方的谈判实力强于对方，或者说与对方相比，己方在谈判中处于相对比较有利的地位，那么，己方先报价是有利的。

（3）如果谈判对方是老客户，同己方有较长的业务往来，而且双方合作愉快，在这种情况下，谁先报价都无关紧要。

（4）就一般惯例而言，发起谈判的人应先带头报价。

（5）如果谈判双方都是谈判行家，则谁先均可，如果谈判对方是谈判行家，而自己不是谈判行家，则让对方先报价可能比较有利。

（6）如果对方是外行，暂且不论自己是不是外行，自己先报价可能较为有利，因为这样做可以对对方起一定的引导和支配作用。

（7）按照惯例，由卖方先报价。卖方先报价的目的不是为了扩大影响，而只是投石问路，用报价的方法直接刺探对方的思路反应，卖方先报价是一种义务。

第二节　商务谈判的磋商

磋商是谈判双方达成目的的基本手段。在整个磋商过程中，讨价还价必不可少，但对立是主旋律，统一是总目标。因此，谈判者应善于运用各种策略与对手沟通，顺利解决谈判中出现的障碍，从而实现自己的最大利益。

一、商务谈判的讨价

讨价是指谈判中的一方首先报价之后，另一方认为离自己的期望太远，而要求报价方改善报价的行为。讨价分为总体讨价和具体讨价两种。

总体讨价（宏观角度）：总体讨价常常用于谈判的一方对其对手报价评论之后的第一次要价，或者在较复杂交易的第一次要价时用。例如，在谈判对手报价之后，可以说："贵方的这些交易条件离我们的期望值相差太远，没有可能达成交易，您看可不可以再重新调整一下报价？"

具体讨价（微观角度）：常常用于对方第一次改善价格之后不易采用总体讨价方式的报价。例如在第一次总体讨价之后，对方已经改善了交易条件，这时可以说："对于贵方说的交货期限，考虑到最近货源紧张，我想有点困难，能不能往后推迟一下？"

通常，商务谈判的讨价应注意以下几个问题。

（一）以理服人，见好就收

讨价是在报价方提出报价后，另一方伴随着价格评论而提出的，因此要本着尊重对方和以理服人的原则进行。讨价是还价的准备，是诱导报价方主动降价，不应强压对方降价，否则会使谈判过早地陷入僵局。在讨价时，要说明自己讨价的理由，分析对方价格的不合理之处，使对方提出新报价时心服口服，以达到最好的效果和最大的效益。

（二）随时观察，掌握次数

讨价次数既是一个客观数，又是一个心理数。"心理次数"反映谈判对方对讨价的反应，对讨价方的要求是否愿意考虑。如果对方对己方的讨价爽快应允，那么不妨多讨几次价，以达到对自己最有利的条件；如果对方对己方的讨价表示为难或者一口回绝，那么不妨节约时间，直接提出自己的报价。

二、商务谈判的还价

所谓还价，是指谈判一方根据对方的报价和自己的谈判目标，主动或应对方要求提出自己的价格条件。还价通常是由买方在一次或多次讨价后应卖方的要求而做出。

（一）还价的起点

还价的起点是指第一次还价的价位。还价起点的确定，对谈判的进程有着重要的影响，它涉及己方接受报价的基本态度、诚意和最初标准，也是探测报价人对还价最初反应的试金石。从买方角度来说，还价太高有损于还价方的利益，还价太低则显得缺乏诚意，不利于商务谈判的顺利进行。在确定还价起点时，要考虑以下几个因素：

（1）预定成交价。预定成交价是买方根据自己的预算所确定的可以接受的成交价格。从理论上讲，还价的起点应在预定成交价之内。

（2）交易物的客观价格。交易物的客观价格通常是由生产（经营）成本和适当的利润构成。若还价起点过低，则对方不可能接受。比如，卖方对产品的报价为 100 万元，其生产成本为 50 万元，利润率最低为 20%，则该产品的客观价格通常为 60 万元左右，这时买方可考虑将第一次还价定在 60~70 万元，假定在 40 万元，对方是决计难以接受的。

（3）成交差距。对方报价与己方准备成交的目标价格的差距，也是确定还价起点的一个重要影响因素。不论还价起点高低，都要低于己方预备成交的价格，以便为以后的讨价还价留下余地。如还价人预算 100 万美元，成交价预算在 86 万美元，而对方从原报价 150 万美元降至 130 万美元，双方相差 45 万美元。第一次还价起点可能在 85 万美元之下，即 45 万美元差距之上。当对方报价与己方准备成交的目标价格的差距较小时，还价起点应当较低，反之，对方报价与己方准备成交的目标价格的差距较大时，还价起点就应该相对高些。

（4）还价次数。谈判中，一般要经过几次讨价还价，在每次还价的幅度已经确定的情况下，当己方准备还价的次数较少时还价起点应当较高；当己方准备还价的次数较多时还价起点应当较低。

总之，在还价时有一个总体要求，那就是一方面还价起点要低，力求使自己的还价给对方造成压力，去影响对方的判断力；另一方面还价起点又不能离对方的目标价格太远而使对方丧失接着谈下去的信心。例如在生活中，去市场上买衣服，对方要价 1000 元，在还价时，如果还 100 元，会让卖主产生一种反感情绪，甚至会翻脸。

（二）还价的方式

还价方式从性质上分为三种类型：总体还价、分组还价和逐项还价。总体还价是把谈判的各项条件集中在一起还一个总价；分组还价是根据价格分析时划出价格差距的档次分别还价；逐项还价是对主要商品、设备逐样还价，对技术费、培训费、资料费等分别还价。

三、商务谈判的让步

在商务谈判中，让步是指谈判双方向对方妥协，退出自己的理想目标，降低自己的利益要求，向双方期望目标靠拢的谈判过程。让步是商务谈判磋商阶段的必然行为，让步更是避免僵局的重要手段。

在商务谈判的过程中，在准确理解对方利益的前提下，努力寻求双方各种互利的解决方案是一种正常渠道达成协议的方式，但在解决一些棘手的利益冲突问题时，如双方就某一个利益问题争执不下。例如，房东与承租人之间的房租问题；在国际贸易中的交货期长短问题；最终的价格条款的谈判问题等，恰当的运用让步策略是非常有效的工具。

（一）商务谈判让步的基本原则

让步通常意味着妥协和某种利益的牺牲。对让步一方来说，做出让步承诺无疑是痛苦的。因此，不到万不得已，绝不要轻易让步。在让步过程中，通常要注意以下基本原则：

1．目标价值最大化原则

在很多情况下，商务谈判中的目标并非是单一的一个目标，在谈判中处理这些多重目标的过程中不可避免地存在着目标冲突现象，谈判的过程事实上是寻求双方目标价值最大化的一个过程，但这种目标价值的最大化并不是所有目标的最大化，如果是这样的话就违背了商务谈判中的平等公正原则，因此也避免不了在处理不同价值目标时使用让步策略。不可否认在实际过程中，不同目标之间的冲突是时常发生的，但是在不同目标中的重要价值及紧迫程度也是不相同的。所以在处理这类矛盾时所要掌握的原则就是在目标之间依照重要性和紧迫性建立优先顺序，优先解决重要及紧迫目标，在条件允许的前提下适当争取其他目标，其中的让步策略首要就是保护重要目标价值的最大化，如关键环节——价格、付款方式等。

2．刚性原则

在谈判中，谈判双方在寻求自己目标价值最大化的同时也对自己最大的让步价值有所准备，就是说，谈判中可以使用的让步资源是有限的，所以，让步策略的使用是具有刚性的，其运用的力度只能是先小后大，一旦让步力度下降或减小则以往的让步价值也失去意义；同时谈判对手对于让步的体会具有抗药性，一种方式的让步使用几次就失去效果，同时也应该注意到谈判对手的某些需求是无止境的。必须认识到，让步策略的运用是有限的，即使你所拥有的让步资源比较丰富，但是在谈判中对手对于你的让步的体会也是不同的，并不能保证取得预先期望的价值回报。

3．时机原则

所谓让步策略中的时机原则就是在适当的时机和场合做出适当适时的让步，使谈判让步的作用发挥到最大、所起到的作用最佳。虽然让步的正确时机和不正确时机说起来容易，但在谈判的实际过程中，时机是非常难以把握的，常常存在以下种种问题：①时机难以判定，例如认为谈判的对方提出要求时就认为让步的时机到了、或者认为让步有一系列的方法，谈判完成是最佳的时机；②对于让步的随意性导致时机把握不准确，在商务谈判中，谈判者仅仅根据自己的喜好、兴趣、成见、性情等因素使用让步策略，而不顾及所处的场合、谈判的进展情况及发展方向等，不遵从让步策略的原则、方式和方法。这种随意性导致让步价值缺失、让步原则消失，进而促使对方的胃口越来越大，在谈判中丧失主动权，导致谈判失败，所以在使用让步策略时千万不得随意而为之。

4．清晰原则

在商务谈判的让步策略中的清晰原则是：让步的标准、让步的对象、让步的理由、让步的具体内容及实施细节应当准确明了，避免因为让步而导致新的问题和矛盾。常见的问题有：①让步的标准不明确，使对方感觉自己的期望与你的让步意图错位，甚至感觉你没有在问题上让步而是含糊其辞；②方式、内容不清晰，在谈判中你所做的每一次让步必须是对方所能明确感受到的，也就是说，让步的方式、内容必须准确、有力度，对方能够明确感觉到你所做出的让步，从而激发对方的反应。

5．弥补原则

如果迫不得已，己方再不做出让步就有可能使谈判破裂的话，也必须把握住“此失彼补”这一原则。即这一方面（或此问题）虽然己方给了对方优惠，但在另一方面（或其它地方）必须加倍地，至少均等地获取回报。当然，在谈判时，如果发觉此问题己方若是让步可以换取彼处更大的好处时，也应毫不犹豫地给其让步，以保持全盘的优势。

（二）让步的类型

西方谈判界对让步已有比较深入的研究，他们把常见的正确和错误的让步类型概括为九种，现在假定买卖双方各准备让步 60 元，又都准备让四次，如表 6-1 所示，可以从表格中看到九种不同让步的情况。

表 6-1　九种补贴让步情况

编号	让步类型	第一次让步	第二次让步	第三次让步	第四次让步
1	坚定冒险型	0	0	0	60
2	强硬态度型	5	5	5	…
3	刺激欲望型	15	15	15	15
4	诱发幻想型	8	13	17	22
5	希望成交型	22	17	13	8
6	妥协成交型	26	20	12	2
7	或冷或热型	49	10	0	1
8	虚伪报价型	50	10	（-1）	（+1）
9	愚蠢缴枪型	60	0	0	0

注：表格中除了第一列以外的数字，对于卖方来说，报价是逐步减少的数字；对于买方来说，报价是逐步增加的数字。

1．坚定冒险型（0—0—0—60）

这种让步的特点是谈判的前阶段里丝毫不让步，给人一种没有讨价还价的余地的感觉，

只要对方不较软弱，有可能得到很大利益，但更大的可能是导致谈判的破裂。这种让步使用的场合比较少而特殊，由于要冒很大的风险，应该慎用。

2．强硬态度型（5—5—5—……）

与上面的让步类型相比，这种方法的特点是有所让步，但幅度很小，因而给对方一种十分强硬的感觉，而第四步之所以用省略号，是因为有可能让下去，也有可能就此为止，不再让步了。这种让步类型与上述让步类型的结果相似，所以，也应该慎用为好。

3．刺激欲望型（15—15—15—15）

这种让步的特点是定额增减，它会刺激对方要你继续让步的欲望，因为在三个 15 之后，对方又等到了一个 15，那么在第四个 15 之后，对方也完全有理由等待第五个 15、第六个 15……而你一旦停止让步，就很难说服对方，从而很可能导致谈判的中止或破裂。这种让步是极不明智的外行做法，内行人决不采用这种让步方法。

4．诱发幻想型（8—13—17—22）

这种让步比第二种更糟糕，其特点是每次让步都比以前的让步幅度来的大，这会使对方坚信，只要他坚持下去，你总会做出越来越大的让步，这无疑诱发了对方的幻想，给你带来灾难性的后果。

5．希望成交型（22—17—13—8）

看上去这种让步与第三种让步的幅度正好颠倒了一下，实质上两者有本质的区别，这种让步的高明之处在于：一是显示出让步者是愿意妥协的、希望成交的，二是显示出让步者的立场越来越强硬，即让步不是无边无际的，而是明白地告诉对方让步到什么时候为止，对方不要再报什么幻想了。这种让步方法在合作性较强的谈判中常常使用。

6．妥协成交型（26—20—12—2）

这种让步的特点是先做一次很大的让步，从而向对方表示一种强烈的妥协姿态，表明自己的成交欲望，然而，让步幅度的急剧减小，也清楚地告诉对方，自己已经尽了最大的努力，要作进一步的让步根本不可能了。这种让步往往是实力较弱的场合中经常使用。

7．或冷或热型（49—10—0—1）

开始让步的幅度巨大，表示出强烈的妥协态度；后来让步的幅度又剧减，表示出强烈的拒绝态度。开始的妥协使对方抱有很高的期望，后来的拒绝又使对方突然非常失望。这样或冷或热，使对方很难适应，不知你葫芦里卖的是什么药。所以，这种让步带有很多的危险性，是外行人使用的方法，内行人只有在非常极端的情况下，偶尔一用。

8．虚伪报价型[50—10—（－1）—（＋1）]

所谓虚伪报价型，可从数字的让步中看出，有个起伏的过程，第三步（－1）是在前两步让了 60 元的基础上，减去 1 元，实际上成了 5 元，这当然会遭到对方的坚决反对，于是第四步再加上 1 元，实际上还是 60 元，可是却给对方一种满足感，好像他又赢得了一个回合的胜利似的。

这里有两点要说明：一是开始让步的幅度不应这么大、这么快，这里受表格的局限，为了凑成四格才这么安排的；二是这种让步法不登大雅之堂，在大多数正规庄重的谈判场合，绝不能采用这种让步法，因为给人虚伪欺诈之感，有失身份和体面。

9．愚蠢缴枪型（60—0—0—0）

这种让步法是谈判一上来就把自己所能做的让步和盘托出，从而断送了自己讨价还价的所有资本，下面因为没有退让的余地，只好完全拒绝作进一步的退让。这种让步是愚蠢的放下了自己的谈判武器，如同战场上缴械投降一般。所以，不可能给自己带来任何利益，而且反而会让对方看不起。既输了谈判，又失了人格。真所谓是“赔了夫人又折兵”。一般地说，在任何情况下，都不宜采用。

针对上述9种让步的类型必须有两点要交代：

（1）9种让步类型又可分为以下3种

①常用型：第5种“希望成交型”和第6种“妥协成交型”两种。

②慎用型：第1种“坚定冒险型”、第2种“强硬态度型”、第7种“或冷或热型”和第8种“虚伪报价型”，必须视具体情况而定，应慎重地采用，否则很可能会惨遭失败。

③忌用型：余下的第3种“刺激欲望型”、第4种“诱发幻想型”和第9种“愚蠢缴枪型”都是外行人经常容易犯的错误，一般地说，在谈判中不能采用，是否有例外，还闻所未闻。初学谈判者更不必去冒这种险。

（2）不必死扣表中的数字，这里所举的数字只是一种概数，仅供读者参考，不能拘泥一格。

（三）让步的方式

谈判的让步，强调要正确地控制让步次数、步骤与程度，即采用正确的让步方式，不能使让步过多、过快、过大。但在实际的商务谈判中，让步方式受到交易物的特性、市场需求状况、谈判策略、客观还价等一系列条件的影响和制约，作为谈判人员应根据实际情况，灵活选择让步方式。

在商务谈判中，为了达成协议，让步是必要的。但是，让步不是轻率的行动，必须慎重处理。成功的让步可以起到以局部小利益的牺牲来换取整体利益的作用，甚至在有些时候可以达到“四两拨千斤”的效果。另外，在谈判过程中，不要过快地让步，至少在感到对方有可能做出让步之前不要做出让步。做出让步的时机必须选择得当，并且要做得体面、大方。绝不能给对方对自己留下急于达成协议的印象。重大让步应在谈判接近尾声的时候再做出，并且与达成最后的协议挂钩。过多过快的让步使对方既不会感激你更不会欣赏你。

（四）让步应注意的其他事项

经济谈判中价格占有主要的地位，但除此而外，报价还包括交货期、运输问题、付款方式、数量质量、保证条件、等等。所以，让步还须注意下列问题：

（1）要懂得让步的辩证法，前面所讲的种种让步类型也好、所举的具体数字也好、种种让步技巧也好，都要根据具体的情况作具体的分析，不能一概而论、切忌生搬硬套，必须根据对方的情况、本方的情况、谈判场上的进展情况等，选择不同的让步措施，做出不同的让步幅度，目的只有一个，争取最大的利益。

（2）要懂得让步的重要心理因素之一是，轻易得到的让步人们往往都不珍视，不仅如此，对方因为能从你手里轻易得到让步而拒绝做出他的让步，更谈不上较大的让步了；相反，对方珍视，即愿意做出较大的让步来做为回报。所以，让步学问中的重要经验是："不要轻易让对方从你手里获得让步。"

（3）除了必须要做出的让步以外，应在较小的、不太重要的问题上先做出让步，以争取对手在较大的问题上做出让步来回报自己。

（4）你的让步应该是有回报的，即你的每次让步应该从对方那里获得好处；而对于对方的让步，你不必马上做出让步来回报，或者不必做出同等幅度的让步来回报。

四、商务谈判的突破

在商务谈判中，由于谈判双方的观点、利益存在一定的差距，在讨价还价的过程中难免出现各种各样的问题，这就是谈判的障碍。当谈判双方各执己见、互不让步，甚至争执不下时，就形成了谈判僵局。因此，为了使谈判能够顺利进行下去，谈判人员应该运用技巧排除谈判障碍，并且在不损害自己面子的基础上正确处理性质严重的谈判僵局。

（一）排除谈判障碍

谈判障碍主要包括由于冲突导致的紧张对立的谈判气氛和谈判僵局。当谈判中出现障碍时，如果不能很好地处理，将会直接影响谈判协议的达成，直接影响双方的商业利益。

1．正确认识谈判障碍

对谈判障碍正确的认识是解决障碍的前提条件，谈判人员应该认识到以下几点：

（1）避免争论。遇到障碍进行争论，是谈判的大忌。争论只能使很少的人真心诚服，特别是在双方利益冲突较严重时，争论会使问题更加恶化。因此，遇到问题应当多想想与对方的合作关系，保持良好的情绪，设法从对方的异议中发现一个可以赞同的观点，并把这个一致的论点重新发挥，在此基础上继续洽谈。

（2）既要排除障碍，又要不伤感情。谈判者必须树立在不伤感情的前提下消除障碍的思想。谈判人员遇到问题时可能会固执己见，有时候为了自己的面子问题，难免会情绪失控，可能会伤到对方的自尊心，从而造成严重的谈判僵局甚至使谈判破裂。因此，在谈判中必须注意不伤对方感情地去排除谈判障碍。

（3）不要在枝节问题上较真。谈判者往往会因为一个很小的问题陷入争论，这是在谈判中常见的现象。谈判者要注意全局利益，把注意力放在重要问题上，而不要因为一些枝节问题甚至与谈判毫无关系的问题陷入僵局。谈判者的任务是做成生意，而不是去说服对方，因此，要关注自己的利益，而不是过多地坚持自己的立场。

2．谈判障碍回避策略

所谓谈判障碍回避策略，就是专指当谈判中出现障碍或者可以预见谈判障碍的出现时采取主动回避的策略，从而避免谈判障碍的出现或谈判障碍的激化。谈判障碍回避策略需要把握的基本技能点主要有以下几个：

（1）僵局回避策略。僵局回避策略又分为意见对立的僵局回避策略和情绪对立的僵局回避策略。意见对立僵局，即因对某些具体问题的不同产生意见分歧，出现反对性意见。而引起的对立局面。对于这类僵局，回避的策略主要有鹰鸽回避策略和仲裁回避策略。情绪对立僵局，是指由于谈到双方感情上的问题，表现为情绪性的对立，从而使谈判无法进行下去，形成对立的僵局。对于这类僵局，回避策略有休会回避策略、换将回避策略和升格回避策略。

（2）冲突回避策略。所有的交易都包含着冲突的胚胎，冲突产生的原因主要在于谈判双方互不信任或者是一方向另一方施加压力。而冲突回避策略就是一种主动回避谈判中出现的对立冲突的一种策略，主要包括强调相互利益的利益协调回避策略，转移重点放在解决分歧的途径和方法上的歧异回避策略以及重要的感情注入回避策略。

（3）让步回避策略。在销售谈判由于冲突对立而停滞时，为了达成协议，双方可以及时地做出一定程度的让步来回避谈判中的障碍。让步的目的是为了换取双方均等或大体均等的物质利益，绝不只是为了对方利益而让步。让步的程度要以双方满足为标准，双方让步的程度也要大体相同。用让步来回避障碍要掌握一定的技巧和方式，以免给对方留下软弱的印象。让步策略主要包括积极让步策略、象征性让步策略以及消极让步策略。

（二）突破谈判僵局

在商务谈判活动中，特别是在谈判进入实质性磋商阶段以后，谈判双方往往会由于某种原因相持不下，而陷入进退两难的境地，一般来说把这种谈判搁浅的情况称之为“谈判僵局”。在商务谈判中，虽然谈判双方都不希望出现僵局，但是实际上谈判僵局却是经常发生的；而僵局的持续必然给谈判双方带来极大的压力，甚至导致谈判败局的产生。因此，对商务谈判僵局的深入研究具有积极的现实意义。

1．出现僵局的原因

了解谈判僵局出现的原因，避免僵局出现，一旦出现僵局能够运用科学有效的策略和技巧打破僵局，重新使谈判顺利进行下去，就成为谈判者必须掌握的重要技能。

（1）谈判双方关注焦点一致。如果谈判双方势均力敌，同时，双方各自的目的、利益都集中在某几个问题上。比如，一宗商品买卖交易，买卖的双方都非常关注商品价格、付款方式这两个条款。是以双方通融、协调的余地就比较小，很容易在此问题上互相讨价还价，互不让步，形成僵局。

（2）立场观点的分歧。双方各自坚持自己的立场观点而排斥对方的立场观点，形成僵持不下的局面。在谈判过程中如果双方对各自立场观点产生主观偏见，认为己方是正确合理的，而对方是错误的，并且谁也不肯放弃自己的立场观点，往往会出现争执，陷入僵局。双方真正的利益需求被这种立场观点的争论所搅乱，而双方又为了维护自己的面子，不但不愿做出让步，反而用否定的语气指责对方，迫使对方改变立场观点，谈判就变成了不可相容的立场对立。谈判者出于对己方立场观点的维护心理往往会产生偏见不能冷静尊重对方观点和客观事实。双方都固执己见排斥对方，而把利益忘在脑后，甚至为了“捍卫”立场观点的正确而以退出谈判相要挟。

这种僵局处理不好就会破坏谈判的合作气氛，浪费谈判时间，甚至伤害双方的感情，最终使谈判走向破裂的结局。立场观点争执所导致的僵局是比较常见的，因为人们很容易在谈判时陷入立场观点的争执不能自拔而使谈判陷入僵局。

（3）面对压力的反抗。一方向另一方施加强迫条件，被强迫一方越是受到逼迫，就越不退让，从而形成僵局。一方如占有一定的优势，他们以优势者自居向对方提出不合理的交易条件，强迫对方接受，否则就威胁对方。被强迫一方出于维护自身利益或是维护尊严的需要，拒绝接受对方强加丁己方的不合理条件，反抗对方强迫。这样双方僵持不下，使谈判陷入僵局。

（4）信息沟通存在障碍。谈判过程是一个信息沟通的过程，只有双方信息实现正确、全面、顺畅的沟通，才能互相深入了解，才能正确把握和理解对方的利益和条件。但是实际上双方的信息沟通会遇到种种障碍，造成信息沟通受阻或失真，使双方产生对立，从而陷入僵局。信息沟通障碍使谈判双方不能准确、真实、全面地进行信息、观念、情感的沟通，甚至会产生误解和对立情绪，使谈判不能顺利进行下去。

（5）谈判者行为的失误。谈判者行为的失误常常会引起对方的不满，使其产生抵触情绪和强烈的对抗，使谈判陷入僵局。例如，个别谈判人员工作作风、礼节礼貌、言谈举止、谈判方法等方面出现严重失误，触犯了对方的尊严或利益，就会产生对立情绪，使谈判很难顺利进行下去，造成很难堪的局面。

（6）偶发因素的干扰。在商务谈判所经历的一段时间内有可能出现一些偶然发生的情况。当这些情况涉及到谈判某一方的利益得失时，谈判就会由于这些偶发因素的干扰而陷入僵局。例如，在谈判期间外部环境发生突变，某一谈判方如果按原有条件谈判就会蒙受利益损失，于是他便推翻已做出的让步，从而引起对方的不满，使谈判陷入僵局。由于谈判不可能处于真空地带，谈判者随时都要根据外部环境的变化而调整自己的谈判策略和交易条件，因此这种僵局的出现也就不可避免了。

2．僵局的种类

通常，可以把僵局分为以下 3 类：

（1）策略性僵局。即谈判的一方有意识的制造僵局，给对方造成压力而为己方争取时间和创造优势的延迟性质的一种策略。

（2）情绪性僵局。即在谈判过程中，一方的讲话引起对方的反感，冲突升级，出现唇枪舌剑、互不相让的局面。

（3）实质性僵局。即双方在谈判过程中涉及商务交易的核心——经济利益时，意见分歧差距较大，难以达成一致意见，双方又固守己见，毫不相让，就会导致实质性僵局。

五、商务谈判的最后通牒

最后通牒原来外交上的术语，也叫“哀的美敦书”。意思是在谈判破裂前的“最后通话”。通常是一国对另一国提出某种苛刻条件或绝对要求，限制在一定时间里接受其要求，否则就要用某种强制手段，包括断绝外交关系，实行经济制裁，甚至使用武力。

发展到现在，在经济谈判中，也使用最后通牒这一概念。一般来说，经济谈判中的最后通牒包括两个方面：最后价和最后时限。

所谓最后价，是在谈判中给出一个最后价格，告诉对方不准备再进行讨价还价了，要么在这个价格上成交，要么谈判破裂。西方谈判界把最后出价形象地描述为“要么干，要么算。”

（一）最后出价与最后时限的关系

最后出价与最后时限是最后通牒中不可分割的两个内容，只不过在谈判中这两种技巧往往合二为一混合使用，只是在使用中侧重点不同而已。规定了谈判的最后时限，不是说可以让对方提出任何要求，本方可以做出任何让步，只要谈判在最后时限前结束就可以了；相反，在规定最后时限的同时，也一定给出了一个最后出价。所以，实际上是指在最后时限前，在最后出价的基础上结束谈判。

同样，给出了最后出价，也不是说谈判时间可以任意拖延下去，而是同时也规定了结束谈判的时间。只是由于侧重点不同，强调的方面不同，给人的印象也不同，好像有最后出价与最后时限的区别了。

（二）最后通牒的实施

最后通牒的使用必须谨慎，因为无论是政治谈判、外交谈判、军事谈判还是经济谈判，或者其他谈判，使用最后通牒并不是一种常规的做法，充其量只是一种在特定的环境下不得已而为之的下策。

实践证明，最后通牒常常被看作是一种威胁，对手为了维护自己的尊严，为了保留选择的自由，往往对实施最后通牒的一方表示强烈的不满，甚至采取强硬的反击措施。

最后通牒不仅把对方，同时也把自己逼到了“要么干，要么算”的境地，所以很容易造成双方的对抗，导致谈判的破裂。一般地说，经济谈判中，谈判者往往不愿意中断谈判。因为任何经理、老板都明白，商场竞争是何等激烈，一旦自己退出谈判，很可能有很多竞争者会趁虚而入，取代自己的位置。所以在经济谈判中对待使用最后通牒的战术，往往是慎而又慎的。

那么，在什么情况下不得已而为之呢？由于最后通牒有最后出价与最后时限的侧重点不同，所以必须分开来交代。

1．最后时限的实施

就最后时限而言，在无休止的讨价还价没完没了的情况下，可以规定最后时限，借以向对方施加无形的压力，来达到结束讨价还价的目的。上面所举的中国提出复关谈判的最后时限就是出于这种目的。

谈判的过程就是让步和拒绝的过程。而每次让步，就是牺牲自己的利益去满足或服从双方的共同利益，这是任何谈判者都不情愿的。所以为了维护自己的最大利益，谈判者的尽可能地讨价还价，不到谈判快要结束，往往都不可能善罢甘休。其实有经验的谈判者，早在谈判的一二个回合中，就已经预见到谈判将在什么价位上成交，只是不到谈判结束谁得不肯轻易摊牌。这样做，一方面说明谈判者尽职尽责，善始善终；另一方面，谈判者也寄希望于对方犯错误、或者对方没耐心而过早让步，从而争取更好的谈判结果。

最后时限是对付这种谈判心理的有效手段。

2．最后出价的实施

就最后出价而言，只有在下列情况下才可使用：

（1）谈判的一方处于极为有利的谈判地位，“皇帝的女儿不愁嫁”，对手只能找自己谈判，任何人都不能取代自己的位置。

（2）讨价还价到最后，所有的谈判技巧都已经使用过，均无法使对方改变立场，做出自己所希望的让步。

（3）讨价还价到这样一种情况，自己的让步已经到了极限，再做任何让步，都将带来巨大损失，而对方还在无限地提出要求。

（三）最后通牒失败后的补救

一般地说，当最后通牒未能奏效时，可以采取以下几种补救措施。

1．新指示法

一旦最后通牒失效，你不妨向对方说，你从上级那里获得了新的指示，可以在新的价位的基础上进行新一轮的谈判。这样无形中就把最后通牒的失误、价位的变化的责任全推到了上级的头上。不过，这种“从上级那里获得的新指示”，可真可假，当然，也绝没有那种傻乎乎的对手会问你是真的还是假的。

2．升格法

所谓升格法，就是换一套谈判人马。由于习惯上所换的人码从级别上来讲，往往比原班人马要高一级，所以称之为升格法。用新的谈判人马来取代旧有的谈判人马，就在无形中使发出最后通牒的人和最后通牒一起成为过去，从而理所当然地开始了新一轮的谈判。

3．重新出价法

所谓重新出价法与新指示法，是有本质区别的。前面介绍的新指示法，往往是降低价格和要求，是一种让步，而且是在上级的指示和授权下所采取的。重新出价法的真正含义在于，提出一种与原先出价本质根本不同的出价，是一种全新的计算方法、或者全新的要求、或者全新的条件，等等，而不仅仅是在原来出价基础上的让步。

第三节　商务谈判的结局

商务谈判的结局是商务谈判的最终结果，它是谈判的结束，也是另一场谈判的开始。作为一个合格的谈判者，应当会在适当的时机、选择合适的方式结束谈判。谈判的结果以书面方式表示出来就是合同的签订，因此，要了解合同的基本内容及其风险防范。

经过谈判双方的共同努力，谈判进入了终局阶段，谈判的终局阶段是谈判的最后阶段，在先前的谈判中双方已经表达了自身的利益和观点，提出了一些基本的条件和预案，也达成了一定的让步和妥协，这似乎意味着谈判马上就要成功，但是如果不能很好地把握谈判终局阶段的程序和基本要点，就不能为自己争取到更多的利益，也不能达到谈判的双赢。因此，把握商务谈判结束的契机，以适当的方式和策略结束谈判，给整场谈判划上一个圆满的句号，是一个成功的商务谈判者不可或缺的素质。谈判如“下棋”，是否该结束，有其本身的规则，或有其一定的标志。见到这种标志，就要准备“收棋”——结束谈判。

一、商务谈判结束的时间

选择恰当的时机结束谈判，对于谈判的成功有着重要的意义。谈判者对谈判目标不应贪得无厌，应该明确何时快达到临界点，一旦达到临界点，应该立刻停止谈判，倘若不能适时停止，那么任何谈判技巧都没有帮助。所谓临界点，指由一种状态变成另一种状态前，应具备的最基本条件。以英国曼彻斯特附近煤矿停工的问题为例，几年前这个矿坑常有停工的现象——包括罢工、意外事件、设备毁坏等，经过广泛研究，结果发现当矿坑超过一定的人数时，就会发生停工的现象，这个人数就是所谓的临界点。而商务谈判的临界点，指何时该停止谈判的那个点。

结束阶段要采取一种平静的会谈心境，对方需要消除顾虑，或许正在准备做出适当的决定，用一种满怀信心的态度，含蓄地暗示生意将会成功，会帮助谈判者度过变化莫测的关键时刻。另外，还要善于观察对方意图，要想圆满地使洽谈结束，辨认对方的信号是一个重要的先决条件；而后，巧妙地向对方提出一些问题，使可以肯定的购买欲望转化为购买的决定。

优秀的谈判者会善于感知他人态度的变化，从种种迹象中判断成交的势头。如果对方在谈判中出现下面任何一种情况，那就说明对方已经有了成交意图：

（1）向你询问交货的时间。

（2）向你打听新旧产品及有关产品的比价问题。

（3）对质量和加工提出具体要求。

（4）让你把价格说得确切一些。

（5）要求将报盘的有效期延续几天。

（6）要求实地试用产品。

（7）提出了某些反对意见。

在确认对方有成交意图之后，就可以适当的结束谈判了。

二、谈判结束的标志

谈判终结的标志有三个：条件标志、策略标志和时间标志。

（一）条件标志

条件标志，即以双方交易条件达成一致的程度来判断谈判的终局。不论哪种谈判，都有一些普遍存在的交易条件，诸如商业、法律、技术、文字与数字表述的条件等。在谈判的策划阶段，需要把自己要实现的条件量化分级，可分为分歧量与成交线两级。

（1）考察交易条件中的分歧数。从数量上来看，交易双方已就绝大多数的交易条件达成一致意见，所剩的分歧量极少，仅仅有一个，两个或几个交易条件未谈成；从质量上看，最关键、最重要的交易条件已商量妥当。出现上述两种情况的任何一种，就可以判定谈判已经进入可以结束的阶段。

（2）考察谈判对手是否已经进入己方成交线。成交线是己方可以接受的最低目标，即自己目标区间的下限。如果对方认同的交易条件已经进入己方可成交的范围内，谈判就可进入终局阶段；或者交易条件与成交底线（多指商务条件和关键技术条件）尚有差距，但通过对全局分析，认为双方可以逾越该差距时，也可以讲已到谈判终局阶段，当然，这种主观的判断是否准确，需要谨慎分析。另外如果己方还想尽量争取到理想目标，在条件允许的情况下，也可继续谈判下去。

谈判若完成了各级各层的条件内容，自然可以结束谈判。

（二）策略标志

策略标志是指当某些策略被运用即预示谈判可以终结。这里的策略不是指一般的谈判策略，而是某些特定的谈判策略，例如最后通牒、折中调和、好坏搭配（一揽子交易）和冷冻政策等。从其做法和影响力看，这些策略对谈判有最终的冲击力，具有终结谈判的信号与标记作用。

1．最后通牒策略

最后通牒策略也叫最后期限策略，是最后一击，不惜以破裂相威胁，以迫使对方让步的谈判方法。例如谈判一方说："如果贵方实在不能同意我们的条件，那么我们可以结束谈判了。"其特征是凶狠、份量重，又是"孤注一掷"的最后立场，故可以作为谈判终局的标志。

在己方使用最后通牒策略时，要注意所给对方的最后底线必须是能让人信赖的，对方必须要相信你是真的想要结束谈判，他才会认真地考虑这件事。如果他考验你的信用时，你必须要能再一次强化这项讯息，态度要坚定，但是不可意气用事，认为他居然敢怀疑你的诚意。如果他在之前已经有过经验的话，他当然比较容易相信你所说的"最后价钱"是真的表示你已经决定要结束谈判了。但如果不幸的是，你以前尝试使用这种策略结束谈判而失败的话，他很可能会认为这次又是放羊的小孩在喊"狼来了"而已。

2．折中调和策略

折中调和策略是将双方立场和条件的差距，以折中方式，或完全对折的形式，或以互相让步但不对等的形式予以妥协的做法。由于该策略主体特征是相互妥协且更多地强调"对半"让步，所以，只有在谈判的最后阶段才使用，而一方使用了这种策略，则表示其想结束谈判的意愿。常见的折中形式包括价格折中、条件折中和条件与价格折中。

3．好坏搭配

好坏搭配（一揽子交易系指双方将所有分歧条件以有的利于对方（退），有的利于己

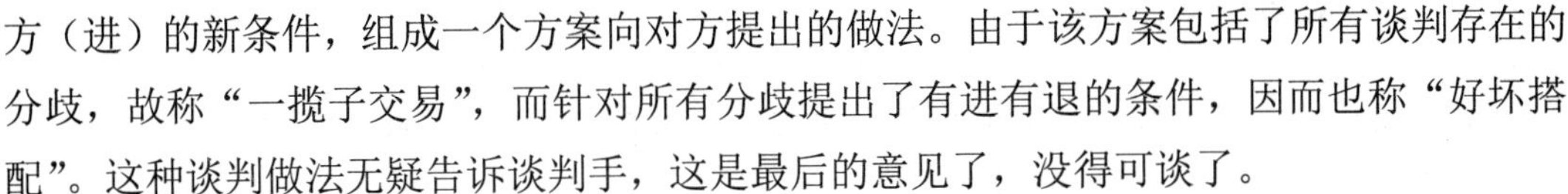

方（进）的新条件，组成一个方案向对方提出的做法。由于该方案包括了所有谈判存在的分歧，故称“一揽子交易”，而针对所有分歧提出了有进有退的条件，因而也称“好坏搭配”。这种谈判做法无疑告诉谈判手，这是最后的意见了，没得可谈了。

4．冷冻政策

冷冻政策即暂时中止谈判的做法。在谈判中，或者由于交易条件差距太大，或者由于特殊困难存在，而双方又有成交的需要而不愿使谈判破裂，双方于是采用冷冻政策暂时中止谈判。中止谈判从形式上讲就是停止谈判，是某种意义上的终结。只是引起中止的原因不同，冷冻的意义会有所差别，要根据不同的谈判策略运用冷冻政策，给自己留好退路和再谈判的余地。

（三）时间标志

谈判的时间限制包括双方约定的谈判时间、单方限定的谈判时间和第三者限定的谈判时间。双方约定的谈判时间指的是在谈判之初双方一起确定的整个谈判所需的时间，谈判进程完全按照约定的时间进行，当谈判已接近规定的时间时，自然进入谈判终结阶段。单方限定的谈判时间是指谈判某一方提出自己可以参加谈判的时间，该时间是判定终结谈判的标志，那么不论谈判结果是否成交，限时一到，即要结束谈判。否则，欲继续谈判的一方必多拿条件出来。若是限时者欲继续谈判，损失将更大。

第三者限定的谈判时间是指在竞争性的谈判中，谈判有第三者参与，此时谈判的时间除了双方的需要外，还受第三者谈判进度的影响，例如对方说“某某即将给我方最终报价，贵方何时做出最优惠方案”这即为第三者给定的谈判时间。第三者谈判进度（时间），即是估量自己谈判终结时刻的标志。第三者谈判的进度是自己判定交易成败的参考因素，也是估量自己谈判终局时刻的坐标。应该指出的是，第三者给定谈判时间系间接给定时限，因为第三者无权对你限制谈判时间，而是通过你的对手反应他的要求。

三、谈判结束的方式

当谈判到了快成交的阶段时，为了使其能圆满结束，选择结束谈判的方式是至关重要的。谈判的结束方式包括每一场谈判的结束方式和整个谈判的结束方式。谈判结束的方式，即结束的形态，主要取决于整个谈判过程中双方达成一致意见的程度，也决定于谈判手对结果的不同要求，商务谈判的终结方式有三种：成交、破裂、中止。

（一）成交

成交指谈判双方达成合同，交易得以实现。与开始的谈判目标相比较而言，成交包括完全成交和部分成交，完全成交即全部完成了初始谈判目标，部分成交指由于交易人的交易目标，以及交易人的能力所限，经双方协商调整后的部分内容达成交易。

（二）破裂

破裂是指谈判双方经过多方磋商仍不能达成一致意见或签订协议，交易不成，或友好而别，或愤然而去，从而结束谈判。

友好破裂是指双方以互相体谅、相互理解的形式结束谈判，体现了“买卖不成仁义在”的原则，为双方以后新的合作机会打下一些基础，例如说“我们花了许多时间和财力与贵方谈判，这么破裂对我方损失很大，希望贵方在今后的交易中能优先照顾我方。”这段话既埋怨对手，又很理智地提出了今后“翻本”的要求。

愤然破裂是指双方或单方在一种极度不满、不冷静的情绪中结束未达成一致的谈判，谈判中由于各种各样的原因，一方由于情绪的剧烈波动而使谈判气氛充满火药味，最终导致其摔门而去。一般在破裂情况下，尽力求和。求和不成，也要以理相待，绝不火上加油。这样，即便对手愤然而去，对己方也无大碍，他是留有回旋余地。这既是谈判技巧，也是个人修养。

一般情况下，在谈判结束阶段，应该回避促其退却的语句，比如：“行，我们就此结束”“随便你，我们是不会改变立场的”“你不谈，要走，我欢送”等话，这类言词听起来均带有情绪化的成份，让人接受不了，只能加速关系破裂的进程。相反，应积极分析对方已亮出的观点和立场，应以类似这样的语言：“这是我方的看法，贵方可以三思”，“如果贵方还有谈的可能，我们将愿意与贵方继续谈判下去”，“我方的大门总是敞开着的，贵方什么时候有新的想法，可以通过某某与我方联系”，“贵方目前的态度我方是可以理解的，但请贵方与领导汇报一下，若有什么新的建议，我们将十分乐意听取”等，这样才能给自己留一个后路。

（三）中止

谈判的中止是指由于某种原因双方未能全部或部分达成合同而由双方约定或者一方提议暂时终结谈判的方式。谈判的中止可分为有约期中止与无约期中止两种形式。

有约期中止是指双方因价格、许可证、外汇、权限等客观交易条件的分歧而中止谈判，又想继续交易，从而明确约定再谈判的时间或条件的一种谈判中止方式。无约期中止，是指在停止谈判时，双方没有约定恢复谈判的时间或条件的中止形式。造成这种形式的原因有双方对客观因素无法控制、双方无交易热情、谈判策略和谈判者的疏忽等。例如，涉及国家政策突然变化，经济形势发生重大变化等超越谈判者意志之外的重大事件时，谈判双方难以约定具体的恢复谈判的时间，只能表述为：“一旦形势许可”“一旦政策允许”，然后择机恢复谈判。无论以上哪种原因，再恢复谈判时会面临由谁先提出问题。己方欲先提出时，应采取适当保护措施。保护措施有选择适当时机、适当理由、适当表达方式等。

四、谈判结束的原则

谈判终结的形式可能多种多样，然而在终局阶段谈判应遵守的原则却基本相同。这些原则决定终局的效果。谈判结束时，要遵循的基本原则有：全面性、不可更改性、格式化、情理性。

（一）全面性

全面性原则是指结束谈判时应将交易内容全面、彻底地达成一致才能成交，即从横向的科目，到纵向的内容均要谈透，以成交终结谈判时，为了达到彻底的原则，谈判者应进行“结账”与“对账”。结账即将己方谈判目标与结果逐项、各点检查，看其有否遗漏及实现的程度，属内部的清理；而对账则是外部的清理，即与对手互相核对谈判达成一致的各项内容。不做对账与结账工作，绝不可以终结谈判。换言之，不满足彻底性原则，谈判就不能终结。

（二）不可更改性

不可更改性原则是指双方达成的任一协议内容和条件不得再改变，换言之，谈判结果具有不可更改性。要做到这一点，必须满足两点：明确与不变。明确即双方达成的一切交易条件，无论从哪方面来看，当事双方或第三者均不会产生任何误解，如果双方对达成的协议存在歧义，理解问题或似乎一致，还有待商量的情况，该结局就不是“不可更改状态”；而不变是指双方对交易相关的一切条件达成协议后，绝不反悔，承担约束自己的义务。

（三）格式化

格式化原则是指双方达成的各种交易条件均应以相应的法律格式表达出来，使之具有法律的约束力。虽然，口头承诺也具有合约效力。从履约的便利及管理角度看，将双方谈判达成的协议条法化是必须的，为此，必须满足以下 3 个条件：

（1）口头协议文字化，是指将双方谈判达成一致的条件均撰写成准确表达其意的文字。该文字或许在卖方报价与买方还价时即已存在，但经过谈判后，这些文字表述的意义已发生变化。条法性要求将从文字到口头产生变化的结果——双方达成的协议的真实意思用文字准确表述出来。

（2）文字协议格式化，是指将达成的文字协议按交易内容的逻辑关系，按合同格式的要求，从整体上进行整理，使整个协议从命题到文体、从细目到秩序、从用词到描述总体格式化。通过格式化过程使文字表述标准化，通过逻辑排序使文体清晰条理化。

（3）不同格式、不同文字的文本一体化，是指将合同正文的、技术附件的文本，以及不同语言文字（国际贸易中的不同语言文字）的文本相互排序、引证、核对，保证所有格式的不同文字文本的完整性、关联性，保证不同文字文本意思表达一致，使其成为交易合同不可分割的、具有同等效力的部分。

（四）情理性

情理性原则是指终结谈判的过程中应有情有理。也就是说，不论终结形式如何，都应具有友善与客观的精神。这么做的目的是：第一，通过“情”的要求，让谈判者注意尊重对手的感受，表示友好的情意，减少破裂时的伤感和愤满情绪，确保丢了交易，赢得朋友。而在成交时，又能使对方诚意履约。第二，通过“理”的要求，让谈判者头脑清醒，保持客观态度，既能面对成交，又能面对破裂，尤其能确保终局时谈判各方都知道为什么结局会这样。

五、谈判结束前应注意的问题

通常，谈判结束前应注意以下几个问题。

1．对前期谈判阶段的回顾与总结

在即将结束谈判时，谈判者应该做一个回顾性的工作，查看是否所有的内容已经谈妥，是否还有什么问题尚未解决，未解决的问题应该如何处理；看所有的交易条件是否已达到自己的最低期望目标；考虑应采用何种方式结束谈判等。

2．最终报价及最后让步

谈判者在最终报价及最后让步时应慎之又慎，最后报价应掌握好时机和方式。就最后报价的时间来说，过早与过晚都不好。过早的话会让对方觉得还有可能争取另一次的让步，从而持观望态度，不肯痛快达成交易；而报价过晚又会使己方失去先机，丧失有利地位。因此，最后一次报价通常跟最后的让步结合起来进行，即在最后期限前给出主要让步，让对方看到我方成交的诚意，次要让步可在最后时刻做出，让对方在愉悦的心情下完成交易。

另外，最后报价也要掌握方式。如果在双方各不相让，甚至是在十分气愤的对峙状况下做出最后报价，无异于是发出最后通牒，很可能会使对方认为是种威胁，危及谈判顺利进行。最后出价能够帮助，也能够损害提出一方的议价力量。如果对方相信，提出方就胜利了，如果不相信，提出方的气势就会被削弱。此时的遣词造句、姿势态度，与最后报价的成功与否密切相关，应见机而行。

3．谈判的记录和整理

在谈判过程中，双方一般都有记录人员对整个谈判过程进行记录，在谈判结束时，应把双方达成共识的重要内容整理成简报或者纪要，向双方公布，以获得对方的认可，这样可以确保在签订协议时双方对协议意见的一致性。这些整理出来的文件非常重要，万一以后双方产生了经济纠纷，这些文件也可作为证据帮助己方保全自己的利益。

本章小结

本章主要讲述了商务谈判的开局、商务谈判的磋商和商务谈判的结局。通过本章的学习，读者应该了解开局在整个谈判中的作用、形成良好开局的原则；掌握开局的任务和内容、开局的形式；了解如何正确处理开局阶段的“破冰”期、如何建立良好的谈判气氛；掌握开场陈述和报价；掌握商务谈判的讨价和还价、商务谈判的让步和突破；了解商务谈判结束的时间、标志；掌握商务谈判结束的方式、原则和技巧；了解商务谈判结束前应注意的问题。

复习思考题

1．简述形成良好开局应遵循哪些原则。

2．简述开局的任务和内容有哪些。

3．简述的开局的方式有哪些。

4．如何进行商务谈判的讨价和还价？

5．让步时应注意哪些基本原则？

6．造成谈判僵局的原因有哪些？

7．在谈判中说服对方需要注意哪些方面？

8．分别简述谈判结束的标志、方式和原则。

9．谈判结束的技巧有哪些？

10．谈判结束前应注意哪些问题？

第七章　商务谈判合同的签订

合同文本的谈判是交易谈判不可分割的一部分。除了文字交易条件中所言及的谈判追求外，对合同条款完整的内容，即交易内容的描述也同样有要求。由于交易标的和形式的多样性，其合同条款多寡不一、要求各异。不过，商务合同的各类合同条款的结构与内容的要求有其共性。

【本章学习目标】

- 掌握合同条款的特征和谈判原则；
- 了解合同有效的条件以及合同签字要注意的几点；
- 掌握合同正文的结构、附件的构成与内容要求；
- 掌握如何履行合同和管理合同；
- 了解争议的处理方式，以及如何进行索赔谈判。

第一节　商务合同的基本知识

合同是当事人或当事双方之间设立、变更、终止民事关系的协议。简言之，合同就是缔约双方当事人为实现一定的经济目的，在平等、自愿、互利的基础上，经过协商一致，确定双方权利和义务关系的一种协议。

一、合同条款的特征

研究合同条款的特征，就是要将僵硬而复杂的条款本质吃透、消化而将其精华融化在脑海中储存起来，达到谈合同时能一眼洞穿，写合同能疏而不漏、随需而就。当然，析清合同条款特征绝非易事。此处分层剖析总体特征、正文特征及附件特征。

（一）总体特征

合同正文与附件的条款总体上有两个共同特征：目标一致与适从交易。

1．目标一致

所有条款均旨在说明交易物、义务与权益，即俗话说的责、权、利。以主文与附件相

互补充细化交易物，确定交易物为第一目标。以明确交易各方应做什么、怎么做，互相义务的关系为第二目标。以交易各方的利益界定，如何实现为第三目标。三者互相联系形成双方当事人的权利与义务。可能表达方式会改头换面，但本质不会变。

2．适从交易

一切条款的共同基础是交易。条款为交易服务、适用于交易是另一总体特征。交易决定合同条款的用语、结构、繁简。若颠倒这种适从次序，则合同条款就会与交易脱节。如本是代理交易，却用购销合同文本来谈，就会在条款的内容上产生问题，在双方义务上模糊法律界限。

（二）正文条款的特征

1．条款的性质特征

从其说明的意义上看，条款性质可归为两类，即通用性或基础性条款和特殊性或补充性条款。在这两类条款中又包含法律、利益条款（简称有价条款）和程序性条款。正文条款可以分为以下五种：

（1）通用性或基础性条款。这类条款系指合同成立的基本条件。包括标的条款（有时同时以商品指标条款和经济技术指标条款的形式出现）、价格条款（有时以价格条款和支付方式条款出现）、交付条款（有时以交付方式条款和交付时间条款出现）、验收条款（有时分为检验条款和接受条款）、生效条款（有时分为合同生效条款和合同终止条款）等。

（2）特殊或补充条款。这类条款系指除上述五种基本条款外的可能使用的条款。例如，质量保证条款、保险条款、免责条款（不可抗力条款）、适用法律条款、仲裁条款、原产地条款、税收条款等。依交易不同，补充条款还可以扩展：许可证产品的销售范围条款（亦称领土条款）、防伪造条款、地质资料条款（土建施工承包合同）等。

（3）有价条款，即代表交易价值并法定交易价格的条款。在基础性条款中，有标的条款和价格条款；在补充条款中，有质量保证、保险、免费、税收等条款。不过，在有价条款的构成中，也有程序性的一面。如价格条款中，有关支付的货币、方式、时间等规定既有价值，又具程序性。

（4）程序性条款，即规定交易运行方式或规则的条款。在基础条款中，有交付条款、验收条款和生效条款。在补充条款中，有提成权的产生、会计及检查、许可证产品的修改和改良等。在程序性条款中，亦含有价条款的成分。当交付条款列出交付时间、包装、唛头、租船定仓、发运、保险和监装等分条款时，其中的交付时间、保险和监装条款，既具有程序性，又有一定的有价性。当验收条款列出验收标准、开箱检验、安装、调试、负荷、接受、不合格处理等分条款时，在验收标准和不合格处理的分条款中就含有价性。而生效条款可列出生效条件、文本、修改、终止等分条款，其中生效条件和终止分条款就具法律与利益相关的有价性。

（5）法律条款，即与交易相关司法特征的约定。如免责条款、适用法律条款、仲裁条款或争议解决条款、防伪和防侵权条款等。

2．条款的组合特征

由于条款各有自己的作用与内容，因此不可随意组合。组合的特征主要表现为量体裁衣和纲举目张。

（1）量体裁衣。量体裁衣的特点包括两层含义：条款结构分量和用语分寸与合同表达的交易相符。条款结构分量，根据交易的难易而定。如单项商品交易的合同，合同条款数量仅十一二条即可；而复杂交易，如成套项目交易合同可能需有二十多个条款。

用语分寸首先指各条款的命名要贴切，以准确反映交易相关的环节；其次指各条款的用语量要合适，说明交易内容即可，不应纠缠于文字。

（2）纲举目张。纲举目张的特点反映了合同正文撰写或谈判的次序规则和主从规则。次序规则系指不论何种交易合同的撰写和谈判，首先要抓基础条款。在不同的交易中，基础条款的命名与内容可能有些变化，但其本质地位不应变。如标的条款在商品交易中可能表述为产品规格条款，而在许可证技术交易中则可能表述为许可证条款，但作为基础条款的本质地位不变。

主从规则，系指条款间的关系有主有从。从整体讲，以基础条款为主，补充条款为从。主从次序决定条款的名称、定义及相关的衔接。如基础条款中的标的条款的命名发生变化或明确定义后，其他条款随之而变。各条款本身也会随着其定名将包含的段落进行排序，分出主从关系。在有价条款中，程序段为辅；在程序条款中，有价段为辅。若颠倒了主从关系，在条款之间、条款之中就会发生混乱，合同表意就不明，交易的法律框架就会坍塌。

（三）附件条款的特征

合同附件条款除其整体特征外，由于其附件地位，又有一些鲜明的个性特征。

1．结构特征

不论何类附件，在结构的形成上均有三个特点：与正文的呼应性、内容的翔实性和描述的准确性。

（1）与正文的呼应性。该点系指所有的附件均由正文命名而生，也与正文的条款相应配合，以对合同条款所描述的有关权利和义务进行补充。如标的条款中有“技术指标详见附件”说法时，就必定会有技术指标附件；当验收条款中有“具体验收程序和技术条件要求见附件”的说法时，就必然有验收条件附件。

（2）内容的翔实性。由于撰稿人为了将合同正文写得简明扼要，往往在正文中确定原则或目标，而具体的解释与措施则由附件来描述。这样合同中的某个条款就会扩展成一

个独立的附件。附件篇幅长短不限，只要求说清问题，这样补充性的附件就显得更具体、更详细。

（3）描述的准确性。鉴于附件的技术性、政策性和金融性，当有文辞类附件对合同中术语进行定义时，对附件内容描述的准确性有严格的要求，所以合同附件的准确性是必须充分重视的，有时比合同正文的准确性还重要。因为当合同的条款引证附件时，合同条款（正文）的准确性是依附于附件的准确性的，没有附件的准确性，合同正文的准确性也不复存在。

2．引证特征

不管附件的类别、形式与结构有何不同，它们成立的理由都相似，除上述结构特征外，还有论理的特征，即依据特点。从大量事实看，其依据有三：行业惯例、合同正文、价格条件。

（1）行业惯例。该依据系指附件所言需符合行业通行要求。例如，继电器是否要做硫化试验、防盐雾试验，生鲜食品是否要经过检疫，这已不是卖家主观同意与否的问题，而是行业规范中被公认的普通要求。

（2）合同正文。该依据系指附件所规定的内容必须与合同正文要求一致。尤其是目标的条件，不能走形——降低条件。如合同目标是高纯度的石英砂，而技术附件的描述中降低其纯度就视为与合同正文要求不符。或在合同的价格条款中明确了服务费，而在服务附件中通过分量的细化使正文中规定的服务费上升，也称与合同正文要求不符。

（3）价格条件。该依据系指附件所述的义务应与合同价格条件挂钩：一分义务，一分报酬。在价格条件定下时，附件所述的义务既不要多，也不能少。若要增多，就要加价；若要减少，就要减价。

二、合同条款的谈判原则

一般合同条款谈判时，或请律师，或用标准格式，或由商务代表组织谈判。应该讲，各种形式各有千秋，也有不足。例如，律师懂法不一定通商，标准格式不一定通用，商务代表懂商不一定知法。因此．应熟谙合同条款谈判技术。

（一）合同条款谈判的总原则

合同条款谈判的总原则是平衡原则。该原则系指约定的权利与义务对于双方来讲是平衡的。平衡可分为大平衡与逐款平衡。

1．大平衡

大平衡（亦称总体平衡）原则是指在合同整体约定或书写上对双方公平。具体表现在合同正文与附件之总和的权利与义务的平衡上。有时可能在正文描述和附件描述上各有偏重，但两者的综合水平应平衡。

2. 逐款平衡

逐款平衡原则系指在各条款（正文的章与附件分目所含条款）的谈判中要求表达的权利与义务的平衡。这种平衡要求每个条款内容充满了对称（文法上），也叫对价（商务上）。这种现象可在条款、段落、句子之间显现。这种基础性的平衡原则必然导致大平衡，而大平衡不一定追求句子、段落之间的对称或对价。

（二）合同正文的谈判原则

在正文谈判中，应该遵循的原则有语意一致、前后呼应、公正实用、随谈随写、贯通全文。

1. 语意一致

语意一致原则指双方使用的语言与所想表达的意愿应完全一致。在与不同国籍、不同文化背景的谈判手谈判时，由于语言不同，思维方式、表达技巧不同，会产生理解上的矛盾，遵守该原则尤为重要。为了实现该原则，必须遵守以下几点规则。

（1）共识规则。共识规则系指不同文化背景的谈判手必须放弃各自语言的独特性而取双方能够达成共识或能准确表明双方意愿的字句。按此规则，在合同条文中不得采用诸如土语以及其他不同文字之间无绝对准确对应的描述性用词。例如，法文“Sejour”一词，在描述专家费用时就易引起误会，因为中文译为“逗留”。如规定逗留费由中方负责，那么该包括什么内容呢？法国人会说，“指在中国期间发生的所有费用”，这将包括吃、住、行以及相关延伸费用，显然不符合中国的习惯。双方可按共识规则放弃该词，改换另一种双方认可的表达方式。

（2）简明规则。简明规则系指合同书写过程中应坚持简单、达意。合同条文谈判时，常有律师参加，他们十分注重文字的运用。此时应避免法律式的造句，避免多定语的句型。多定语句型系在一连串的前提之后才说明本意的句型。在不同语言文字中极易混淆本意，甚至本末倒置，故不宜多用。从法律和文学意义上讲，这类句型并非不可用，只是鉴于双方文化差异、专业差异（法律和贸易专业人员对垒时），不能同唱阳春白雪，宁可实在一些，以简单句型表达明确无误的意愿。即使内涵复杂，也可以分解方式依层次表述。

（3）用词一致规则。在合同正文描述中，用词较多，词义对双方来讲应该一致。当合同中多处使用同一单词时，它代表的词义应相同。词义在不同的行为上应予以区别，因为文字丰富而将同一行为以不同词语予以表述时，要特别注意同义词的相异性，慎防双方在执行合同时造成误会。例如，验收与检验，合同目标与考核目标等提法，词义有相近之处，又有不同之处，不注意用词一致的规则会造成误会。又如，分阶段的检查可称为检验，最后的检查可谓验收。验收中又有多个检验行为，合同目标是双方预定的合约可以达到的

目标，考核目标是在考核阶段必须达到的目标。合同目标可能高于考核目标，实现的时间更长些。这些词义常常引起误会，双方理解词义不同造成的纠纷时而有之。为了减少不必要的麻烦，谈判手常常共同设定一个条款专门对合同中的用词加以定义。

2．前后呼应

前后呼应原则指合同正文各条款之间或构成合同的各文件之间应相互呼应，浑然一体。呼应的主要是本质条件，应有一致性的规定，各条文之间有互补作用，在组织谈判时协调进行。

（1）条件一致规则，即在合同文本中各条款与各文件之中对同一事物的规定应该一致，以避免合同内容混乱，甚至失效。例如，合同保证条件应与合同的标的条件一致，合同的惩罚条件应与合同的价格条件一致。又如，合同正文对验收条件明确规定："一次验收不合格，可进行第二次验收。第二次验收时，若责任在卖方，一切费用由卖方承担。"而技术附件中不可规定："一次验收不合格时，可进行第二次验收，第二次验收时，若责任在卖方，则买方不支付卖方技术指导费。"如果这样，两个规定中会出现"一切费用"和"技术指导费"的差异，造成混乱。

（2）互补规则，即在合同文件谈判时，各条文之间应互相补充、互相引证。例如，数字条件不能代表全部交易条件时，以文字条件的规定予以补充。又如，在合同检验条款中，要补充说明检验标准。再如，合同的罚款计算公式可在合同正文描述，也可作引证见合同附件。应当注意的是，作为互补的引证形式出现时，必须有完备的相互引证的规定，否则，互相引证不仅不能落实，反而可能成为谈判中的漏洞。

（3）协调规则，即各条文和各文件的内容及条件的谈判要有协调性。从谈判组织的角度讲，要精细协调。缺乏协调就会使条文与文件的结构内容、条件、谈判的次序产生混乱，谈判效果一定不好。例如，合同止文的谈判、商务价格谈判、技术附件谈判或先后或平行进行，谈判进度的快慢等均会使条文的规定对商务条件起到积极保护的作用或者带来消极失算的恶果，关键在于适当的协调。从协调角度讲，在有关正文、附件、商务之类谈判中，凡涉及程序性条文或条件的均可独立谈判，凡涉及有价条文或条件的均应在统一协调下进行。

3．公正实用

公正实用原则指合同文本规定的义务，对合同项下交易来说是客观的，对交易双方来说是平等的，其履约的概率是可执行的。公正实用原则的特点表现为以下三点：合法性、均衡性、现实性。

（1）合法性。在合同正文的谈判中，不论参加者是商务人员还是律师，也不论其谈判力量是否对等，一切条文的本质精神都应符合合同项下交易的行业和国际公认的习惯或相关法律精神，以及交易各方所在国的有关法律规定。否则，看起来十分漂亮的合同只不过是一纸空文，双方的谈判也会毫无成果。

（2）均衡性。均衡性系指合同条文从整体形式上到实质的义务规定上对交易双方来说对等的特征。这里反映的是文字对等与条件对等。文字对等既反映在整体条文的结构上，也反映在每条的写法上。例如，在整体条文上有三条限制甲方的义务，也就必有三条限制乙方的义务，或者说有一分支付必有一分服务或保证与之对等。这类手法可以成句成段地表现，也可以成章成节地表现。不过应注意，形式上对等固然重要，但不宜苛求。应该着意追求的是条件的对等。这正是通常说的“好听的不如实惠的条件”。条件的对等是均衡性的本质。它不仅表现在买卖的对价上，还表现在对价的实际分量即质的价值上。

（3）现实性。现实性指合同条文的规定易懂易行的特征。有的律师或商务人员喜欢追求文字的漂亮、严格，但系“花架子”，不易读懂，执行时也不易兑现。例如，有的空承诺诸如“可靠性可达×PPM”“可提供一切新技术”等条件。但在实际执行时，如何证明达到标准？其测试费用极其昂贵，时间也很长，不易在短期内实现。虽然数据很漂亮，但若无大量产品、用户、时间投人试验，基本上可称为空话。在合同条文的写法上要争将来的利益，但更要注重眼前的、现实的、即刻兑现的利益，切不可画饼充饥，更不可用即刻支付去换远期的承诺。

4．随谈随写

随谈随写原则指合同文本谈判中，必须坚持随着谈判议题的完成，将结果写成文字，纳人条文之中的做法。该原则反映在三方面：口头协议变文字协议、文字完成及时、过后文字严审。

（1）口头协议变文字协议。谈判合同条文从表意开始，多为口头来、口头往，有时双方表意上似乎达成一致，这是积极的前兆，但不等于真正的协议。只有在文字上也表述出相同意思，才可称为达成协议。这一规则从以文字为准的经商习惯看，已无可争议，但做起来并不简单。首先，要使口头上的协议理解不走样，准确表述双方立场，力争口头上的意见成为真正协议。其次，从口头转到文字时，文字表述要准确翻译口头协议，不应因遣词、造句而曲解口头协议的精神。最后，在从口头到文字的转换过程中，严防反悔口头协议的内容。

（2）文字完成及时。该规则要求合同条文的谈判应及时完成文字工作，以减少误会。最及时的方式是文字来、文字往的谈判方式。具体讲是，合同条文谈判时必须以文字草案为依据，逐条讨论，逐条修改。修改时，应以书面形式提出方案；讨论时，以文字提案为据；结束谈判时，文稿也随之完成。各方所拥有的成稿均具有一致的文字表述。那种先谈后写文字的做法虽然可行，但效率较低。表面看似乎谈得挺快，实质上慢，且易有反复，误会更是常事。

（3）过后文字严审。这一规则系指因种种原因不能及时形成文字定稿，而是在事后、

隔天才出文字或出清稿的情况下，必须坚持严格的文字审查的做法。从合同正文的谈判组织角度讲，凡不是一气呵成的文字条件均属“过后文字”，都应十分谨慎地予以审核。严审体现在逐字、逐句、逐页上，一项都不能漏。若有遗漏，定有隐患。例如，有的谈判手利用清稿将保函改为信用证，一处改动，义务分量大变。又如，某项目撰稿有三种文字的文本，由于核审时漏审最后一页，结果三种文本的最后一页关于交货数和进度的描述不一致，造成纠纷。

5．贯通全文

贯通全文的原则指在谈判后期应注意定稿前对所有合同条文及文件做整体的审核，以使各部分的表述互不矛盾、互相补充、互相依靠，从而有机地组合成一个完整有序的合同文件。

（1）互不矛盾。合同条文和文件全部完成之前的首要定稿条件是各条内容及规定、合同各文件之间条文不可自相矛盾。在由多个主谈人完成各种合同文件的情况下，这个问题尤显重要。

（2）互补互存。互补互存是文章常用的手法，也是合同条款和附件具有的特性。但是否真正具有了这一功能，则是定稿时贯穿全文的审核任务之一。例如，有的条款讨论了增补的试车材料，但支付条款却遗漏了补充相应的支付方式规定；有的条文在检验中规定不合格罚款，计算方式见附件，而在讨论附件时，因人员更换而漏了该项，整个合同条文及文件因此失去了互相依靠的作用。

（3）有机有序。有机有序的规则指全部的合同条文和文件在逻辑内涵和排序上应处在合适的位置。讲有机，即指各条文和文件在合同交易的作用上均具有各自的地位，既不互相重复，也不显得本末倒置。例如，基础条款与补充条款、主文与辅文、附件的关系泾渭分明，关系和谐，作用明显。讲有序，即指各条文的排序及篇、章、节、段恰到好处，使全文浑然一体，逻辑鲜明。

（三）合同附件的谈判原则

从合同附件的谈判看，解决分歧的谈判原则有三：运用行业惯例、与合同正文条款挂钩、与价格条件挂钩。

1．运用行业惯例

运用行业惯例原则要求谈判中引入行业惯例以解决分歧。这也是标准原则。因为不论谈判手多么机敏，也无法改变行业中已经形成的认识与做法，即为具有该行业知识的人所承认的具有一定刚性的惯例。例如，继电器是否要做硫化试验、防烟雾试验，这不是卖方主管愿意不愿意的问题，而是电子元件行业对应用于环境苛刻的产品的普通要求。又如，对于产品的合格率，尽管卖方会故意保护自己，但行业标准告诉人们，若某产品合格率低于某数，则视为不正常。

2．与合同正文条款挂钩

与合同正文条款挂钩原则要求附件谈判时参照合同正文相关条款的规定，这是挂钩原则。行业习惯的原则会使不少纠纷得以解决，但仍应与合同条文结合处理。与合同条款挂钩，出于两种原因：一是通过商务人员、法律人员的谈判支援技术人员的谈判。二是通过技术附件和合同条款的联合谈判使双方条件显得平等和均衡。

3．与价格挂钩

与价格挂钩原则要求附件谈判时将其条件与合同价格条件联合处理。这也是价值平衡原则。由于技术附件文字所能同意的条件均可给出一定的价值，在谈判遇到分歧时，常可在合同价格谈判中再次审议，以价格为筹码，使货的多少、服务的周到与否的谈判分歧得到解决。这种价格挂钩的谈判组织方法对解决技术附件的谈判分歧很有效。不过，技术附件的主谈人应敢于、善于坚持自己的立场，并及时与商务主谈人沟通情况，协调谈判行动方案，以保证这一原则凑效。

三、合同有效的条件

我国《合同法》规定，合同订立采用意思自治原则，法律不再强制规定双方的权利义务和违约责任。为了实现合同签订的根本目的，预防和减少合同纠纷的发生，在签订合同时必须注意以下事项：

（1）合同主体要合格。合同的主体即合同当事人具有签订合同的权利能力和行为能力，即缔约能力。合同主体不合格，则可能导致合同无效、效力待定或无法履行。

（2）合同的内容、形式和程序要合法。订立合同是一种法律行为，合同只有从内容到形式、程序都符合国家法律和政策要求，才能得到国家的认可，当事人的权益才能受到保护，签订合同的经济目的才能实现。

（3）代理要有效。代理人必须事先取得委托人的授权，并根据授权范围以委托人的名义签订，才对委托人直接产生权利义务。因此，在签订合同时，一定要审查对方代理人的代理身份和代理资格。

（4）合同的格式和文字要规范确切。合同的格式是合同的表述程式，订立合同时应尽量参照合同范本，并结合具体情况订立。作为一种法律文书，合同的格式应有一定的规范性，以保证其内容的完整性，使合同内容合理、清晰、严谨，同时有利于合同的归档和保存。

（5）注意签好合同的普通条款。签订合同时除了签好标的、数量、质量、价款或酬金、履行期限、地点和方式、违约责任等主要条款外，还要签好主要条款以外的普通条款，如合同争议解决方式、合同终止、解除的条件等。

四、合同的签字

合同起草之后，谈判双方必须在上面分别签字盖章，合同才最终形成与生效。在合同的签字阶段，要注意以下几点。

（一）签字前的审核

合同文件撰写完整后，谈判者在签字之前，一定要对合同的文本进行充分的审核，审核其文本的一致性（在国际贸易中，用两种语言撰写的合同）、合同内容与协议的一致性、合同本身内容的完整性以及合同内容是否有歧义。在审核中如果发现问题，应及时互相通告，取得双方谅解后，调整合同内容。

（二）签字人

合同的签字人一般是由企业法人代表或其授权人签字，因此不一定是谈判的主谈人。在目前的业务中，签字人有以下几种情况：金额小的合同由业务员或者部门经理签字；金额较大的合同由部门经理签字；成交金额大，内容系高技术领域的合同由公司领导签字；交易内容涉及政府或者交易履行与政府相关时，由政府代表和企业代表在合同的某些文件中共同签字。

（三）签字仪式

一般情况下，商务谈判结束时都会有一个签字仪式，这代表谈判双方对谈判的重视，也显示了合同本身的分量和影响。根据合同内容的不同，选择签字仪式的地点和参与人员也各不相同，这些内容在本书的礼仪章节里有详细表述，在此不在赘述。

第二节　商务合同的结构

一、合同正文的结构

合同正文系合同的主体文字，由基本的条款构成。换句话说，正文的条款即可建立一种权益与义务，形成法律的约束力。它是任何一笔交易的主要法律描述。

（一）正文条款的构成

应该承认，正文条款构成依交易而变。为了理解构成条款及内容，不妨从复杂的角度看其构成内容。

1．最基本构成

从有关合同的法律与国际公约看，使交易成立的约定为三点：标的、价格、交付方式。只要双方明确了这三个内容，合同即成立，双方的承诺即具约束力。可见，作为合同成立的最基础的构成包括这三个条款：标的条款、价格条款与交付条款。对有些交易而言，双方谈清、认同了这三点，即可履行合同。不过，对有些交易，则还需在这三个条款的基础上扩充、补充一些条款，才能把义务与权利说清楚，以便执行合约。

2．扩充（补充）构成

从某种意义上讲，商务条款的扩充很难历数，仅以货物的成套买卖合同，即包括货物本身的设计、制造、技术和手段、服务、原材料供应的交易为例，可略见合同条款结构扩充的原因与思路。一般在三条最基础的条款之外，还可补充一些其他条款，如合同引言条款、合同支付条款、服务条款、经济技术指标条款、验收条款、验收标准条款、违约处罚条款、原产地条款、税务条款、法律适用条款、免责条款（不可抗力或不可预见条款）、保证条款、保密条款、工业产权条款（关于伪造与剽窃条款）、技术更新条款、配套地方化条款（国产化条款）、零配件供应条款、许可证产品销售范围条款（领土条款）、技术资料条款、会计及检查条款、许可证产品的修改和改良条款、持证人对许可证产品的修改和改良条款、对专利无效性的诉讼、维护专利有效性条款、设计联络条款、争议处理条款仲裁条款）、生效条款等。

（二）条款的内容要求

正文中各条款的任务，即基本内容的要求如下。

1．引言条款

明确交易当事人（名称、地址、企业性质）、交易理由（多为“鉴于”一类的说明）。

2．标的条款

明确交易物的名称、特性（物理的、化学的、机械的、电气的或其他可定性的指标）、数量要求。

3．报酬条款（亦称价格条款）

明确交易标的价值（价格），复杂交易还需列明分项价格（即按构成交易的主要内容列价），以及支付货币。

4．支付条款

简单的交易在报酬条款中即规定了支付方式，复杂的交易常用支付条款。该条款需规定：价格性质——是固定价还是浮动价，以及反映价格性质的条件，即根据什么因素调价；支付的方式——是承兑交单、银行电汇还是信用证支付；支付的进度或时间——有无预付

金或保证金，付款批次及每次钱数、支付的凭证；支付的流向——受益人与账号。以货物支付时，还要明确时间要求及差额平衡的问题。对于远期支付条件，还要明确是否另计利息，有时在支付条款中还特别明确延迟支付的处理办法。

5．服务条款

服务条款含义较广泛，总的讲是提供技术协助的意思。一般包括交易双方的技术人员和管理人员的相互流动。如一方人员在己方提供或在对方现场提供技术培训和指导，另一方人员则来己方或在其本土现场接受培训和指导。在条款的写法上，常常将其写成两部分：技术培训和技术指导。在技术培训部分，主要明确受训方的人员人数、业务水平、专业，受训时间、地点和方式，受训时的生活待遇，生病、不称职、违反规定时的处理方法，家属问题，结业方式等。在技术指导部分，主要明确提供技术指导方人员的人数、专业及水平，指导时间、地点和方式，指导时的生活待遇，生病、不称职及违反规定时的处理方式，家属问题，结束方式等。

6．经济枝术指标条款

主要明确达到标的要求所需保证的人力、物力条件（额定的条件），包括按过程核定所需人数、专业，面积、环境条件（空调、净化要求），动力消耗（水、电、气），劳动效率和合格率等要求。

7．验收条款

视交易而定，主要明确在交付后开箱时应检验的科目：外观及数量；安装后应检验的科目：通电（负荷、冲空转）、试运转（加载、试制产品）、小批量试车（投一定量的料）等。若为单机交易的验收，到此即可结束。如系成套项目，还要加上连线试生产（小批量投料，全线流通看结果、工艺水平）。此外，还要明确合格或不合格时的处理办法。

8．验收标准条款

明确按什么技术标准进行检验，若无完全合适的对应标准，则要明确检验的具体程序和要求。

9．交付条款

明确标的物的交付状态、包装条件（散装、箱装、集装箱、空调、防潮、防震）、储存条件、运输方式（陆、海、空运），货物放置位置要求（甲板与底舱）、唛头要求、保险险别及责任方、双方联络方式、单据交付方式、事故及责任的归咎原则、交付时间、交付地点等。

10．违约处罚条款

有的当事人在该条款中主要明确交付延迟时的处罚规定，从按日处罚的百分比到终止日期均予以规定，甚至可能撤销合同。有的当事人则在该条款中明确：延迟交付的处罚规定、表面缺陷的处罚规定、隐性缺陷的处罚规定、轻微缺陷的定义及处罚、严重缺陷的定义及处罚。

11．原产地条款

明确商品的生产或制作以及具有法律效力的证明文件，违反该规定的处罚办法。

12．税务条款

明确交易的税务责任，即什么税、在什么地方产生的税、由谁缴纳、如何避免双重课税等。

13．法律适用条款

明确交易受什么法律管辖，即管辖合同的法律以及处理合同纠纷的法律。

14．保证条款

明确对交易标的的品质保证，以及实现该保证的前提。在有的交易合同中，该保证条款为一系列保证：保证标的物用料为全新、品质全优、性能先进、现代化，保证寿命，保证结果以及相应各种保证的先决条件。

15．保密条款

明确合同内容的私有性，对技术资料、技术诀窍、交易本身保守协密的义务以及解除这种义务的条件、泄密的后果等。

16．工业产权条款（有时也叫反伪造与剽窃条款）

这是旨在明确产权的归属，规定若交易人发生伪造或剽窃时的处理方式和法律、经济后果。

17．对专利无效性的诉讼条款

这是技术或专利交易中受让人或购买人的保护性条款，旨在明确专利使用不合法或专利没有受到法律保护被第三者侵权引起诉讼时的处理办法，以及对后果的各种责任。

18．维护专利有效性条款

明确专利交易中受让方或购买方应承担的义务，即在专利使用地使专利同样具有效力（当地注册的义务），同时转让方要根据本地专利法使自己的专利在交易期间保持有效的义务。

19．技术更新条款

明确交易标的的制作技术在执行过程中发生根本性变化（如市场消失、技术革新）时的处理办法。一般在保证条款中，技术贸易合同的保证是全新技术。一般而言，过时与陈旧技术情况不会发生，但不少当事人仍保留了该条款以求双保险。

20．许可证产品设计、修改和改良条款

明确许可证所有人在对其转让产品结构、工艺进行修改和改良时对受让人的义务。由于修改和改良具有不同的技术深度，对产品影响深度也不同，处理方式亦有异。

21．持证人对许可证产品修改和改良条款

明确持证人对许可证产品、结构、生产工艺修改的先决条件，以及改良之后对许可人的义务。

22．配套地方化条款（国产化条款）

该条款是买方条款，主要明确标的物的制作原料、零配件、工装夹具、仪器仪表、装备设施的范围及实现当地化义务的进度。

23．零配件供应条款（也叫货物供应条款）

这是卖方条款，主要明确买方需向卖方或技术转让方购买其零部件或成套散件的义务，包括购买的范围、数量与时间，有时还包括原则的价格条件或定价原则。

24．技术资料条款

主要明确交易标的所应附有的资料范围，其内容深度、准确度、可辨度、语言、介质形式（底图、蓝图、胶片、磁盘、普通纸张）、份数以及交付的方式（运输、包装、时间）。此外，还规定有使用范围、保管方式、交易中止或结束时的处理方式。

25．会计及检查条款

对于在交易执行后方才计算报酬或需提成、分红的交易合同，该条款明确双方认可的会计制度、操作人员、审核的制度。

26．设计联络条款（亦称技术联络）

主要明确交易双方在进行工程设计、工艺设计或技术准备阶段，双方工程技术人员、设计人员需要互相配合时而产生的联络工作的义务。对此，应规定时间、地点、人数、次数、任务、费用责任等，有时也对其工作质量提出责任与后果的明示要求。

27．免责条款（亦称不可抗力或不可预见条款）

明确当事各方在什么条件下可以对合同义务免责，以及当发生这种条件时双方应履行的义务，即通报、举证、补救以及最后的处理措施。

28．争议处理条款

明确各种处理的可能性：当事人的协商、第三者的调节、仲裁、诉讼、各种可能的前提条件、具体操作程序以及最终效应。由于在国际商业谈判中，交易各方为了维护企业形象和商誉，多采取仲裁形式处理纠纷中不能自己协商解决的部分，故该条款也称为仲裁条款，用以明确仲裁的前提、方式、程序、规则与适用的法律。

29．生效条款

明确合同生效必备的条件，合同正本的语言、份数及分配，合同的效期，合同修改程序与效力，合同的解释，合同的中止或终止的处理等。

二、附件的构成与内容要求

合同的附件是合同正文的延伸与细化，是合同不可分割的组成部分。合同附件的多寡与交易复杂程度有关。

（一）附件的构成

不论交易复杂与否，在货物交易中常见的合同附件有三大类：技术附件、政策性附件和金融性附件。各类附件又有各自的分类附件。

1．技术附件

技术附件包括技术指标、技术资料、供货清单、技术服务、工程进度、联合设计、联合制造、适用当地原材料清单、验收方法与处罚计算等。

2．政策性附件

政策性附件包括带有外交色彩的与政府承诺有关的文件，其内容较为敏感，名称多为“××的谅解备忘录”“关于××的协议书”或“关于××的声明”等。这类附件均为商业秘密，有的甚至是外交秘密。

3．金融性附件

金融附件包括双方金融代表机构出面谈判的合同项下的信贷协议、双方认可的银行保函格式、质押证明或抵押公正等金融与法律相结合的文件。

（二）附件的内容要求

一般讲，合同附件中各分类附件的存在起补充说明作用，并要承担交易文本的某一任务，从其内容即可证明。

1．技术指标附件

技术指标附件是对合同标的内容描述的补充，也是突出合同正文主旨的一种技术保证。该附件要以文字或图表形式详细描述交易物的各种特性。如产地、规格、制造条件、工艺过程、技术参数、动力保障、原材料要求。

2．技术资料清单附件

技术资料清单附件是合同技术资料条款的细化与补充。它应逐类逐项罗列各种资料的名目以及各名目应达到的技术要求，以使交易的技术水平落在实处。依交易不同，这些资料名目也不同。如单项交易应有产品图纸、维护手册等；成套项目交易应有产品图纸、模具、工装图、平面布置图、工艺操作文件、气象与地质资料、动力布线图、地基图等。对于带技术转让的成套项目或技术交易，在资料细目中通常会反复强调技术的成熟、适用与先进的原则。

3．供货清单附件

供货清单附件是成套项目交易合同中有关货物内容的细化和延伸。它的任务是以表格和说明的形式将交易物的构成细目一一列明，并逐一定性、定质、定量、定价。通过文字要说明对交易总目标的要求能否保证。如生产线的供货交易要说明供货清单所罗列的货物（可能是设备、仪器、原材料或别的所需品）能否满足生产大纲的要求，即设计要求。生产设备以什么样的负荷率达到要求，对地基与工作环境有何要求。

4．技术服务附件

技术服务附件是技术服务条款的细化。其结构是围绕专业、人数、时间、待遇、任务，明确细节。主文未讲的细节，附件一定加上。由于附件不怕厚，故交易条件的细化——各种假设及处理的措施均在附件中完成补充规定。

5．交付进度附件

有的合同中有进度条款——交付期限。而对复杂的交易，如成套项目或大型工程项目，为了说明双方对进度的责任与进度中的意义，要单列交付进度附件。其结构是以进度表的形式形容双方进度的衔接，用文字明确每个进度中的任务内容以及违反时的措施。

6．联合设计附件

联合设计附件是设计联络条款的细化。其结构主要是细化双方总体的设计分工、每次联络的具体任务与时间、总体设计进度，以及应准备出的资料与图纸、联合设计的目标和未达目标时的措施。

7．联合制造附件

联合制造附件是某些合同的设计联络条款或联合制造条款的细化与延伸。其结构是明确制造物与制造图纸的完成与审核、制造工艺的核定、产品部件的检查、成品组装的要求、验收方法及最终质量的责任。

8．选用当地原材料清单

选用当地原材料清单是国产化条款的细化。该附件结构包括应分期予以代用的当地原材料细目清单以及如何代替的程序、质量保证措施等。

9．验收方法附件

验收方法附件是合同验收条款的细化。其结构是针对合同要求验收的目标，有针对性

地从技术角度提出每个过程的规范（手段与条件）、评价的手段和方法、重复验收的条件及处理措施

10．政府间的理解备忘录

政府间的理解备忘录是针对交易中最敏感的问题诸如技术级别、税收、资金等做出的某种承诺。其内容集中、文字简洁、保密性强。

11．当事双方协议

当事双方协议是当事双方为解决某些敏感问题达成的协议。其内容较为复杂，包括事由、双方态度、拟采取的措施、对可能后果的处理办法等。

12．信贷协议

信贷协议是当事人代理银行间达成的买方或卖方信贷协议，双方政府委托相关银行与当事人代理行之间的信贷协议。该协议系金融协议，采取银行之间的格式或银行谈判代表认可的格式，其内容包括贷款用途、贷款来源（性质）、金额、使用程序、还贷方式、本息和管理费的计算、违约的处理等。

13．保函格式

保函格式是当事人之间达成的由当事人代理行开出的银行保函格式。它可以是履约担保，也可以是预付款和保证金的担保，其内容有：担保的合同及相应金额、保函生效的条件、兑现的条件、启用兑现保函后的结果及保函的有效期。

14．名词解释（定义索引）

名词解释附件主要为技术用词或交易双方认为需明确的合同用词的标准定义。交易各方为了减少误解，将交易涉及专业术语（技术的、法律的、商业的）编成一个词汇表，以明确含义。

从上述条款的结构与内容看，下文与附件有二者合一时体现的整体特性又有二者独立时自身体现出的个性。这些特性决定谈判组织。

【范例】购销合同

购销合同

需　　方：　　　　　　　　　　供　　方：

电　　话：　　　　　　　　　　电　　话：

传　　真：　　　　　　　　　　传　　真：

第一条　合同标的

1.1　本合同标的为__________向需方提供密闭气罩系统，包括设备供货、技术服务（包括技

术资料、使用说明、维修保养手册等）、质保期保障等服务。

1.2　供货范围、技术标准及价格：《__________统技术文件》。

第二条　价格

2.1　合同总价（含税）：人民币__________，即人民币_________整。

2.2　所有货物的价格包括了设备及随机附件的制造、包装、17%税费以及验收、安装、调试、技术服务（包括技术资料、使用说明、维修保养手册等）、运费及质保期保障等的全部费用。

第三条　付款

3.1　付款方式：________________。

3.1.1　合同签订后，需方向供方支付合同总价30%作为预付款；货物制造完成后，凭供方发货传真，需方前往验货合格后，发货前付到合同总价的 85%（分批发货，分批付款）。合同内货物安装完后付合同总价10%，质量保证金5%，无质量问题一年后付清。

3.1.2　付款方式：承兑汇票。

3.2　发票

3.2.1　本合同所指之发票均为17%增值税发票。

3.2.2　边付款，边开票，需方付到95%款时，供方应开具合同总额的全额发票。

第四条　交货、安装与交货安装条件

4.1　发货时间：合同生效后80天内供方开始发货。第一批将气罩骨架、换辊装置、送风总管、支管、吹风箱发齐；90天内将气罩板、风机、热回收等其余部件全部发完。

4.2　安装周期：从80天安装起，40天安装完毕；　如因需方的原因影响安装周期的，可以顺延。

4.3　交货地点：需方安装厂区内。

4.4　货到需方交货地点后的卸货由供方应有人到场查验、指导，需方提供起重机械或叉车卸货。

4.5　货物验收：供方于交货时需提供《合格证》、《出货清单》，买卖双方按供方出具的《出货清单》和本《合同书》以及国家相关标准验收。

第五条　包装与运输与安装

5.1　设备包装采用厂家标准包装，但供方保证该包装是适合长途运输和吊装要求的。

5.2　运输责任：供方负责。

5.3　设备运输方式：供方负责确定。

5.4　供方安排4~6人进行安装，需方指派2~3人配合供方一起进行安装，需方为供方安装人员免费提供食宿。

第六条　质量技术保证与售后服务

6.1　质量技术保证：

6.1.1　供方保证所提供的设备在工作环境下达到本合同规定的运行参数，并保证其在合同规定的质量保证期内，对因提供的设计、工艺、制造、安装、调试或材料缺陷等原因引起的地生产的任何缺陷、、故障和损坏负责。

6.1.2　供方保证所供的设备是全新的，未使用过的，采用先进的设计和合适材料制造，并在各个方面符合合同要求。

6.2　售后服务：

6.2.1　产品保证期自设备交货之日起 18 个月。

6.2.2　质保期内，如设备出现故障，供方在接到需方的书面通知后，将在 24 个工作小时内回复或在 48 小时内到达现场处理问题。如果故障责任在需方，则发生的维修费用(包含维修人员交通、食宿、零部件等费用，但不包括维修服务费）由需方承担；如果责任在供方，则发生的一切费用由供方承担。

第七条　不可抗力

供方对由于在制造、运输过程中出现的不可抗力因素而延期或未发货将不负责任，当事件发生时供方应在上述（不可抗力因素）发生后立即告知需方，并由供方提供由不可抗力发生地政府出具的官方事件证明。在此情况下，供方应采取切实的补救措施加快设备的交货。

第八条　违约责任

8.1　需方付款后，因供方原因不能按时发货，需方将按每周合同总价的 0.5%收取违约金。不足一周的按一周计算。违约金的总金额不得超过合同总价的 5%。从合同总金额中扣除。

8.2　如合同设备已生产完毕，但因需方原因不能按时出货，供方只提供仓储最长期限为 2 个月，超出此时限，供方有权对合同设备收取仓储费用合同总价的 1%每月。不足一月的按一月计算。违约金的总金额不得超过合同总价的 5%。

8.3　如合同执行过程中，因客户原因，项目推迟，需方应提前 15 日通知供方，合同期限相应顺延。

第九条　争议的解决

就合同执行过程中出现的一切争议，买卖双方应通过友好协商加以解决。不能达成协议，即可提交仲裁机构仲裁，也可向法院起诉。

第十条　合同生效、变更、终止

10.1　本合同由买卖双方盖章后生效。传真件有效。

10.2　对本合同条款的任何变更、修改或增减，须经双方协商同意后签署书面文件，作为本合同的组成部分并具有同等法律效力。

10.3　在本合同有效期内，本合同的技术文件和有关合同文本的变更以书面形式并由双方协商同意并签字盖章后生效。

10.4　本合同一式贰份，供需双方各持壹份，本合同的技术文件具有同等法律效力。供需双方同时约定合同传真件有效。

需　方：__________	供　方：__________
签约代表：______________________	签约代表：______________________
地　址：______________________	地　址：______________________
电　话：______________________	电　话：______________________
传　真：______________________	传　真：______________________
邮　编：______________________	邮　编：______________________
时　间：　　年　月　日	时　间：　　年　月　日

第三节　商务谈判的后续工作

当谈判双方就谈判内容达成一致，签订商务合同后，并不意味着谈判的终结，而是另一场谈判的开始。因为，在商务合同订立后执行的过程中，可能会因为种种原因使得一方的责任未能履行或者权利受到侵害而引起争议，从而导致另一场谈判的开始，这就是后续谈判阶段。谈判的后续工作主要包括合同的履行与管理、争议的处理等。

一、合同的履行

合同的履行是指合同订立后，即具有法律约束力，当事人双方必须按照合同的条件、时间、地点、方法努力完成自己承担的义务并取得应有的权利。

（一）合同履行前的谈判

在合同履行之前，由于多种原因，双方仍可能进行谈判。引起履约前谈判的原因主要有：第一，国际政策和宏观管理发生了变化。例如，政府宣布某些商品实行专营，禁止贸易等，这时卖方就不能履行合同了，如何解决这个问题势必得谈判双方重新谈判。第二，国际市场的变化。这种情况一般发生在国际贸易中，由于国际市场情况发生变化，从而引起诸如对外贸易管理变化、进出口配额改变、价格变化等问题，引起争议，导致谈判。第三，技术背景、资金、设备等发生变化，导致履约困难。第四，不可抗力的影响。以上多种因素都会导致在履约之前发生各种问题，总有一方因为这个问题不能履行合同而引发新的谈判。

（二）合同履行的原则

为了实现合同中所要达到的经济目的，双方当事人在履行合同所规定的条款时，首先，必须实际履行，即按照合同所规定的标准履行，不允许用其他财物代替。其次，要按照约定的条件全面履行，即按照约定的数量、质量、规模、期限、地点和方法履行。再次，当事人双方为了共同利益的实现，还应该协作履行合同，要通力协作团结，互相帮助共同完成合同规定的任务。

（三）合同履行的条件

通常，合同的履行有以下三种条件：

第一，先决条件。先决条件是指合同的履行必须以一定的事件完成为基础。如甲方 8 月份交货必须以乙方在 7 月 1 日前将信用证开到甲方为先决条件。

第二，后随条件。比如合同中的品质索赔期限，可以规定为货到目的地后，收货方须在 60 天内向交货方提出，收货方不在规定的期限内提出索赔，便失去了获得赔偿的权利。

第三，同时条件。同时条件是指合同中要求缔约的当事人双方都要同时行动的条款。如销售合同中的一手交钱，一手交货。买方只有做好付款准备，才能要求得到货物；卖方也只有做好交货准备，才能要求付款。

在进出口贸易中，合同履行的主要程序包括备货、催证、审证和改证、报验、报关和制单结汇等。

二、合同的管理

商务合同一经签订，便是具有法律效力的文件。为了保证合同的履行，合同的双方当事人还必须加强合同的管理，竭尽全力保证谈判成果的最后实现。商务合同的管理包括鉴证、履行、管理和监督等项内容。

（一）合同的鉴证

合同的鉴证是指工商行政管理机关根据合同双方当事人的自愿申请，依据国家法律、法令和政策，对双方所立合同的真实性和合法性进行审查的一种制度。鉴证是管理、保证合同履行的一种重要手段和有效方法，一旦签订了商务合同，必须进行鉴证。办理鉴证的程序通常如下：

（1）提出鉴证申请。

（2）向鉴证机关提交证明材料。

（3）工商行政管理机关对经济协议进行鉴证审查。

（二）合同的公证

商务合同的公证是指国家公证机关根据当事人的申请，依法对协议进行审查，证明其真实性、合法性，并给予具有证据效力的一种司法监督制度，也是运用法律手段管理商务合同的一种方法。商务合同的鉴证与公证的作用基本相同，鉴证由国家工商管理机关负责，在执行中若出现问题时，工商管理机关有权采取措施妥善处理，负责调解、仲裁。

三、争议的处理

顺利履行合同是谈判双方的共同愿望。但是，在现实中，由于经济活动的负责性，在履行合同的过程中，各种因素都会导致双方发生争议和纠纷。争议（Disputes）是指交易的一方认为另一方未能全部或部分履行合同规定的责任而引起的业务纠纷。争议的内容主要是关于合同是否成立、是否构成违约、违约的责任与后果等。

（一）引起争议的原因

对于合同履行过程中出现的争议，究其原因主要有以下几个方面：

（1）卖方不交货，或未按合同规定的时间、品质、数量、包装条款交货，或单证不符等。

（2）买方不开或缓开信用证（国际贸易中），不付款或不按时付款赎单，无理拒收货物，不按时派船接货等。

（3）合同条款的规定欠明确，买卖双方国家的法律或对国际贸易惯例的解释不一致，甚至对合同是否成立有不同的看法。

（4）在履行合同过程中遇到了买卖双方不能预见或无法控制的情况，如某种不可抗力，双方有不一致的解释等。

（二）争议的解决办法

合同争议的解决方式多种多样，一般来说，主要有以下四种。

1．协商

协商是在争议发生后，由双方当事人自行磋商，各方都做出一定的让步，在各方都认为可以接受的基础上达成谅解，以解决问题。合同当事人在友好的基础上，通过相互协商解决纠纷，这是最佳的方式。

2．调解

合同当事人如果不能协商一致，可以要求有关机构调解。如，一方或双方是国有企业的，可以要求上级机关进行调解。上级机关应在平等的基础上分清是非进行调解，而不能进行行政干预。另外，当事人还可以要求合同管理机关、仲裁机构、法庭等进行调解。

3．仲裁

合同当事人协商不成，不愿调解的，可根据合同中规定的仲裁条款或双方在纠纷发生后达成的仲裁协议向仲裁机构申请仲裁。

4．诉讼

如果合同中没有订立仲裁条款，事后也没有达成仲裁协议，合同当事人可以将合同纠纷起诉到法院，寻求司法解决。法院应及时受理诉讼，及时判决。一方对判决结果不服的，可以在一定的期限内向上一级人民法院上诉。

四、索赔谈判

索赔谈判是指合同义务不能履行或不完全履行时，合同当事人双方进行的谈判。在合同执行过程经常由于各种原因出现违约的情况，所以索赔谈判也是一种主要的谈判类型。

（一）引起索赔谈判的原因

在大多数情况下，索赔谈判是由于一方或双方违约造成损失，受损方要求对方赔偿的行为。无论是买方还是卖方违约，都需向对方承担赔偿的责任。遭受损害的一方为了维护自己的合法利益，保障自己的合同权利，会向违约的一方提出索赔，违约的一方受理该索赔，索赔谈判即开始。

（二）索赔谈判的特点

索赔谈判的特点主要有以下几方面。

1．针锋相对，紧张激烈

由于违约行为给某一方造成损失，所以，在谈判的初始阶段，双方就会摊牌，受损方会提出具体的索赔要求。而另一方马上针锋相对，提出自己立场。双方的这种较量不同于意向谈判与合同谈判，那种谈判是双方试探、摸底，以求最大限度满足己方要求的合作。而索赔要求是双方在合作中出现矛盾或重大分歧，给某一方甚至双方造成损失的情况下提出的，双方在感情上、行动上都比较冲动，态度也比较强硬，谈判的气氛自然也比较紧张。由于谈判人员处在解决问题的对立面，所以要达成赔偿的协议十分困难，场面也令人十分不快。许多谈判专家认为，索赔谈判是最为困难的谈判之一。

2．重合同、重证据

索赔是在合同基础上提出的赔偿要求。因此，必须按照合同条款确定内容，提出对方违约的责任和行为，并确定赔偿的金额和形式。所以合同是判定违约的唯一标准。

（三）索赔谈判的原则

索赔谈判，一般应该遵循以下原则：

1．友好协商

友好协商是索赔谈判最重要的一个原则。由于索赔谈判的性质特殊，不能因为自己是索赔的一方而咄咄逼人，要为以后的贸易往来考虑，尽量友好地解决争议。当然，如果友好协商实在解决不了问题，只好通过其他途径解决。

2．公平合理

在索赔谈判中，作为索赔的一方，不要借机给对方出难题，也不要趁机敲对方的竹杠。对方是己方的交易对象，是要长期合作的伙伴，这次己方使手段得了便宜，就会永远失去对方这个交易对象了。所以，在索赔谈判中，一定不能漫天要价，要注意公平合理，该索赔多少就索赔多少，不要任意地扩大或缩小。

3．有理有节

要做到有理有节，就要求索赔的一方事先收集足够的证据，务必在索赔期限内发起索赔谈判。在谈判之前，分清双方应负的责任，准备足够的资料，认真研究索赔方案，这样在谈判中才能让对方信服，从而在友好的氛围中结束谈判。不能在毫无证据的情况下无理取闹，这样会让对方看轻己方。

本章小结

本章主要讲述了商务合同的基本知识、商务合同的结构和商务合同的后续工作。通过本章的学习，读者应该掌握合同条款的特征和谈判原则，了解合同有效的条件以及合同签字要注意的几点；掌握合同正文的结构、附件的构成与内容要求；掌握如何履行合同和管理合同；了解争议的处理方式，以及如何进行索赔谈判。

复习思考题

1．合同条款的总体特征有哪两点？条款性质特征有哪些？条款的组合特征主要有哪几类？

2．合同谈判的总原则是什么？

3．合同正文谈判有哪几项原则？每项原则又各有哪些细则？

4．合同正文条款的基本构成与扩充内容是什么？其条款的基本内容是什么？

5. 合同附件有哪三类？三类附件包含哪些有代表性的附件，它们各应包括什么内容？

6. 合同履行的条件有哪些？

7. 解决合同争议的方式有哪些？

8. 索赔谈判的原则有哪些？

第八章　商务谈判策略

商务谈判既是一门科学，也一门艺术，是实力与智慧的较量，学识与口才的较量，魅力与演技的较量。使用策略的关键在于准确把握谈判对手的心理活动特点，分清对手的优势与劣势、长处与短处，抓住对手的劣势与短处，掌握分寸和进攻的时机，攻心斗智，施计用策，从而实现对谈判活动的控制，争取谈判活动中的最大利益。

【本章学习目标】

- 了解商务谈判策略构成要素；掌握商务谈判策略的特征；
- 掌握商务谈开局阶段的策略、商务谈判报价的技巧；
- 掌握商务谈判磋商阶段的策略和商务谈判结局阶段的策略；
- 灵活运用九战四十五策中的各种策略。

第一节　商务谈判策略的基本知识

商务谈判策略是指谈判人员在商务谈判过程中为实现特定的谈判目标而采取的各种措施的总和。主要是服务于目的的一些人为可以调动的行为和方法。在商务谈判中因为对手可能是不同背景的商人，甚至可能是外方，因此在进行商务谈判时己方所运用的策略，应该以对方能接受为条件。

多数商务谈判策略是事前决策的结果，是科学制定策略本身指导思想的反映，也是谈判实践的经验概括。它规定谈判者在一种能预见和可能发生的情况下，应该做什么，不能做什么。谈判中所采取的许多策略，都要经历酝酿和运筹的过程。酝酿和运筹的过程，也是集思广益的互动过程。只有经过这一过程，才能选择准确、恰当的商务谈判策略。

一、商务谈判策略构成要素

商务谈判策略的构成要素有内容、目标、方式、时机和要点。策略的内容是谈判策略运筹的核心，是策略本身在解决的问题；策略的目标是谈判本身所追求的什么，避免什么，是策略要完成的任务；策略的方式是策略表现的形式和方法。策略的要点是实现策略目标的关键点，如出奇不意，以速制胜；也是策略的运用条件和时机。

二、商务谈判策略的特征

商务谈判策略不仅有其质的规定性，而且还有其独特的特征，这些特征是长期的商务谈判的实践经验和教训的基础上总结出来的，其特征主要有以下几点。

（一）针对性

商务谈判是一种针对性很强的活动，只有谈判双方或多方为了满足某种需要才坐在一起交谈、沟通和磋商，在商务谈判中，任何策略都有其明显的针对性，这必然是针对谈判桌上具体情形而采取的谋略和一系列举措。

在商务谈判中，谈判人员一般主要针对谈判的标的、内容、目标、手段、人员风格以及对方可能采取的策略来制定己方的策略。有效的商务谈判必须对症下药，有的放矢。在商务谈判中，卖方为卖个好价，实施“高价报价”策略，买方针对这种情况可采取“吹毛求疵”的策略。策略与反策略的运用是商务谈判针对性最明显的特征。

（二）预谋性

商务谈判集中体现了谈判者的智慧和谋略，在一定意义上讲，商务谈判策略是谈判人员集体智慧的体现，在谈判中，策略的运用不是盲目的，无论遇到何种情况，出现何种复杂的情况，选择和使用怎么的应对策略，谈判人员事先要进行商讨和策划。谈判策略的预谋性即反映了谈判人员对主客观情势的分析、评估和判断，又一定程度上检验了商务谈判调查情况的真实性和准确性。在商务谈判中，若没有事先策划与之对应的策略，一定会处处被动。

（三）时效性

几乎所有的商务谈判策略都有时间性和效用的特点，一定的策略只能在一定时间内产生效用或效用最大化，商务谈判策略的时效性表现在：

（1）在特定的时间和时刻之前使用。如“以柔克刚策略”在谈判出现危难局面或对方坚持不相让步时，采取软的手法来迎接对方硬的态度，避免正面冲突，从而达到制胜目的的一种策略。

（2）某种策略适合在商务谈判过程中的某个阶段。如“声东击西策略”是指一方在商务谈判中处于优势地位时，以求实现自己的谈判目标而采取的策略。

（四）随机性

在商务谈判中，无论考虑得多么周密，方案计划得多么详细，都会因时因地因环境而使一些事前谋划的策略不产生任何意义，而达不到预期的效果，因此应随时吸收信息，及时作出反馈，调整策略。如谈判无法深入进行时，可以采用“制造僵局”策略。

随机性是根据谈判过程的具体情况，改变策略表达的方式或做法，它丝毫不改变谈判事先确定的目标。谈判策略是为谈判目标服务的。故谈判人员要牢记，“敌变我变，以不变应万变”。

（五）隐匿性

在具体的商务谈判中，谈判策略一般为己方知晓，而且应尽可能有意识地保密，其目标在于预防对方运用反策略，在谈判中，若对方对己方的策略了如指掌，对方会在谈判中运用反策略，反而使己方处于被动地位，对己方不利。

（六）艺术性

谈判策略的运用及其效果必须具有艺术性，一方面策略的运用要为自己服务，为实现己方的最终目标服务，另一方面为了使签订的协议保证履行，必须具有良好的人际关系，人际关系的好坏是判断商务谈判成功与否的标准之一。艺术地使用谈判策略体现了谈判人员水平的高低、技巧的熟练程度、运用是否得当等。

（七）综合性

商务谈判策略是一种集合和混合概念，包括在商务活动中的方式，技巧、战术，措施等的综合运用。迄今为止，还没有发现一个单一很突出的谈判策略。

第二节　商务谈判各阶段策略

一、商务谈判开局阶段的策略

谈判开局策略是谈判者谋求谈判开局有利形势和实现对谈判开局的控制而采取的行动方式或手段。营造适当的谈判气氛实质上就是为实施谈判开局策略打下基础。

（一）一致式开局策略

所谓一致式开局策略，是指在谈判开始时，为使对方对自己产生好感，以“协商”“肯定”的方式，创造或建立起对谈判的“一致”的感觉，从而使谈判双方在愉快友好的气氛中不断将谈判引向深入的一种开局策略。

一致式开局策略的目的是创造取得谈判胜利的条件。运用一致式开局策略的具体方式还有很多，如在谈判开始时，以一种协商的口吻来征求谈判对手的意见，然后，对其意见表示赞同或认可，并按照其意见进行工作。运用这种方式应该注意的是，拿来征求对手意见的问题应是无关紧要的问题，即对手对该问题的意见不会影响到本方的具体利益。另外，在赞成对方意见时，态度不要过于献媚，要让对方感觉到自己是出于尊重，而不是奉承。

一致式开局策略的运用还有一种重要途径，就是在谈判开始时以问询方式或补充方式诱使谈判对手走入你的既定安排，从而在双方间达成一种一致和共识。所谓问询方式，是指将答案设计成问题来询问对方，例如，“你看我们把价格及付款方式问题放到后面讨论怎么样？”所谓补充方式，是指借以对对方意见的补充，使自己的意见变成对方的意见。采用问询方式或补充方式使谈判逐步进入开局。

（二）保留式开局策略

所谓保留式开局策略是指在谈判开局时，对谈判对手提出的关键性问题不作彻底、确切的回答，而是有所保留，从而给对手造成神秘感，以吸引对手步入谈判。

注意采用保留式开局策略时不要违反商务谈判的道德原则，即以诚信为本，向对方传递的信息可以是模糊信息，但不能是虚假信息。否则，会将自己陷入非常难堪的局面之中。

保留式开局策略适用于低调气氛和自然气氛，而不适用于高调气氛。保留式开局策略还可以将其他的谈判气氛转为低调气氛。

（三）坦诚式开局策略

所谓坦诚式开局策略是指以开诚布公的方式向谈判对手陈述自己的观点或想法，从而为谈判打开局面。

坦诚式开局策略比较适合于有长期的业务合作关系的双方，以往的合作双方比较满意，双方彼此又互相比较了解，不用太多的客套，减少了很多外交辞令，节省了时间，直接坦率地提出自己一方的观点、要求，反而更能使对方对己方产生信任感。

采用这种开局策略时，要综合考虑多种因素，例如，自己的身份、与对方的关系、当时的谈判形势等。坦诚式开局策略有时也可用于谈判实力弱的一方谈判者。当本方的谈判实力明显不如谈判对方，并为双方所共知时，坦率地表明自己一方的弱点，让对方加以考虑，更表明己方对谈判的真诚、同时也表明对谈判的信心和能力。

（四）协商式开局策略

协商式开局策略指以协商、肯定的语言进行陈述，使对方对己方产生好感，创造双方对谈判的理解充满“一致性”的感觉，从而使谈判双方在友好、愉快的气氛中展开谈判工作。协商式开局策略比较适用于谈判双方实力比较接近，双方过去没有商务往来的经历，第一次接触，都希望有一个好的开端。要多用外交礼节性语言、中性话题，使双方在平等、合作的气氛中开局。比如，谈判一方以协商的口吻来征求谈判对手的意见，然后对对方意见表示赞同或认可，双方达成共识。要表示充分尊重对方意见的态度，语言要友好礼貌，但又不刻意奉承对方。姿态上应该是不卑不亢，沉稳中不失热情，自信但不自傲，把握住

适当的分寸，顺利打开局面。

（五）进攻式开局策略

所谓进攻式开局策略，是指通过语言或行为来表达己方强硬的姿态，从而获得谈判对手必要的尊重，并借以制造心理优势，使得谈判顺利地进行下去。

采用进攻式开局策略一定要谨慎，因为，在谈判开局阶段就设法显示自己的实力，使谈判开局就处于剑拔弩张的气氛中，对谈判进一步发展极为不利。

通常，进攻式开局策略只在这种情况下使用：发现谈判对手在刻意制造低调气氛，这种气氛对本方的讨价还价十分不利，如果不把这种气氛扭转过来，将损害本方的切实利益。

进攻式开局策略可以扭转不利于己方的低调气氛，使之走向自然气氛或高调气氛。但是，进攻式开局策略也可能使谈判陷入僵局。

（六）慎重式开局策略

慎重式开局策略是指以严谨、凝重的语言进行陈述，表达出对谈判的高度重视和鲜明的态度，目的在于使对放弃某些不适当的意图，以达到把握谈判的目的。

慎重式开局策略适用于谈判双方过去有过商务往来，但对方曾有过不太满意的表现，己方要通过严谨、慎重的态度，引起对方对某些问题的重视。例如，可以对过去双方业务关系中对方的不妥之处表示遗憾，并希望通过本次合作能够改变这种状况。这种策略也适用于己方对谈判对手的某些情况存在疑问，需要经过简短的接触摸底。这种策略正是为了寻求更有效的谈判成果而使用的。

（七）营造良好谈判气氛的策略

任何谈判都是在一定的气氛中进行的。谈判气氛的发展变化直接影响着整个谈判的前途，谁能够控制谈判气氛，谁就能在谈判中占据主动。谈判气氛伴随着谈判的始终。在谈判的不同发展阶段上，谈判气氛要出现各种变化。是温和、友好，还是紧张、强硬？是沉闷冗长，还是活跃、顺畅？这都会影响谈判双方人员的情绪变化，甚至改变双方在谈判中的地位。所以，良好的谈判气氛是使谈判顺利进行的保障。营造良好谈判气氛，主要有以下三个方面的技巧：

1．积极主动地创造和谐的谈判气氛

谈判气氛是在双方开始会谈的一瞬间就形成了，并影响以后会谈气氛的发展。因此，在谈判初始段形成的气氛十分重要，双方都应重视，力图有一个良好的开端。会谈伊始，双方见面，彼此寒暄，互相正式介绍，然后大家围坐在谈判桌前开始洽谈。这时的会谈气氛还是客气的、友好的，彼此可能聊一些谈判以外的话题，借以使气氛更加活跃、轻松，消除双方的生疏感、拘束感，为正式谈判打下基础。在这一期间能否争取主动，赢得对方对你的好感，很大程度上取决于对方对你的“第一印象”。如果对方在与你初次交往中，对你的言行举止、风度、气质反映良好，就会对你产生好感、信任，并愿意继续保持交往，反之，就会疏远你，而且这种印象一旦形成，就很难改变。因此，要创造相互信任的谈判气氛，就要争取给对方留下良好的第一印象。

创造和谐、融洽的谈判气氛，开局阶段是重要的。这就是双方都重视开场白的原因。但是，并不是说有了良好的开端就会一劳永逸，谈判气氛会永远是融洽、和谐的。随着谈判的不断深入发展，分歧也会随之出现，如果不注意维护，不采取积极的措施，谈判气氛也会发生变化，良好的谈判气氛也会转向其反面，形成剑拔弩张、唇枪舌剑的紧张对立气氛，这无颖会阻碍谈判的进行。因此，还应随谈判的深入发展，密切注意会谈的气氛，有意识地约束和控制谈判人员的言行，使每个人自觉地维护谈判气氛，积极促进谈判。

2．随谈判进展调节不同的谈判气氛

谈判一般应在紧张、严肃、和谐的气氛中进行。但是，人是生命的有机体，要受其生理机制的制约。长时间的紧张严肃，会使人减弱其承受能力，不利于谈判的进行。当谈判的内容比较重要时，要求谈判气氛紧张、热烈，谈判代表应一丝不苟、认真严肃地讨论磋商合同条款。双方就主要问题达成协议后，就应调节一下谈判的气氛。如互相开开玩笑，讲一些幽默笑话，吃些点心，喝些饮料等。当双方商讨一些比较次要的细节问题时，要尽量创造轻松、愉快、热烈、活泼的谈判气氛，使大家能够畅所欲言，有助于达成一个公平、合理、有效的协议。

3．利用谈判气氛调节谈判人员的情绪

气氛是在谈判双方人员相互接触中形成的，又对谈判人员的情绪影响甚大。在紧张、严肃的谈判气氛中，有的人冷静、沉着，有的人拘谨、恐慌；有的人振奋、激昂，有的人则沮丧、消沉。为什么人们会产生各种各样的情绪体验呢？根据心理学所阐述的理论，这是人的大脑对外界刺激信号的接收反应不同造成的。随着正式谈判的开始，谈判人员大脑的运动加快了。大脑的运动轨迹有两条：首先是对外部刺激信号的接收，如谈判各方人员进入会谈室的方式、姿态、动作、表情、目光、谈话的声调变化等都对人的大脑产生影响；其次是大脑对这些信号的反映，反映的方式取决于信号的强弱。有的人会积极反映外部信号，有的人会消极反映外部信号。如内容重要或分歧较大的谈判，会谈气氛是紧张严肃的。积极反映者则情绪振奋，对谈判充满信心，消极反映者情绪低落，信心不足，疑虑重重。这会直接影响双方在后续谈判中采取行动的方式。

人的情绪的形成变化，受环境的影响极大。心理学家实验证明，把一个人关进一个与外界隔绝，听不到任何声音的屋子里时，那么用不了多久，他就会情绪烦躁，难受至极，甚至有发疯的感觉。人的情绪，如喜、怒、哀、乐都是随外界条件变化产生的种种心理感受。在谈判过程中，双方人员的心理压力较大，如果会谈的气氛过于紧张、严肃，就会使

一些人难以承受。如有的谈判人员会歇斯底里地情绪爆发，都是承受不了心理压力的表现。因此，谈判人员应考虑谈判气氛不能过于严肃、紧张，至少不能长时间如此。注意随时采用各种灵活的形式调整会谈的气氛，如休会，查询有关资料，插入一些轻松愉快的话题，提供水果、饮料、点心，改变谈判座位等。相反，如果谈判气氛松松垮垮，慢慢腾腾，谈判人员的情绪也振奋不起来，会出现漫不经心、沮丧消极、无所谓等现象。这会严重影响谈判效率，固而也是应当避免的。

二、商务谈判报价的技巧

商务谈判中的报价，通常是谈判者所有要求的总称，包括价格、交货期、付款方式、数量质量、保证条件等。经济谈判中的报价直接影响谈判的结果，事关谈判者最终获利的大小，是关系到谈判能否取得胜利的关键问题之一。而在一部分经济谈判中，价格因素的作用非常之大（下面称为“价格型”的经济谈判），也就是说，卖方开价与买方还价的技巧，在很大程度上直接影响谈判的最终结果。所以，这部分内容，主要讨论在价格型经济谈判中处理价格的技巧问题（下面简称“报价”）。

（一）先后报价的利弊

在这种价格型经济谈判中，究先后报价均各有利弊。

1．先报价的利弊

无论是卖方还是买方先报价其有利之处在于：对谈判影响较大，而且为谈判划定了一个框框，即便是报出的价很高或很低，只要对方能坐下来谈判，结果往往对先报价者有利。

先报价也有不利之处，因为己方一旦先报价，首先显示了己方的报价与对方事先掌握的价格之间的距离。如果，己方的报价比对方掌握的价格低，那么就使己方失去了本来可以获得的更大的利益；如果己方的报价比对方掌握的价格高，对方会集中力量对己方的价格发起攻击，逼迫己方降价，而己方并不知道对方掌握的价格，变成己方在明处，对方在暗处，己方降到哪里才好，心里没有底，往往在对方的攻击之下，贸贸然降得太多，以至于遭到了不必要的损失。

2．后报价的利弊

后报价的利弊似乎正好和先报价相反。其有利之处在于，对方在明处，自己在暗处，可以根据对方的报价及时地修改自己的策略，以争取最大的利益。后报价的弊病也很明显，即被对方占据了主动，而且必须在对方划定的框框内谈判。

3．注意事项

关于先、后报价孰优孰劣，要视具体情况而言。一般地说，应注意以下几点：

（1）在高度竞争或高度冲突的场合，先报价有利。

（2）在友好合作的谈判背景下，先、后报价无实质性区别。

（3）如果对方不是“行家”，以先报价为好。

（4）如果对方是“行家”，自己不是“行家”，以后报价为好。

（5）双方都是“行家”，则先、后报价也无实质性区别。

另外，商业性谈判的惯例是：

（1）发起谈判者，一般应投标者先报价。

（2）投标者与招标者之间，一般应投标者先报价。

（3）卖方与买方之间，一般应由卖方先报价。

（二）报高价法

俗话说：“漫天要价，就地还钱。”原来是要价很高，还价很低的意思。其实这句俗话和经济谈判中报高价法的原理大致相符。不过可以再发挥一下，赋予更新的意义：其中的“天”，可以指天空，是说所要的价格，仿佛在天空中，漫无边际地飘荡，高得吓人；而“地”，可以指大地，是说把对方的价格从天上拉下来，压到了地面上，低得不能再低。

1．报高价的好处

在价格性的经济谈判中，有经验的谈判者为了拔高自己的要求、或者压低对方的要求，往往采取这种“漫天要价，就地还钱”的报高价法。实践证明，如果卖主开价较高，则往往在较高的价格上成交；相反，如果买主还价很低，则往往在较低的价格上成交。这两种既矛盾又统一，开价高还价低，这是矛盾的；但两者报价的统一之处在于：大多数的最终协议结果往往在这两个价格的中间、或者接近中间的价格上成交。

2．报高价的作用

归纳起来，这种报高价技巧的主要作用在于：

（1）改变谈判对手的最初要求，从而使自己能得到更多的利益。报出的高价，只要能坐下来谈判（即对方不是拍案而起，拂袖而去）就是报价者的成功。因为大多数谈判的最终协议价格，是在己方报出的高价与对方报价的中点上下之间。可见己方报得越高，可能获得的利益也就越大；

（2）报高价还可以向对方提出诸多苛刻的要求，向对方施加压力，以此来动摇对方的信心，压低对方的期望目标，并使己方在以后的讨价还价中，具有较大的余地。那时，己方在价格上每退让一步，都可以指望对方在其他方面有所回报。

3．报高价的弊端

通常，报高价的弊端主要有以下几个：

（1）过高的报价，往往导致谈判的破裂，如果卖方的开价大大超过买方的底价，或者买方的还价大大低于卖方的底价，那就势必导致谈判的破裂。例如，你去自由市场买青

菜，假如一般行情是 5 角钱一斤。如果个体户开价是 5 元钱一斤，或者你还价是 5 分钱一斤，请问这样的谈判还能进行下去吗？不是你怀疑个体户疯了，就是个体户怀疑你是疯子。

（2）太高的价格会延长谈判时间，降低谈判效率，增加谈判的成本支出，甚至可能使竞争的第三者趁虚而入。因为无论是哪一方“漫天要价”，另一方一定会“就地还钱”，双方报价的差距越大，讨价还价的时间也就越长。对一般谈判来说，就可能增加了旅馆开销、工资支出、办公经费等，如果算起经济账来，有可能得不偿失。

总的来说，报高价一般只适用于一次性谈判、或垄断性供求关系（指无竞争对手）、或时限较宽的谈判中。这种谈判即使成功了，双方代表的感情往往比较对立，以后很难再次进行这方面的合作。

（三）鱼饵报价法

经济谈判的特点是“利己”和“合作”兼顾，因此，如果谈判者想要顺利地获得谈判的成功，而且还维系和发展同谈判对象之间的良好关系，那么在尽可能维护自己利益的基础上，还要照顾和满足谈判对手的需要和要求。这个道理有点类似用鱼饵钓鱼，你想要钓到大鱼，就得准备“牺牲”鱼饵，而且有经验的钓鱼者知道，用什么样的鱼饵钓什么样的鱼，正如俗话所说的“舍不得孩子，套不住狼。”因此把这种在维护本方利益的基础上，兼顾谈判对手的利益的报价技巧称作鱼饵报价法。

使用鱼饵报价法必须注意分寸：鱼饵太少，就想获得对方很多利益，势比登天；鱼饵太多，付出的代价太大，得不偿失。所以在使用鱼饵报价法时，必须清醒地认识到：投下鱼饵的目的是为了钓到大鱼，即满足自己的需要才是目的，不可本末倒置。

（四）中途变价法

中途变价法顾名思议是在报价的途中，改变原来的报价趋势，从而争取谈判成功的报价方法。所谓改变原来的报价趋势是说，买方在一路上涨的报价过程中，突然报出一个下降的价格，或者卖方在一路下降的过程中，突然报上一个上升的价格来。从而改变原来的报价趋势，促使对方考虑接受己方的价格。

通过谈判的大量实践可以看出，许多谈判者为了争取更好的谈判结果，往往以极大的耐心，没完没了地要求、要求、再要求，争取、争取、再争取。碰到这样的对手实在让人头疼，尽管已经满足了对方的许多要求，使对方一次又一次的受益。可对方似乎还有无数的要求在等待着你，而你不愿意一而再、再而三地答应对方的要求，此时对付对方的有效方法就是“中途变价法”，即改变原来的报价趋势，报出一个对方意料的价格来，从而遏制对方的无限要求。

“中途变价法”作为一种判断的技巧，有时候为达到某种目的，不妨使用一次，有时候也确实有令人意想不到的效果。但是，这种方法不宜多用，多用此方法者，很可能会被人认为你言而无信，这当然是很糟糕的。另一方面，如果对方一旦识破你的企图，此法不仅不能发挥作用，甚至可能弄巧成拙。

（五）挑剔还价法

俗话说："鸡蛋里挑骨头"，还有一句成语叫做："吹毛求疵"，都是说人们有一种挑剔的习惯，再好的东西也能从中找出毛病来。这种挑剔的习惯，如果运用到谈判中，就是一种讨价还价的高招儿。这种技巧通常被买主用来压低卖主的报价，方法是故意找茬儿，提出一大堆问题和要求，其中有些问题的确存在，有的则是"鸡蛋里挑骨头"，"故意"制造出来的。

实验证明：在谈判中，如果其中一方用这种"挑剔还价法"向对方提出的要求越多，得到的也就越多；提出的要求越高，结果也就越好。

一般地说，可以通过以下方式来应对：

（1）作为卖方，首先必须有心理准备，买方总是喜欢挑剔的，这是他的权力。针对这一点，要做到两点：一是要有足够的耐心，心平气和地对待挑剔者，千万不能发火，一旦没有耐心对挑剔者发火，就可能把真心购买者气走了。二是对待挑剔者千万不要轻易让步，否则对方会得寸进尺，要求越提越多，越提越高，使你无法招架。另外，轻易的让步使挑剔者在你这里尝到了甜头，下次再来时，会更加变本加厉地挑剔。

（2）对待任何难缠的挑剔者，最好的武器是耐心加笑容，只要你有足够的耐心一定会使任何难缠的挑剔者的挑剔和问题失去作用和影响；同时对方也找不出发火的理由。

（3）要观察和识别挑剔者是否真心购买，如果挑剔者根本没有购买的诚意，那只要用心平气和的微笑来对付他就足够了；如果挑剔者是真心购买的，那就要分析对方的挑剔和问题是否确实存在？如果是确实存在应该尽量解决；如果是节外生枝，故意找茬儿，则不必搭理，仅用微笑来对付就够了。

（4）除了"心平气和"这一招外，对付真心购买者的故意挑剔，不妨来个针锋相对，即把对方无中生有挑剔出来的问题，毫不留情地打发回去，对方无法再挑剔下去了。

（六）加法报价法

所谓加法报价法，就是报价时并不将自己的要求一下子报出，而是分几次提出，以免一锅端出吓到了对方，导致谈判破裂。由于总的要求被分解后，逐个提出的往往都是一个个小要求，容易为对方所接受，而一旦接受了第一个要求后，就增加了下一次让他接受进一步要求的可能性。

（七）对比报价策略

对比报价策略是指向对方抛出有利于本方的多个商家同类商品交易的报价单，设立一

个价格参照系，然后将所交易的商品与这些商家的同类商品在性能、质量、服务与其他交易条件等方面做出有利于本方的比较，并以此作为本方要价的依据。价格谈判中，使用对比策略，往往可以增强报价的可信度和说服力，一般有很好的效果。报价对比可以从多方面进行。例如：将本商品的价格与另一可比商品的价格进行对比，以突出相同使用价值的不同价格；将本商品及其附加各种利益后的价格与可比商品不附加各种利益的价格进行对比，以突出不同使用价值的不同价格；将本商品的价格与竞争者同一商品的价格进行对比，以突出相同商品的不同价格等。

其应对方法主要有以下几个：

（1）要求对方提供有关证据，证实其所提供的其他商家的报价单的真实性。

（2）仔细查找报价单及其证据的漏洞，如性能、规格型号、质量档次、报价时间和其他交易条件的差异与不可比性，并以此作为突破对方设立的价格参照系屏障的切入点。

（3）本方也抛出有利于自己的另外一些商家的报价单，并做相应的比较，以其人之道还治其人之身。

（4）找出对方价格参照系的一个漏洞，并予以全盘否定之，坚持本方的要价。

（八）数字陷阱策略

数字陷阱是指卖方抛出自己制作的商品成本构成计算表（其项目繁多，计算复杂）给买方，用以支持本方总要价的合理性。在分类成本中“掺水分”，以加大总成本，为本方的高出价提供证明与依据。运用此策略可以为本方谋取到较大利益，击退或是阻止对方的强大攻势。但是若成本构成计算表被对方找出明显错误，则本方就会处于被动局面，易使谈判复杂化，进程缓慢。

此策略一般是在商品交易内容多，成本构成复杂，成本计算方法无统一标准，或是对方攻势太盛的情形下使用。实施时成本计算方法要有利于本方，成本分类要细化，数据要多，计算公式要尽可能繁杂，水分要掺在计算复杂的成本项中，水分要掺得适度。一句话，就是要使对方难以核算清楚总成本，难于发现“水分”所在，从而落入本方设计好的“陷阱”，接受本方的要价。

其应对方法主要有以下几个：

（1）尽可能弄清与所交易的商品有关的成本计算统一标准、规则与惯例。

（2）选择几项分类成本进行核算，寻找突破口，一旦发现问题就借机大举发动攻势。

（3）寻找有力的理由，拒绝接受对方抛出的成本构成计算表，坚持本方原有的立场与要价。

（九）除法报价法

与加法报价法的不同在于，除法报价法报价时先一下子报出自己的总要求，然后再根据某种参数（例如时间、用途等）将价格分解，使买主觉得价格不贵，可以接受。

例如，太平洋保险公司的煤气保险广告就说，一年3.6元，一天1分钱，天天保太平。再如电脑游戏机的广告则声称，一台电脑游戏机=一台打字机+一台游戏机+一台电脑学习机。这样就把总价格不是很低的物品，通过“除法报价法”使买主在心理上感到不贵、便宜，从而下决心购买。

（十）西欧式报价和日本式的报价

在国际经济贸易谈判中，有两种比较典型的报价战术，即：西欧式报价和日本式报价。

所谓西欧式报价，其一般模式是，首先提出留有较大余地的价格，然后根据买卖双方的实力对比和该笔交易的外部竞争状况，通过给予各种优惠，如数量折扣、价格折扣、佣金和支付条件上的优惠（延长支付期限，可提供优惠信贷等）来逐步软化和接近买方的立场和条件，最终达到成交的目的。

所谓日本式的报价，其一般做法是，将最低价格列在价格表上，以求首先引起买主的兴趣。由于这种低价格一般是以对卖方最有利的结算条件为前提，并且，这种低价格条件交易的各个方面很难全部满足买方的需要，如果买主要对改变有关条件，则卖方就会相应提高价格。因此买卖双方最后成交的价格，往往高于价格表中的价格。日本式的报价在面临众多外部对手时，是一种比较策略的报价方式。

三、商务谈判磋商阶段（还价阶段）策略

磋商阶段也可叫讨价还价阶段，它是谈判的核心环节，也是最困难最紧张的阶段。磋商的过程及其结果直接关系到谈判双方所获利益的大小，决定着双方各自需要的满足程度。因而，选择恰当的策略来规划这一阶段的谈判行为，无疑有着特殊重要的意义。

（一）还价的策略

通常，还价的策略主要有以下几种。

1．投石问路策略

要想在谈判中掌握主动权，就要尽可能地了解对方的情况，尽可能地了解和掌握当本方采取某一步骤时，对方的反应、意图或打算．投石问路就是了解对方情况的一种战略战术。运用此策略的一方主要是在价格条款中试探对方的虚实。一般地讲，任何一块“石头”都能使买方更进一步了解卖方的商业习惯和动机，而且让对方难以拒绝。通常，选择投石问路的形式主要有以下几个：

（1）如果我们和你签订了为期一年的合同，你方的价格优惠是多少？

（2）如果我们以现金支付或采取分期付款的形式，你方的产品价格有什么判别？

（3）如果我们给你方提供生产产品所需的原材料，那么成品价格又是多少呢？

2．目标分解策略

讨价还价是最为复杂的谈判战术之一。是否善于讨价还价，反映了一个谈判者的综合能力与素质。讨价还价中不要把还价局限在要求对方降价或我方降价的问题上。例如，一项技术交易项目，或大型谈判项目涉及到许多方面，技术构成也比较复杂，包括专利权，专有技术、人员培训、技术资料、图纸交换等方面。可以把这个复杂的过程分解成几个方面，就每个方面提出还价，反而会获得更好的效果。

3．抬价压价策略

在谈判中，通常是没有一方一开价，另一方就马上批准，双方拍板成文的，都要经过多次的抬价、压价，才相互让步，断定一个一致的价格标准。

由于谈判时抬价一方不明确对方请求多少，在什么情况下让步，所以这一策略运用的要害就是抬到多高才是对方能够吸收的。一般而言，抬价是建立在科学的计算，准确的视察、断定、分析基础上，当然，忍耐力、经验、能力和信心也是十分重要的。在讨价还价中，双方都不能断定双方能走多远，能得到什么。因此，时间越久，局面就会越有利于有信心、有耐力的一方。压价可以说是对抬价的破解。如果是买方先报价格，可以低于预期进行报价，留有讨价还价的余地，如果是卖方先报价，买方压价，则可以采用戳穿对方的花招，直接指出本质，比如算出对方产品的成本费用，挤出对方报价的水分；制定一个不断超过预算的金额，或是一个价格的高低限，然后绕过这些标准，进行讨价还价。

4．挑剔还价策略

挑剔还价策略通常是买主用来压低卖主的报价，即故意找茬，提出一大堆问题和要求，其中有些问题是确实存在，有的则是“鸡蛋里挑骨头”，故意制造出来的。

在商务谈判中，价格是双方关注的焦点。价格一时降不下来，可根据具体情况，灵活运用其他交易条件，如改变支付方式、要求给予折扣或要求提供免费服务等方式。作为报价的一方，面对对方各种各样的还价策略，也要从容应对，以确保自己的利益不受损失。

（二）迫使对方让步的策略

在利益冲突不能采取其他的方式协调时，客观标准的让步策略的使用在商务谈判中会起到非常重要的作用。成功让步的策略和技巧表现在谈判的各个阶段，但是，在商务谈判中，很多情况下，谈判对手并不会积极主动地提出让步，为了使自己的利益最大化，精明的谈判者往往善于运用一些策略迫使对方做出让步，这些策略主要有以下几种。

1．挑剔策略

挑剔策略是先用苛刻的虚假条件使对方产生疑虑、压抑、无望心态，以大幅度降低对手的期望值，然后在实际谈判中逐步给予优惠或让步。使用这一策略要充分了解信息，尽可能掌握对方的真实意图，并可采取相同的策略对付对方。如果对方使用这一策略，那么必须要有耐心，那些虚张声势的问题及要求自然会渐渐地露出马脚；遇到了问题，要能直攻腹地、开门见山地和买主私下商谈；对于某些问题和要求，要能避重就轻或不予理睬；当对方在浪费时间、无中生有、鸡蛋里挑骨头时，一定要当面制止；向买主建议一个具体而又彻底的解决办法，不要与买主争论与交易关系不大的问题；也可以向对方提出虚张声势的问题来增强自己的谈判力量。

2．软硬兼施策略

软硬兼施策略又叫红白脸策略，在谈判初始阶段，先由唱白脸的人出场，他傲慢无理、苛刻无比、毫不妥协，让对手产生极大的反感。当谈判进入僵持状态时，红脸人出场，他表现出体谅对方的难处，以合情合理的态度照顾对方的某些要求，放弃自己一方的苛刻条件和要求，做出一定的让步。

3．震慑策略

震慑策略也称“情绪爆发”策略。在谈判过程中，情绪的爆发有两种：一种是情不自禁的爆发，另一种是有目的的爆发。在运用“情绪爆发”这一策略迫使对方让步时，必须把握住时机和态度。无由而发会使对方一眼看穿；烈度过小，起不到震撼、威慑对方的作用；烈度过大，或者让对方感到小题大做，失去真实感，会使谈判陷入破裂而无法修复。

4．托辞策略

托辞策略是指在谈判桌上的一方遇到关键问题或与对方有无法解决的分歧时，借口自己不能决定或其他理由，转由他人进行谈判。通过更换谈判主体，侦察对手的虚实，耗费对手的精力，削弱对手的议价能力，为自己留有回旋余地，从而掌握谈判主动权。谈判的对方需要重复向托辞策略的这一方陈述情况，阐明观点；面对新更换的谈判对手，需要重新开始谈判。这样会付出加倍的精力、体力和投资，时间一长难免出现漏洞和差错，这正是运用托辞策略一方所期望的。

5．分化对手策略

分化对手策略的基本做法是，把对方谈判小组中持有利于本方意见的人员作为重点，以各种方式给予支持和鼓励，与之结成一种暂时的同盟。比如说，对他的态度特别友善，对其意见多持肯定态度，有些意见如不能接受则以很温和、委婉的方式予以说明和拒绝；而对待不利于本方意见的对方谈判人员，则采取强硬态度。只要对方谈判小组中的某一成员松了口，其内部必然乱了阵脚，争取对方让步也就大有希望了。此外，这种做法也容易导致对方谈判小组内部成员之间的相互猜疑，从而瓦解其战斗力。

6．巧用竞争策略

如果谈判者不方便引入竞争对手，可以为对方虚构一个竞争对手，只要不被对方识破，同样可以起到削弱对方实力和地位，迫使对方让步的作用。

如果贸易谈判中让对方感受到其他竞争对手的存在，则容易给对方构成让步的压力，其谈判的实力就大为减弱。制造和利用竞争永远是谈判中逼迫对方让步最有效的武器和策略，有经验的谈判者总是故意制造存在竞争者的谈判格局，诱使对方做出让步。制造竞争的具体方法有以下几种：

（1）邀请多家卖方参加投标，利用卖方之间的竞争取胜。

（2）同时邀请几家主要的卖主与其谈判，把与一家谈判的条件作为与另一家谈判要价的筹码，让其进行背靠背的竞争，促其竞相降低条件。

（3）邀请多家卖主参加集体谈判，当着所有卖主的面以压低的条件与其中一位卖主谈判，以迫使卖主接受新的条件。

不管是我方采取的主动让步策略，还是迫使对方采取让步的策略都是为了一个目的——实现谈判目标价值最大化。商务谈判大多数是在平等互利的前提下进行的，策略运用的好坏还取决于谈判方对短期利益和长期利益的权衡和取舍，所以商务谈判也需要从战略的高度考虑问题。

（三）打破僵局的策略

谈判中出现僵局是很自然的事情，虽然人人都不希望出现僵局，但是出现僵局也并不可怕。面对僵局不要惊慌失措或情绪沮丧，更不要一味指责对方没有诚意，要弄清楚僵局产生的真实原因是什么，分歧点究竟是什么，谈判的形势怎样，然后运用有效的策略技巧突破僵局，使谈判顺利进行下去。通常，打破僵局的策略主要有以下几种。

1．回避分歧，转移议题

当双方对某一议题产生严重分歧都不愿意让步而陷入僵局时，一味地争辩并解决不了问题，可以采用回避有分歧的议题，换一个新的议题与对方谈判。这样做有两点好处：可以争取时间先进行其他问题的谈判，避免长时间的争辩耽误宝贵的时间；当其他议题经过谈判达成一致之后，对有分歧的问题产生正面影响，再回过头来谈陷入僵局的议题时，气氛会有所好转，思路会变得开阔，问题的解决便会比以前容易得多。

2．暂时休会，静候反思

在谈判中双方就某个问题产生争执，矛盾尖锐、言语声调升级，情绪处于失控时，冷战变为热战，隐战变为明战，讨论问题变为人身攻击之时，应及时地协商休会，脱离接触。在心态上进行修复，靠时间缓冲一下，调整失控的心理以转换气氛，以免僵局变成死局。

3．尊重客观，关注利益

由于谈判双方各自坚持己方的立场观点，由于主观认识的差异而使谈判陷入僵局。这时候处于激烈争辩中的谈判者容易脱离客观实际，忘掉大家的共同利益是什么。所以，当谈判者陷入僵局时，首先要克服主观偏见，从尊重客观的角度看问题，关注企业的整体利益和长远目标，而不要一味追求论辩的胜负。如果是由于某些枝节问题争辩不休而导致僵局，这种争辩是没有多大意义的。即使争辩的是关键性问题，也要客观地评价双方的立场和条件，充分考虑对方的利益要求和实际情况，认真冷静地思索己方如何才能实现比较理想的目标。理智地克服一味希望通过坚守自己的阵地来“赢”得谈判的做法。这样才能静下心来面对客观实际，为实现双方共同利益而设法打破僵局。

4．审时度势，及时换人

谈判中中途一般不要换人。但是由于形势的突然变化，双方主谈人的感情伤害已无法全面修复，一方对另一方不再信任之时，就要及时更换谈判代表。通过换人化解僵局，打破僵局。体育比赛政治谈判早有先例，商务谈判也可适时使用。己方由于涉及对方人格、人权、生活习惯或民族的政治的信仰，造成失误而为对方不容；及时道歉甚至检讨，对方仍不接受时则更换前方代表便是必需的了。

5．以硬碰硬，据理力争

当对方提出不合理条件，制造僵局，给己方施加压力时，特别是在一些原则问题上表现得蛮横无理时，要以坚决的态度据理力争。因为这时如果做出损害原则的退让和妥协，不仅损害己方利益和尊严，而且会助长对方的气焰。所以，己方要明确表示拒绝接受对方的不合理要求，揭露对方故意制造僵局的不友好行为，使对方收敛起蛮横无理的态度，自动放弃不合理的要求。这种方法首先要体现出己方的自信和尊严，不惧怕任何压力，追求平等合作的原则；其次要注意表达的技巧性，用棉里藏针、软中有硬的方法回击对方，使其自知没趣，主动退让。

6．孤注一掷，背水一战

当谈判陷入僵局时，己方认为自己的条件是合理的，无法再做让步，而且又没有其他可以选择的方案，可以采用孤注一掷，背水一战的策略。将己方条件摆在谈判桌上，明确表示自己已无退路，希望对方能做出让步，否则情愿接受谈判破裂的结局。当谈判陷入僵局而又没有其他方法解决的情况下，这个策略往往是最后一个可供选择的策略。

在做出这一选择时，己方必须做好最坏的打算，做好承受谈判破裂的心理准备。因为一旦对方不能接受己方条件，就有可能导致谈判破裂。在己方没有做出充分的准备时，在己方没有多次努力尝试其他方法打破僵局时，不能贸然采用这一方法。

这种策略使用的前提条件是己方的要求是合理的，而且也没有退让的余地，因为再退让就损害己方根本利益。另一前提条件是己方不怕谈判破裂，不会用牺牲企业利益的手段去防止谈判破裂。如果对方珍惜这次谈判和合作机会，在己方做出最后摊牌之后，有可能选择退让的方案，使僵局被打破，达成一致的协议。

实践证明，谈判中的僵局是一种客观存在，既不能完全避免也不要惊惶失措。只要认真细致地分析引起僵局的根源，然后对症下药采取灵活而又具有针对性的措施进行化解，

就能化险为夷。僵局一旦突破，交易就会很快达成。谈判人员除了培养自己应对僵局的能力之外，还要锻炼自己处变不惊的心理素质。

（四）拒绝的技巧

谈判中不仅充满了让步，同时也充满了拒绝。谈判中的拒绝，说是“技巧”也好，“艺术”也好，是指拒绝对方时，不能板起脸来，态度生硬地回绝对方；相反，要选择恰当的语言恰当的方式恰当的时机，而且要留有余地地巧妙拒绝，这就需要把拒绝作为一种手段，一种技巧来探讨和研究。下面介绍几种经济谈判中常见得拒绝技巧。

1．预言法

所谓预言法就是在不希望对方出现某种行为或语言时，先预言对方会出现这种行为或语言，而对方出于文饰心理，必然会自觉地避免出现这种行为或语言，而这正是你所希望的。心理学家证明，人都有一种想了解别人，看透别人的嗜好；同时又怕被别人看透怕别人了解的心理。出于后面的心理，每当别人看透自己，或了解自己时，人们往往会因为“文饰”的心理，用相反的行动或言论来伪装自己，以证明别人的看法或了解是错误的。这种现象在自尊心特别强，爱挑别人毛病的谈判对手身上特别明显，而对付这种人最好的方法就是用“预言法”来拒绝。

2．问题法

所谓问题法，面对对方的过分要求既不是冷声一笑，拂袖而去，也不是拍案而起，怒斥对方的卑劣动机，而是针对对方的过分要求，提出一连串的问题。这一连串的问题足以使对方明白你不是一个可以任意欺骗的笨蛋，如果对方回答不了这一连串的问题，那么他将不得不承认他提的要求太过分了。

当然问题法也可以用来对付那些缺少专门知识的无知者。谈判中有时会遇到那些身居高位而又不学无术的家伙，此时用问题法来拒绝即保住了他的面子又给了他下来的台阶。

在使用问题法拒绝对方时，必须十分注意语气，即不能用带有嘲弄、挖苦或者教训的语气来提问，否则反而会激怒对方，冤气会越结越深。

3．借口法

现代企业不是孤立的，它的生存和外界有千丝万缕的联系。在谈判中也好，在企业的日常运转中也好，有时会遇到一些无法满足的要求，而对方的来头很大；或者过去有恩于你；或是你非常要好的朋友、来往密切的亲戚。如果你直接拒绝，那么很有可能你的企业在一年半载后会遭遇报复性的打击；或者你会背上忘恩负义的罪名；等等。对付这类对象，最好的办法是用借口法来拒绝他们。

俗话说：“道高一尺，魔高一丈。”如果对方向你实施借口法拒绝你，最好的对付办法是直接去找提出拒绝你的人。如果你向对方实施借口法，千万注意不要让对方见到你用来作借口拒绝对方的人，否则会有什么样的结果也是可想而知的了。

4．补偿法

所谓补偿法，顾名思义是在拒绝对方的同时，给于某种补偿。这种补偿往往不是“现货”，既不是可以兑现的金钱、货物、某种利益等，相反，可能是某种未来情况下的允诺、某种未来场合下有条件的让步、某种未来的前景等，甚至提供某种信息（不必是经过核实的、绝对可靠的信息）、或者某种服务（例如，产品的售后服务、甚至出现损坏或者事故的保险条款，等等）。这样如果再说上一番并非已所不为而乃不能为的苦衷之后，就能在拒绝了一个“朋友+对手”的同时，继续保持你和他的友谊。

从心理学来看，这种带有补偿性的拒绝，实际上是不长了对方因遭到拒绝而产生的不满、失望，或者把对手的不满、失望引到代替物上去，避免了对手对你发泄。

5．转折法

转折法在英语国家也有叫“YES……BUT……”法的。这种拒绝法渗透了说服的原理，即在拒绝的开始，先不亮出自己的观点，而是对对方的观点加以肯定、赞赏，或者站在第三者的角度对对方的观点表示理解，从而减少对方的对抗心理，减弱对方的心里防范，然后再用委婉的语言陈述自己的观点，来拒绝对方，甚至说服对方。

世界上的事物都是辩证的，只要你有耐心，总能从各种不同意见中找出一条或几条可以肯定的东西来，实在不行的话，可以从一条意见找出可以肯定的方面来。

6．条件法

赤裸裸的拒绝对方必然恶化双方的关系，甚至导致对方对你的攻击。可以在满足对方之前，要求先满足你的一个条件：如果对方能满足，则你也可以满足对方的要求，如果对方不能满足，那你也无法满足对方的要求，这就是条件拒绝法。拒绝了别人，又让别人不朝你发火，这就是条件法的威力所在。

7．幽默法

在谈判中，有时会遇到不好正面拒绝对方，或者对方坚决不肯让步的情况，此时不妨用幽默法来拒绝对方。所谓幽默法，就是对于对方提出的、对你来说是不可接受的要求或条件，你并不直接加以拒绝，相反全盘接受。然后根据对方的要求或条件推出一些荒谬的、不现实的结论来，从而否定了对方的要求或条件。这种拒绝法，往往能产生幽默的效果，所以，称为“幽默法”。

幽默法在日常生活中，也是用来拒绝不好正面拒绝的对象的好办法。

（五）如何应对最后通牒

最后通牒作为一种谈判技巧，和其他谈判技巧一样，都有真假之分。即可能是被逼无奈，不得不实施；但也可能仅仅是作为一种技巧，用来威胁对方，向对方施加压力的。就

效果而言，当对方认为你的最后通牒是属于后者，即仅仅是一种策略的话，那么你的最后通牒就会没有效果 。在经济谈判中，前者应该认真对待，以免导致谈判破裂；后者则不妨考虑使用何种策略来应付对方。可见，实施最后通牒是否有效果、有威力，关键在于你能不能使对方相信你的最后通牒是前者、是真的，而不是后者、不是一种策略。

如果对方对你实施最后通牒，不必紧张，也不能流露出非常重视的神态来，可以考虑采用下列方法来对付他的最后通牒。

1．制造竞争

对方向你实施最后通牒，目的是迫使你答应他的条件，同他达成协议。如果你不理他的最后通牒，转向第三者，摆出与第三者达成协议的架势，就有可能击败他的最后通牒。

2．反过来下最后通牒

面对对方的最后通牒，如果你有把握，有能力击败他的话，不妨以其人之道还治其人之身，也来个最后通牒。一般地说，没有十分的把握，不宜反过来下最后通牒。不然，只会将局面越搞越糟，反而不可收拾。

3．中断谈判

只要了解对方实施最后通牒仅仅是玩弄谈判的技巧，就不妨中断谈判，让对方明白他的最后通牒意味着谈判破裂，在这种情况下，并不打算是谈判破裂的对方就会露馅儿，乖乖的收起他的那一套。

4．提出新方案

如果你不想中断谈判，又不想损害自己利益的话，不妨考虑新的方案，当然，前提是要能提出这样的方案：既能维护你的利益，又能满足对方的需要。

5．让步法

对于对方的最后通牒，你可以做出某种让步（这当然是在原来让步的计划之内的），不过在做出让步之前，应用恰当的语言，表示对对方的最后通牒的态度。然后，找些体面的理由（如以往的友好合作，个人之间的友谊，未来的合作前景，等等），作为让步的借口。千万不能在未表明态度之前就做出让步，这样是在对方面前示弱，并可能鼓励对方在今后的谈判中用强硬的态度对付你。

6．抗议法

如果你不怕谈判破裂的话，可以向对方、甚至向对方的上级提出抗议，然而仅仅是抗议而已，不必采取其他任何行动。这就把球踢给了对方，看他下一步采取什么样的行动。因为对方下一步最多是中断谈判、甚至宣布谈判破裂，这已经吓唬不了你。而很多情况下，如果对方见最后通牒对你不起作用，就有可能采取某种补救措施，甚至降低要价，进行新的谈判。所以，前面所讲的“要在乎，但不要太在乎”的心理，在这里就显得非常重要了。

（六）其他策略

1．不开先例策略

不开先例策略，是指在谈判中，握有优势的当事人一方为了坚持和实现自己所提出的交易条件，以没有先例为由来拒绝让步促使对方就范，接受自己条件的一种强硬策略。在谈判中，当双方产生争执时，拒绝是谈判人员不愿采用的。因此，人们都十分重视研究怎样回绝对方而又不伤面子、不伤感情，不开先例就是一个两全其美的好办法。

不开先例的力量来自于先例的类比性和人们的习惯心理，正是由于这个原因才使先例具有一定的约束性。当然，既然不开先例是一种策略，因此，提出的一方就不一定真是没开过先例，也不能保证以后不开先例。它只说明，对应用者是不开先例。因此，采用这一策略时，必须要注意另一方是否能获得必要的情报和信息来确切证明不开先例是否属实。如果对方有事实证据表明，你只是对他不开先例，那就会弄巧成拙，适得其反了。

2．先苦后甜策略

先苦后甜策略，是指在谈判中先用苛刻的条件使对方产生疑虑、压抑等心态，以大幅度降低对手的期望值，然后在实际谈判中逐步给予优惠或让步，使对方的心理得到了满足而达成一致的策略。

该策略使用的基本原因在于：人们对外界的刺激总是先入为主，如果先入刺激为甜，再加一点苦，则觉得更苦；相反，若先入刺激为苦，再加一点甜，则觉得更甜。该策略就是用“苦”降低对方的期望值，用“甜”满足对方的心理需要，因而很容易实现谈判目标，使对方满意地签订合同，使本方从中获取较大利益。

3．声东击西策略

声东击西策略是指我方在商务谈判中，为达到某种目的和需要，有意识地将磋商的议题引导到无关紧要的问题上故作声势，转移对方注意力，以求实现自己的谈判目标。具体做法是在无关紧要的事情上纠缠不休，或在自己不成问题的问题上大做文章，以分散对方对自己真正要解决问题上的注意力，从而在对方无警觉的情况下，顺利实现自己的谈判意图。采用声东击西策略的运用方式和条件一般说来主要有以下几个方面：

第一，作为一种障眼法，转移对方的视线，隐蔽己方的真实意图。比如，对方最关心的是价格问题，而己方最关心的是交货时间。这时，谈判的焦点不要直接放到价格和交货时间上，而是放到价格和运输方式上。

第二，说东道西，分散对方的注意力，或者从中达到干扰、延缓对方的目的，或者使对方在判断上失误，为以后若干议题的洽谈扫平道路。

第三，诱使对方在己方无关紧要的问题上进行纠缠，使己方能抽出时间对有关问题做调查研究，掌握情况，迅速制定出新的对策。

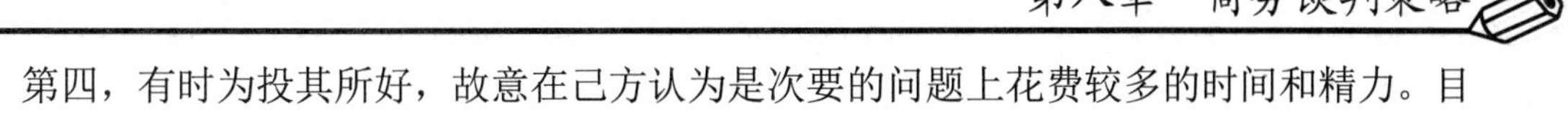

第四，有时为投其所好，故意在己方认为是次要的问题上花费较多的时间和精力。目的在于表明己方的重视，提高该次要议题在对方心目中的地位，使己方在这个问题上，一旦做出让步，对方会感到很有价值。

采用声东击西策略的关键是，必须清楚地了解对方是否觉察到己方的动机，如果己方的动机已为对方所信，那么，声东击西就不能给己方带来任何意义。因此，随时洞察对方的动向，是破解声东击西策略的关键。

4．投石问路策略

投石问路策略，即在谈判的过程中，谈判者有意提出一些假设条件，通过对方的反应和回答，来琢磨和探测对方的意向，抓住有利时机达成交易的策略。

其目的是弄清对方的虚实，尽可能得到一些通常不易获得的资料，从而为谈判做出最佳的选择。该策略可以更进一步了解对方的商业习惯和动机，了解对方的要求和意向，以及可能成交的最低价格。通过这种探问的方式，试探对方的价格情况，从而使本方在讨价还价中做到心中有数。

此策略一般是在市场价格行情不稳定、无把握，或是对对方不大了解的情形下使用。实施时要注意：提问要多，且要做到虚虚实实，煞有其事；要让对方难于摸清你的真实意图；不要使双方陷入“捉迷藏”，进而使问题复杂化。

5．欲擒故纵策略

欲擒故纵策略是指在谈判中的一方虽然想做成某笔交易，却装出满不在乎的样子，将自己的急切心情掩盖起来，似乎只是为了满足对方的需求而来谈判，使对方急于谈判，主动让步，从而实现先“纵”后“擒”的目的的策略。欲擒故纵策略是基于谁对谈判急于求成，谁就会在谈判中先让步的原理发生作用的。主要通过煽动对方的谈判需要而淡漠己方的谈判需要，使对方急于谈判，主动让步。

其具体做法是，注意使自己的态度保持在不冷不热，不紧不慢的地步。比如在日程安排上，不是非常急迫，主要随和对方。在对方态度强硬时，让其表演，不慌不忙，不给对方以回应，让对方摸不着头脑，制造心理战术。本策略“纵”是手段，“擒”是目的。“纵”不是“消极”的纵，而是“积极”、有序的纵；通过“纵”激起对方迫切成交的欲望而降低其谈判的筹码，达到“擒”的目的。

在运用这一策略时应该注意以下几点：一是要给对方以希望，谈判中表现得若即若离，每一“离”都应有适当的借口，不让对方轻易得到，也不能让对方轻易放弃。当对方再一次得到机会时，就会倍加珍惜。二是要给对方以礼节，注意言谈举止，不要有羞辱对方的行为，避免从情感上伤害对方，转移矛盾的焦点。三是要给对方以诱饵，要使对方觉得确实能从谈判中得到实惠，这种实惠足以把对方重新拉回到谈判桌上，不至于让对手一“纵”即逝，使自己彻底凉快了。

6．红白脸策略

红白脸策略又称软硬兼施策略，是指在商务谈判过程中，利用谈判者既想与你合作，但又不愿与有恶感的对方人员打交道的心理，以两个人分别扮演“红脸”和“白脸”的角色，诱导谈判对手妥协的一种策略。这里的“白脸”是强硬派，在谈判中态度坚决，寸步不让，咄咄逼人，几乎没有商量的余地。这里的“红脸”是温和派，在谈判中态度温和，拿“白脸”当武器来压对方，与“白脸”积极配合，尽力撮合双方合作，以致达成于己方有利的协议。

使用这种策略，在谈判初始阶段，先由唱白脸的人出场，他通常苛刻无比，强硬僵死，让对手产生极大的反感。当谈判进入僵持状态时，红脸人出场，他表现出体谅对方的难处，以合情合理的态度照顾对方的某些要求，并放弃自己一方的某些苛刻条件和要求，做出一定的让步，扮演一个“红脸”的角色。实际上，他做出这些让步之后，所剩下的那些条件和要求，恰恰是原来设计好的必须全力争取达到的目标。

软硬兼施策略往往在对手缺乏经验，对手很需要与己方达成协议的情境下使用。实施时，扮演“白脸”的，既要表现得态度强硬，又要保持良好的形象、处处讲理；扮演“红脸”的，应是主谈人，他一方面要善于把握谈判的条件，另一方面也要把握好出场的火候。

四、商务谈判结局的策略

在谈判的结束阶段，谈判者可以采用多种技巧达成交易。虽然这些技巧并非都适用于各种交易谈判，但作为一名合格的谈判者，所有结束谈判的技巧都应了解，才会在不同的谈判环境下选择最适当的方法取得最佳的谈判效果。

（一）比较结束法

（1）有利的比较结束法，即置对方以很高地位的成交法。

典型语言为：

“这种型号的产品×××厂商已经订货了，您看是否也需要……”

“最发达的厂家刚开始总是购买三部，你们是否也登记订购三部？……等”。

（2）不利的比较结束法，即根据对方的不幸遭遇而设法成交的方法。

典型语言为：

“你们推迟一天，就有被竞争者抢先的危险，像××公司的遭遇一样。”“你们知道，××公司的市场地位一直很稳固，但自从那家新工厂购买了自动生产设备后……”等。

（二）优待结束法

（1）让利促使双方签约。当对方对大部分交易条件不很满意，而价格又较高的情况下，谈判人员可以考虑对方压价的要求，让利给对方，如用回扣、减价以及附赠品等方法。

（2）试用促使对方签约。谈判者可以提议订购一笔少量廉价的样品，或者无偿使用，这是一种十分简单的成交法。

（三）利益结束法

（1）突出利益损失，促使对方做出决定。这种方法强调：对方如果不尽早购入他们所需的产品，他们会错过目前这一时期的所有利益。

（2）强调产品的好处，促使对方做出决定。业务洽谈时，要把所有的有利因素醒目地写在双方都可以看到的一张大纸上，高度概括有利于成交一切因素，是圆满结束洽谈的一种有效方法。

（3）满足对方特殊要求，促使对方做出决定。有时时候，对方可能用提出希望或提出反对意见的方式来表达他们的特殊要求，这种情况下，如果可以满足对方的特殊要求，则会增加购买的可能性。

（四）诱导结束法

（1）诱导对方同意己方的看法，最后迫使对方得出结论。这就要求谈判者以逻辑思维的方式提出问题，使对方总是给予肯定的答复，让对方觉得我方是站在他们的立场思考问题，肯定的回答对他们有益无弊，迫使他们接受己方的条件。

（2）诱导对方提出反对意见，从而导致尽快成交。对方对己方的产品非常感兴趣，但又担心售后服务等一些其他的问题而犹豫是否购买时，己方就可以提出一些问题，诱导对方提出疑问，再针对这些问题进行解答，即可消除对方疑虑，促成交易的达成。

（五）渐进结束法

这主要是四步骤程序法，即遵循以下四个步骤：

第一步，尽量总结和强调对方和己方看法的一致点；第二步，引导对方同意己方的观点，从而达到双法看法一致；第三步，把所有尚待解决的问题和有争议的问题搁置一边，暂不讨论；第四步与对方一起商定怎样讨论，共同商量怎样阐明一些重大问题，促使双方在重大原则问题上做出决定。高级谈判中，最好把重要的原则问题与细小的枝节问题区别开来。高级人员洽谈简短、实际、集中的原则问题。

（六）检查性提问结束法

在业务洽谈过程中，谈判者有很多机会提出一些带有检查性质的问题，特别是在最后阶段，这样做可以试探出马上签约的可能性。采用这种方法，不仅可以在困境中得到订单，而且还可以排除一切误解，有针对性地解决问题。

（七）必然成交结束法

（1）假定性成交。这是自动的成交，假定对方已完全同意，或者对方对几个主要条件印象不错，但又迟疑是否马上做出决定，因此，成交就成了当务之急。这种方法非常灵验。不过，如果对方阻止你，还可使用其他的成交法，不会受到什么损失。

（2）自信必然成交。如果你想使对方在合同上签字，那么你必须有这样一种信念：你的产品及交易条件正符合对方的要求。谈判者必须乐观、自信。使用这种方法时注意一点：不要向对方提出一些有损于个人身份和人格的请求。

（3）着眼于未来的成交法。诱导对方放眼未来，向对方描述购买和使用产品后的情况，这一方法的特点是：绕过成交这一问题去谈成交以后的事情。

（八）书面确认结束法

书面确认是一项非常得力的工具，谈判者或在洽谈期间面交意见书，或在休会期间写确认信，这样做有以下几点好处：

（1）书面形式比口头表述更为准确。

（2）书面材料有助于思考问题。

（3）书面材料可以增加报价的可靠感。

（4）书面材料能够影响幕后人。

总之，在实际的商务谈判中，有很多结束谈判的方法，谈判人员应该根据实际的情景灵活使用，选择最合适的方法，也可把多种方法配合使用，从而达到理想的谈判效果。

第三节　九战四十五策

古老的战争史铸就了无数著名的兵书，总结了古代战争的经验。现代商业谈判史是随商战的风烟增加篇章，纵观战争与商战的画卷，总结各种实践的感受，可将典型的商战策略归为九战四十五策。

一、九战四十五策的内容

第一战　攻心战

在中国的传统军事智慧中，有云：夫用兵之道，攻心为上，攻城为下；心战为上，兵战为下。追求的是“兵不动而利可全”，“不战而屈人之兵”。攻心战实质是一种心理战术，也就是说从对手的心理和情感出发，软化对抗力，增强亲和力，从而解决分歧，达成目标。攻心战常用策略有：满意感、头碰头、鸿门宴、恻隐术、奉送选择权等。

1．满意感

这是一种使对方在精神上感到满足的策略。心理学的研究证明，如果自己在对手所关心或爱好的问题上成为其伙伴或支持者，那么，感情就容易沟通，就会产生信任和好感，从而乐于合作。追求同己、相似是人之天性。

其目的是：软化对方进攻，加强己方谈判力度。

为此，要做到礼貌、文雅，同时关注对方提出的各种问题，并尽力给予解答。解答内容以有利于对方理解自己的条件为准，哪怕对方重复提问，也应耐心重复同样的解答，并争取做些证明，使你的解答更令人信服。此外，还要接待周到，使对方有被尊重的感觉，必要时可请高层领导出面接见，以给其“面子”，谈话最好是叙述双方的友谊，分析对方做成该笔交易的意义，也可宏观评述双方立场的困难程度，最后表示愿随时给予对方帮助的态度即可。

在谈判中，满意感又可称为投其所好，有意迎合对方的喜好，使之在心理或情感上得到满足，在对方接受和认可的基础上，进而达到自己谈判目标。具体做法有礼遇、理解和耐心、叙谈友谊等。

2．头碰头

就是常说常用的私下接触，即一种在大会谈判之外，双方采取小圈子会谈以解决棘手问题的做法。不管什么类型的谈判，正正规规的谈判是需要的，可往往在私下的接触更能了解真相、达成共识。头碰头具体方法有个别沟通、参观旅游、娱乐宴请等。头碰头执行的关键是要外松内紧，防止自我泄露。

其形式有：由双方主谈加一名助手或翻译进行小范围会谈，地方可以在会议室，也可在休息厅或其他地方。“家宴”或“游玩”，也可以成为小圈子会谈的形式。这种策略有加强的心理效果，突出了问题的敏感性，突出了任务的重要性和责任感。此外，小范围易于创造双方信任的气氛，谈话更自由，便于各种可能方案的探讨，态度也易于表现灵活。

3．鸿门宴

鸿门设宴系为典故故事，项羽欲杀刘邦而设此计。在商业谈判中，主要指做某件事表面是一回事，而本质却另有所图。鸿门宴之策，其形可用，其意本亦可参考，只是意不在杀人，而在促其前进、尽快达成协议。酒席之间，容易缓解气氛，减少心理上的戒备和双方对立的情绪，遇到贪杯之徒，更可在交杯之中融为“兄弟”，以瓦解其谈判立场。

4．恻隐术

恻隐术是一种通过装扮可怜相，唤起对方同情心，从而达到阻止对方进攻的做法。同情弱者是人性的一大弱点，也是人性的光辉。尽管谈判是一种博弈，是势力的较量，但扮可怜、示弱可以唤起对方的本能的同情心，动摇对方的立场，冻结对方的精明，降低对方的智商。常用的表现形式有以下几个：

（1）说可怜话，诸如：“这样决定下来，回去要被批评。”“我已经退到崖边，要掉下去了。”“求求您，高抬贵手！”等。

（2）扮可怜相，诸如在谈判桌上弯腰鞠躬、请求条件，或精心化妆，表现其痛苦。当然，恻隐术的运用要注意人格，同时在用词与扮相上不宜太过分。尤其当谈判者作为政府或国有企业代表时，除了人格之外，还有国格之分寸。

此外还应看对象，要知道，毫无同情心的对手是不吃软招的，非但不吃，反会讥笑这种行为。

5．奉送选择权

奉送选择权可以理解成是朝三暮四法。方案是己方能接受的，实质差别不大的，大方地甩给对方，让对方高兴地选择实际符合己方思路的做法。这在谈判陷入僵局时管用。这是一种故意摆出让对手任意挑选自己可以接受的两个以上的解决方案中的某一个，而自己并不反悔，以使对手感到一种大度和真诚，从而放弃原来的思想追求，随着自己方案思考的做法。

具体做法为：谈判手就某一议题，例如技术服务费，提出几种方案由对方选择；或就几个议题同时提出解决方案，由对手去选择；或者互为选择条件，即若取设备价为A，则取服务费为B，由对方取其中一项，简单地讲就是，你取我的技术费的方案，我取你的设备费建议等。 使用该策略时，应注意以下两点：

（1）各种方案的分量。首先，应在自己成交或接受的范围内留有一定余地。其次，每个方案的实际分量尽量相当（表现形式可以有别），即便有差距也不要太大，主要在“物与钱”或“简与繁”的差别上做方案。

（2）抛出选择方案的时机，一般应该在双方经过激战之后，或谈判相持较长时间之后，或在谈判结束前夕，效果最佳。否则，对手非但不会领情，反而认为你软弱可欺或让步余地很大。

6．攻心战的破解

在商务谈判中，攻心战有时的确有助于实现自己的谈判目的，如果对方采用此种战术，我们可采取下列对策加以破解。

（1）保持冷静、清醒的头脑。在对方发起“攻心”战时，千万别让自己的心理失去平衡，当出现情绪不安、心情烦躁时，可采取休息，甚至中止谈判等办法，让自己的心情得以平静，保持头脑清醒，而不能盲动。特别是当对方初次与自己合作时，只谈事实，不涉及个人感受，要时刻提醒自己，不能情绪化地处理谈判中的一切重要问题，否则会事与愿违。

（2）弄清对方恭维的真正目的，坚持任何情况下不卑不亢，不为所动。要学会区别

对方是发自内心地佩服你，还是口是心非出于某种需要的目的而言不由衷。

（3）对谈判对手充满感情的话语，要进行归纳和重新措辞，使之成为情绪化的表白。在表示你了解其感受的同时，也应表明自己所持的态度和立场。

第二战　蘑菇战

谈判的最大忌讳是什么？有经验的谈判者会知道，是急于求成。国外最先进的谈判经验告诉谈判人：谈判策略的实质是在于故意拖延，以最大限度的自我克制来拖延。可见，蘑菇战在谈判中多么的重要。

蘑菇战的精髓在于以耐心、韧性、忍耐作为武器，在相持的过程中拖垮对方的谈判意志，使对手烦躁，从而达到预期目标。核心是让“夜长梦多，事久生变”的思想去折磨对方。蘑菇战策略分解为：疲劳战、扮菩萨、挡剑牌、磨时间、车轮战。

1．疲劳战

疲劳，劳力又劳心。日程密而长，内容多而杂，是劳力；乏味的陈述，蓄意的挑逗，是劳心。劳力劳心齐用，一方清醒，一方疲惫，谁胜谁负，不言而喻。

2．扮菩萨

立于原地，正襟危坐，可敬可畏，高深莫测，笑容可掬，不进不退，坚定不移者，是稳坐菩萨。谈判中，铁定立场，无意改变，则不字当头。

3．挡箭牌

扯皮、扯淡都是熟知的，挡箭牌法就是善于、敢于、精于扯皮、扯淡。虚拟当事人，上推下卸，化于无形。

4．磨时间

“时间就是金钱，效益就是生命”历来是商界人士的金科玉律。放在这里，却是善意折磨人的手段。善意的、重复的、慢节奏的、低效率的耗时间等待着的就是一方的让步。沉默才是金。

5．车轮战

一方不断更换人员，且参与者的级别和权威层层提升，层层报批，伺机决战；另一方疲于应付，又说不出什么，直至承受不了精神压力，缴械投降。

第三战　影子战

谈判双方的主要内容是获取对方的信息，作出决策。影子战就是真真假假信息交流的信息陷阱战。影子战常用的方法是：稻草人、空城计、欲擒故纵、声东击西、木马计。

1．稻草人

人为制造合乎逻辑的假存在，并说服对方，诱导对方根据假存在作出判断和决策。常用的方法比如故意透露些信息、让对方感觉在和另一方洽谈等。关键是不要露虚：表情不虚、讲话不虚、前后一致。

2．空城计

用强硬的态度、自信的态势以无充有，或以不完全的有充完全的有，形成一方强势，迫使对方调整态度和条件。

3．欲擒故纵

志在必得，攻守兼备，虚惑并用，以纵达擒。

态度：不冷不热、不过于殷勤、不急于求成、不勉为其难。

进度：不紧不慢，张弛有度，把握节奏。

4．声东击西

东，是可灵活退让的内容；西，是志在必得的议题。关键：声东有理、击西准时。

5．木马计

木马计也即回马枪。要点在于佯装对对方的论述、立场、和条件关注、有兴趣，甚至装出认真思考的样子，麻痹对方，达到摸清对方底牌然后攻击的目的。关键是通过佯装获取的信息要稳定、成型。

第四战　强攻战

强攻战的本质是置于死地而后生。决不退让、强硬高压、不怕僵局迫使对方让步。 其典型策略：针锋相对、扮疯相、最后通牒、最大预算、绝处逢生。

1．针锋相对

针锋要狠，相对要准。运用时一要忌火，不发火，也不能走火，讲透道理，不是拼嗓门、耍脾气；二要忌无理。

2．扮疯相

扮疯相又叫虎啸计。在谈判中依照对手的言语或情节，故意表现为急、怒、狂、暴的姿态，以震慑对手，动摇其谈判决心，迫使其让步。典型疯相有：拍桌子、摔本子、撕条子、喊（破）嗓子、甩袖子等。运用时注意一要坚持有理，不要情绪化；二要注意退路，此计是一种自我暴露，必须有防线和退路。

3．最后通牒

实施条件：一方处于极为有利的地位；讨价还价到最后，所有的谈判技巧都已使用过，

均无法改变对方的立场；让步达到极限,再做让步会带来巨大损失。

要点：态度要强硬，语言要明确，讲清正反两方面的关系。诚恳摊底，不露蛛丝马迹。摊牌的身份越高，真实性越强。

方式：最后出价；最后时限。

实质：提出最后决定条件或最后时限，逼迫对方答复。

余地：通常和新指示法、升格法、重新出价法结合使用。

4．最大预算

实质：设定最高预算或最大授权，迫使对方让步。

要点：数量要推敲，留有余地。让对方接受，必须伴之一些其他手法，如制造友好和谐的氛围，用热情洋溢的语言，显示危难困惑的处境等。

注意：突出保密关键，不能泄密；选择最佳时机，提防打草惊蛇；态度灵活，不拘泥于某一项条件，进退自如。

5．绝出逢生

绝出逢生通常指说绝话，以绝对性的语言加以肯定或否定，使双方处于绝境，并从中找到相互妥协的新方案的手法。

具体做法：一找绝点；二编绝话；三选绝法。

忌：无绝点说绝话；无绝词用绝法；用绝法无强势。

第五战　蚕食战

蚕食战指在谈判中把目标分解，以小积大，步步紧逼，耐心、逐步达到目标。其基本策略：挤牙膏、小气鬼、连环马、减兵增灶、步步为营。

1．挤牙膏

实质：通过不断地施压，促使对方一点点地改善交易条件。

要点：在“挤”字上下工夫，抓住“挤”的对象、理由、时间、频率。

注意点：一是理由要充分、客观；二敢挤、善挤。

2．小气鬼

实质：对谈判的大小利益均不轻易放过，尤其对自己让出的条件更是“斤斤计较”，还要“大肆渲染，生怕别人不知道”。

核心：如何让利。一要选出欲让的利；二要让出时要争、要吵。争则纠缠不休，使对方心烦意乱，锐气大减；吵则炒作，小利说成大利，易让利说成拚死命，给对方成就感。

3．连环马

实质：双方相互让步，确保条件互换。

要点：善于相马；灵活连环。

忌讳：一忌无理，即忽视马的价值或该价值的策略分量；二忌无帐，即及时入帐，及时互换。

4．减兵增灶

谈判中，“灶”是名目、缘由；“兵”是付出、价格。实际操作中，卖方为提高卖价而巧立名目，买方为压低买价而精心编制缘由。

5．步步为营

实质：对每一次进退都采取坚决推进或顽强防守的方法。

做法：先列出每步条件，并确定每一步量的幅度。分布定量应留有余地。对于追求的条件，要借口和理由充分，并讲究表达技巧。

第六战　擒将战（对人的战术）

“射人先射马，擒贼先擒王”。擒将战实质就是针对主要负责人、主谈进行制服。其常用策略：激将法、宠将法、感将法、告将法、导将法。

1．激将法

要害：让对方主将激动而丧失理智。

要领：“激点”是对方关注的自我表现的方面，如能力大小、地位高低、名誉好坏等。表达方式要因人而异，一般态度要真诚，语气要友好，最好站在对方立场思考问题，甚至表现出无法理解对方处境的感情。

忌讳：最忌讳人身攻击。

2．宠将法

宠将法是糖衣炮弹法。一般有：戴高帽、个别活动、送礼。

3．感将法

实质：以正面的形象唤起对方的正面响应。

精髓：在于呼唤良知，追求正义。

关键：感动对手，精诚所至。

定位：向对手学习，抬高对手的地位，敬重对手的才华，学习对手的本领。

态度：诚恳。

作风：勤勉。

4．告将法

核心：让对方的上司关注并产生不满，从而达到施加压力，动摇其意志。

5．导将法

核心：在不经意间通过信息传递引导、影响对方决策，这是一个细腻的过程。其方法包括确定目标、编制信息、运用信息。

第七战　运动战

运动战涵义：既可以是有型的动，也可以是无形的动。有型的如物质、地点的移动；无形如精神与态度的变化。其常用的策略有：货比三家、一二线、红白脸、化整为零、易地效应。

1．货比三家

货比三家即引入竞争，是买方常用的经典策略。常用的方法有：平行谈判法、原则谈判法、先谈重点法。

2．一二线

一二线即谈判中预备队法。

3．红白脸

实质：通过态度的变化干扰对方的谈判意志。

4．化整为零

实质：将谈判中整体不能谈下的条件分成几个部分，作为不同的内容，以各个击破，最后实现整体目标的方法。

5．易地效应

实质：通过有意变换谈判地点，以改变对方谈判态度。

第八战　外围战

在谈判的中后期，针对影响双方谈判决心的因素，采取一系列预备性的、清除性的措施予以清除，以保证全局效果。其常用的策略有：打虚头、反间计、中间人、缓兵计、过筛子。

1．打虚头

实质：挤水分。对最不合理的条件或价格部分，也即最虚的、水分最多的条件进行展开攻击。

要领：一找虚头要准；二是编理由要稳；三是打虚头要狠。

2．反间计

反间计即离间计。在谈判中实质是拉拢或团结对方谈判成员为我所用，或采用挑拨、拉打结合的手法使对方不和。主要环节有确立目标、选择对象、离间手段等。

3．中间人

实质：谈判陷入僵局时，从外界寻求有影响的力量来缓解各方关系、立场，并谋求共识。 中间人的选择是关键。

4．缓兵计

实质：为争取时间和机会，对于对方的说辞和条件推迟答复，使其进退维谷处于等待状态的做法。目的是避免过早决断，为己方创造战机，或因对方急于求成而故意拖延，或为了拒绝对方的要求，或为了变革己方的承诺等。

具体做法：利用授权限制、佯装需要请示、表达上司异议、撤消主谈任命、紧急请假推脱、借用译员掩护、建议暂时休会等。

5．过筛子

实质：有意反复将对方的各种条件进行清理核查，趁机插入己方立场，或作分类进攻的方法。

过程：清理、调包、过滤。

第九战　决胜战

决胜战是谈判进入最后的交锋。如何以最小的代价达到最好的效果尽快签约，需要用到决胜战。其常用的策略有：抹润滑油、折中调和、三明治、钓鱼计、谈判升格。

1．抹润滑油

实质：吃小亏占大便宜。谈判中，那些有价值但分量不大且可以退让的数字或文字条件，均可视为润滑油。

要领：一要提前准备，二要抹油的时间不宜过急、过早。时机一般在进入谈判终局但尚有分歧，或双方均见到曙光但均欲抢占先机，或双方准备最后一搏之时。“油”的选择应依双方关注的条件为首选。

2．折中调和

实质：在谈判后期以缩小差距，相互靠拢，以解决谈判最后分歧的做法。

要素 ：折中条件；折中方式；折中时机。

3．三明治

三明治俗称一揽子交易、好坏搭配，实质是在突破僵局或结束谈判时，将优劣不同的条件组合后一起打出，让对方好坏都得接受。

要害在于搭配，搭配前要对各项条件定性。要突出优劣，突出对方的好处。

4．钓鱼计

钓鱼计俗称诱饵策略，抛砖引玉。实质在谈判中故意让对方先得到某个有利条件，以

激起其欲望，使其不得不与己方谈判到底。要素在与放线人、放线时间、放线手段。

5．谈判升格

实质：谈判双方主谈无力解决某些分歧，或为了获取更大利益，请出双方的高层领导出面干涉，以推动或结束谈判的做法。要点在于请领导出场的时机和方式要得当，下属汇报应全面，目标要分层次，使领导尽快进入谈判角色。

二、九战四十五策略的执行

选择有时比策略本身重要。策略选择与运用是有原则可循的，讲究针对性、效益性、规范性。

（一）按对方实力地位制定策略

（1）按谈判主动地位而制定。可采用蘑菇战中的扮菩萨、磨时间，运动战中的货比三家，影子战中的欲擒故纵、声东击西，强攻战中的最后通牒等。

（2）按谈判被动地位而制定。可采用攻心战中的恻隐术，蘑菇战中的疲劳战、挡箭牌、车轮战，影子战中的木马计，强攻战中的扮疯相、最大预算等。

（3）按谈判平等地位二制定。最适宜用攻心战，如头碰头；决胜战中的抹润滑油、折中调和等。

（二）按对方性格特征制定策略

（1）感情型。适宜用攻心战中的满意感、恻隐术，擒将战中的宠将法、感将法，外围战中的中间人等。

（2）固执型。宜选用攻心战、蘑菇战、影子战中较柔性的策略，辅之以擒将战的策略。

（3）虚荣型。宜选擒将战，攻心战中的满意感、鸿门宴，影子战中的木马计，决胜战中的抹润滑油等。

（4）急躁直率型。宜用扮菩萨、挡箭牌、小气鬼、化整为零、欲擒故纵等。

（5）温文而雅型。宜用奉送选择权、红白脸、稻草人、感将法等。

（三）按对方作风特点制定策略

（1）强硬型。宜用磨时间、货比三家、红白脸、缓兵计、易地效应、钓鱼计等。

（2）不合作型。宜用攻心战和擒将战的柔性策略和强攻战的刚性策略结合。

（3）阴谋型。宜用车轮战、蚕食战、外围战、扮疯相、告将法、稻草人、木马计、鸿门宴等。

（4）合作型。宜用攻心战、擒将战、抹润滑油、化整为零、折中调和等。

（四）按谈判阶段制定策略

（1）初期。最常用的有影子战中的稻草人、空城计、欲擒故纵，攻心战中的满意感，强攻战中的针锋相对，擒将战中的感将法、导将法等。

（2）中期。这一阶段是谈判的最激烈的阶段，也是运用策略最多的阶段，几乎所有的策略均可在此时操练。

（3）后期。这是整个谈判最关键的阶段，鉴于多数重大问题都是在这一阶段拍板定案，正式写入合同，因此，这一阶段主要选用的是攻心战和决胜战的策略。倘若谈判有破裂的可能而交易又志在必得，补救的策略主要有擒将战中的激将法、告将法。倘若谈判处于不战不和的拖延局面，还要运用强攻战或运动战中的策略以推动谈判。如最后通牒、绝处逢生、化整为零、易地效应等。

总之，谈判策略的没有固定的模式，更多的时候是综合运作。所谓“运用之妙，存乎一心”。

本章小结

本章主要讲述了商务谈判策略的基本知识、商务谈判各阶段的策略以及九战四十五策。通过本章学习，读者应该了解商务谈判策略构成要素；掌握商务谈判策略的特征；掌握商务谈判开局阶段的策略、商务谈判报价的技巧；掌握商务谈判磋商阶段的策略和商务谈判结局阶段的策略；灵活运用九战四十五策中的各种策略。

复习思考题

1. 商务谈判策略的构成要素有哪些？
2. 商务谈判策略的特征有哪些？
3. 简述商务谈判开局阶段的策略。
4. 简述商务谈判报价的技巧。
5. 简述还价的策略有哪些？
6. 如何打破商务谈判的僵局？
7. 如何应对最后通牒？
8. 简述九战四十五策的内容。

第九章　商务谈判中的礼仪

礼仪是交际的规范，是交际艺术的体现，学习掌握礼仪的意义，绝不在掌握外语、电脑、驾驶技术之下。在商务谈判中往往是决定成败的关键。

商务谈判也是相互交往的重要活动，双方除了维护自己利益，达成协议外，也是相互求同存异的活动，都渴求获得对方的尊重与理解。因此，拥有礼仪知识和掌握更好的礼仪规范，已经成为商务谈判人员的一种潜在资本，成为参与商业竞争的精神营养，是取得商业成功必不可少的条件。从见面之初的介绍、寒暄到会谈、磋商、再到终局，都有赖于谈判者的礼仪。得体的谈判礼仪，有助于在谈判双方彼此之间建立一种相互尊重和信任的关系，从而对谈判的进程施加有利的影响，最终达成谈判的最终目标。

【本章学习目标】

- 掌握商务礼仪的特征和原则，了解商务礼仪的作用；
- 掌握商务谈判中的服饰礼仪和谈吐礼仪；
- 掌握迎送礼仪、商务拜访礼仪、见面礼仪、会谈礼仪；
- 掌握宴请的礼仪、舞会礼仪；
- 了解馈赠礼仪、签约礼仪和庆典活动礼仪；
- 了解亚洲、欧美地区主要国家的商务礼仪与禁忌。

第一节　商务礼仪基本知识

所谓商务礼仪，是指在商务活动中所形成的行为规范和准则。商务礼仪具有沟通思想、交流感情、表达心意、促进了解的作用，是不可缺少的润滑剂和联系纽带。

在商务谈判中，如果恰当地讲究礼仪，就可以为谈判奠定良好的基础，有利于谈判各方在融洽的气氛中相互沟通，缩小彼此之间的差距，促进谈判的顺利进行，直至取得圆满的结果。

一、商务礼仪的特征

通常，商务礼仪具有以下几个特征。

（一）同一性

商务礼仪是在商务活动中产生和形成的，是调节相互关系的行为规范及准则。它是在一定范围内，如：同一地区、同一民族、同一社会阶层及同一社会团体成员共同接受和遵循的规范及准则。尽管不同社会群体之间在具体礼仪上存在着不同程度的差异，但却反映出任何社会群体都具有的规范行为，都有着尊重与被尊重的共同愿望。

（二）多样性

不同社会群体由于所处地区、民族、宗教信仰、文化、社会阶层、价值观念、历史等不同，其礼仪形式也存在着不同程度的差异，表现为多样化的特征。

（三）继承性

礼仪规范将人们交往中的习惯、准则形式固定并沿袭下来，它是人类长期共同生活积累起来的，任何具体礼仪形式都具有后人对前人社会生活理解接受的继承性。

（四）时代性

自从人类产生礼仪以来，礼仪总是随着社会的发展而不断变化，一方面是社会自身的进化而使礼仪不断完善和发展；另一方面不同社会群体之间的交往，特别是在现代社会东西方各国经济、政治、文化各种因素的相互交流与影响，使任何国家、民族的礼仪在保持自身传统和民族特色的基础上，都在适应时代要求与体现时代精神的方向上不断发展。

二、商务礼仪的原则

通常，商务礼仪应遵循以下几个原则。

（一）相互尊重原则

相互尊重是商务活动中最基本的要求。在与客户谈判活动中，各方只有相互尊重，才有可能使谈判在和谐愉快的气氛中进行。礼仪是实现相互尊重的手段，因此，在商务活动中，礼仪的运用必须以体现尊重为最基本的原则。

（二）相互理解原则

由于谈判双方来自不同的地区，或不同的国家，或来自不同背景的社会群体，有各自不同的礼仪形式，因此，要求人们在商务活动中以对方可以接受的礼仪形式相待，而另一方应充分理解对方礼仪形式的含义。只有相互理解才能避免由于礼仪差异而产生的误解，使礼仪真正起到交流思想、沟通情感的作用。

（三）适度原则

在商务活动中，礼仪的形式要与具体环境下的具体对象相适应，使情感得当，行为适度。在实际中，要把握好礼仪的尺度，而不应不顾环境与对象对礼仪形式机械地生搬硬套。

（四）客随主便原则

按照商务活动惯例，在不违背双方基本准则的前提下，礼仪形式的运用应遵从客随主便、以主为准的原则。

三、商务礼仪的作用

一般来说，商务礼仪的作用主要有以下几个：

（1）提高商务人员的个人素质。市场竞争最终是人员素质的竞争，对商务人员来说，商务人员的素质就是商务人员个人的修养和个人的表现。教养体现于细节，细节展示素质。

（2）有助于建立良好的人际沟通。交往中不懂礼貌，不懂规矩有时会把事情搞砸。（比如接电话）。拜访要预约，预约要准时。

（3）有助于维护形象。即维护个人、企业和国家形象。商务礼仪就是要维护企业的形象。

第二节 商务谈判中各种场合礼仪

商务谈判中向对方表示重视、尊敬，塑造自身良好形象，进而建立和发展诚挚、友好、和谐的谈判关系是交往过程中所遵循的行为准则和交往规范。

一、商务谈判中服饰礼仪

“人靠衣服马靠鞍”，穿着大方、得体会更受人尊重。在商务活动中商务人员穿着是否得体，往往能够显露出是否具有气质修养，是否有审美情趣，它是一个人的身份地位、财富成功的重要信息载体。商务人员主要代表组织自身的形象，如果穿着不得体，就会破坏企业的形象。

（一）男士服饰礼仪

商务谈判活动中，仅仅只限于行为的彬彬有礼是远远不够的，还要讲究服饰礼节，在不同的场合穿着不同的服饰，会给人留下良好的印象。服装能够反映出人的内在追求、风貌、风度、气质。如果得体的礼仪能配上款式得体的服装，则使整个人显得高雅文明。反之，衣冠不整，再好的礼仪也会使人产生反感。

在正式的商务场合，男士的着装应该穿西装，打领带，衬衫的搭配要适宜。一般的情况下，正式的商务场合不可以穿夹克衫，或者是西装和高领衫、T 恤衫或毛衣进行搭配，这都不是十分稳妥的做法。男士的西装一般以深色的西装套服为主，通常是蓝色、灰色或黑色，避免穿着有花格子，或者颜色艳丽的西服。男士的西服一般分为单排扣和双排扣两种。在穿单排扣西服的时候，特别要注意，系扣子的时候，一般两粒扣子的，只系上面的一粒；如果是三粒扣子的西服，只系上面的两拉，而最下面的一粒不系。穿双排扣西服的时候，则应该系好所有的钮扣。

1．衬衫的选择

衬衫的颜色和西装整体的颜色要协调，同时衬衫不必过薄或过透。当穿着浅色衬衫时，衬衫里面不要套深色的内衣，或者是保暖防寒服，特别要注意领口。不要将里面的防寒服或者是内衣露出领口。打领带时，衬衫上所有的钮扣，包括顿门、袖口的钮扣，都应系好。

2．领带的选择

领带的颜色和衬衫、西服颜色要相互配合，整体颜色要协调，同时系领带的时候要注意长短的配合，领带的长度应该是正好抵达腰带的上方，或者有一两公分的距离，最为适宜。

3．皮鞋以及袜子的选择

男士一般在商务谈判中配以皮鞋，杜绝出现运动鞋、凉鞋或者布鞋，皮鞋要保持光亮整洁。袜子的颜色必须保持和西装的整体颜色相协调。在选择袜子的时候要注意，袜子的质地、透气性要良好。在穿深色皮鞋时，袜子的颜色也应该以深色为主，同时避免出现比较花哨的图案。

服装色彩还要注意与肤色的搭配。如黄皮肤的人应避免蓝紫、朱红等颜色，因为这类颜色与皮肤的对比度强，会使皮肤显得更黄；皮肤黑的人不宜选用黑、深褐、大红等颜色；脸色红的人应避免绿色；而白色几乎适合于任何人。

（二）女士服饰礼仪

女士在商务着装的时候，需要注意的细节是干净整洁。女士在着装的时候需要严格地区分职业套装、晚礼服及休闲服，它们之间有非常本质的差别。在着正式的商务套装的时候，无领、无袖，或者是领口开得太低，太紧身的衣服都应该尽量避免。衣服的款式要尽量合身，以利于活动。对身材偏胖的女士，不应选用皱褶的面料做衣服，不适合穿无袖短衫或连衣裙，最好不穿百褶裙、喇叭裙，西服裙较适宜。女士穿下摆窄或长度在膝盖以上的短裙时，切勿在人前把腿架起来。在选择皮鞋时应该尽量避免鞋跟过高、过细。

女士在选择丝袜以及皮鞋的时候，需要注意丝袜的长度一定要高于裙子的下摆。女士的袜子，分为长袜、短抹。短袜一般只适用于长裤，如果双腿皮肤没有缺陷的话，有时也

可用于过膝短裤或裙装；但穿西装裙时必须穿长袜。对于裙装来说，更适合穿长袜，这样可以通过服饰来突出女性的腿部美。穿暗色的长袜，会使腿脚显得纤瘦，有修正体型的效果。明色的袜子是夏天的色彩，近于肉色的长袜更能突出肌肤美。在裙摆较短的情况下，最好不要穿花色较多的长袜。

【案例】在平壤的遭遇

中国一行4人去朝鲜参加一次商务谈判，有两位男士和两位女士。两位男士身着西服，两位女士穿配长裤的职业装。在平壤火车站，令中方谈判人员感到奇怪的是，来迎接的朝鲜合作伙伴在向中国人员表示礼节性欢迎的同时，目光不断打量两位中国女士的下半身。其中一位女士尽管不知道出了什么事，但已觉察到不对头，就打量一下自己的下身，看是否有污点或是出了什么差错。

实际上，在朝鲜，较有身份的人一般要穿裙子，很少穿长裤。虽然在平壤能见到身穿长裤的女性，但这些人一般是社会地位较低的普通公民，而社会地位较高的政府工作人员女性极少穿长裤。

二、商务谈判者的谈吐礼仪

语言作为一种表达方式，能随着时间、场合、对象的不同，而表达出各种各样的信息和丰富多彩的思想感情。说话时音量大小适中，语调柔和优美，速度快慢适中，音调抑扬顿挫，吐字清晰，且应用普通话。

（一）使用敬语

敬语，亦称“敬辞”，它与“谦语”相对，是表示尊敬礼貌的词语。除了礼貌上的必须之外，能多使用敬语，还可体现一个人的文化修养。

敬语的运用场合：第一，比较正规的社交场合；第二，与师长或身份、地位较高的人的交谈；第三，与人初次打交道或会见不太熟悉的人；第四，会议、谈判等公务场合等。常用敬语“请”字，第二人称中的“您”字，代词“阁下”“尊夫人”“贵方”等，另外还有一些常用的词语用法，如初次见面称“久仰”，很久不见称“久违”，请人批评称“请教”，请人原谅称“包涵”，麻烦别人称“打扰”，托人办事称“拜托”，赞人见解称“高见”等。

（二）使用谦语

谦语亦称“谦辞”，是与“敬语”相对，是向人表示谦恭和自谦的一种词语。谦语最常用的是在别人面前谦称自己和自己的亲属。例如，称自己为“愚”、称自己家人为“家严、家慈、家兄、家嫂”等。自谦和敬人，是一个不可分割的统一体。尽管日常生活中谦语使用不多，但其精神无处不在。只要你在日常用语中表现出你的谦虚和恳切，人们自然会尊重你。

（三）使用雅语

雅语是指一些比较文雅的词语。雅语常常在一些正规的场合以及一些有长辈和女性在场的情况下，被用来替代那些比较随便，甚至粗俗的话语。多使用雅语，能体现出一个人的文化素养以及尊重他人的个人素质。

在待人接物中，要是你正在招待客人，在端茶时，你应该说：“请用茶”。如果还用点心招待，可以用“请用一些茶点。”假如你先于别人结束用餐，你应该向其他人打招呼说：“请大家慢用。”雅语的使用不是机械的、固定的。只要你的言谈举止彬彬有礼，人们就会对你的个人修养留下较深的印象。只要大家注意使用雅语，必然会对形成文明、高尚的社会风气大有益处，并对我国整体民族素质的提高有所帮助。

（四）与人保持适当距离

说话通常是为了与别人沟通思想，要达到这一目的，首先当然必须注意说话的内容，其次也必须注意说话时声音的轻重，使对话者能够听明白。这样在说话时必须注意保持与对话者的距离。说话时与人保持适当距离也并非完全出于考虑对方能否听清自己的说话，另外还存在一个怎样才更合乎礼貌的问题。从礼仪上说，说话时与对方离得过远，会使对话者误认为你不愿向他表示友好和亲近，这显然是失礼的。然而如果在较近的距离和人交谈，稍有不慎就会把唾沫溅在别人脸上，这是最令人讨厌的。有些人，因为有凑近和别人交谈的习惯，又明知别人顾忌被自己的唾沫溅到，于是先知趣地用手掩住自己的口。这样做形同“交头接耳”，样子难看也不够大方。因此从礼仪角度来讲一般保持一两个人的距离最为适合。这样做，既让对方感到有种亲切的气氛，同时又保持一定的“社交距离”，在常人的主观感受上，这也是最舒服的。

对外交往中对“距离有度”有相当细致的规定，一般情况下，人与人之间的正常距离大致可以划分为四种，它们各自适用不同的情况。其一，是私人距离，其距离在 0.5 米之内。它仅适用于家人、恋人与至交。因此有人称其为“亲密距离”。其二，是社交距离，其距离为大于 0.5 米，小于 1.5 米。它适合于一般性的交际应酬，故亦称“常规距离”。其三，是礼仪距离。其距离为大于 1.5 米，小于 3 米。它适用于会议、演讲、庆典、仪式以及接见，意在向交往对象表示敬意，所以又称“敬人距离”。其四，是公共距离。其距离在 3 米开外，适用于在公共场合同陌生人相处。它也被称为“有距离的距离”。

（五）善于言辞的谈吐

交谈一般选择大家共同感兴趣的话题，健康有品位的话题，轻松愉快的话题，流行的

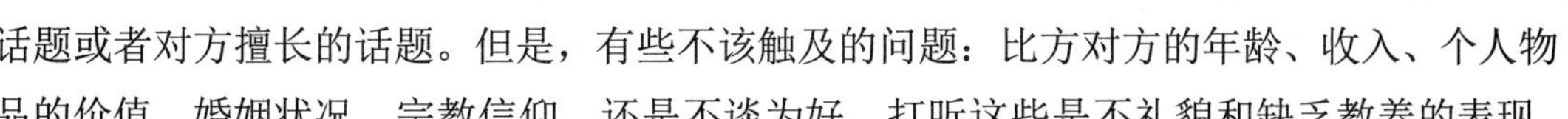

话题或者对方擅长的话题。但是，有些不该触及的问题：比方对方的年龄、收入、个人物品的价值、婚姻状况、宗教信仰，还是不谈为好。打听这些是不礼貌和缺乏教养的表现。

商务礼仪的3A原则，是商务礼仪的立足资本，是美国学者布吉尼教授提出来的。3A原则实际上是强调在商务交往中处理人际关系最重要的，也最需要注意的问题。

第一原则：接受对方。在商务交往中不能只见到物而忘掉人，强调人的重要性，要注意人际关系的处理，不然就会影响商务交往的效果。3A 原则是讲对交往对象尊重的三大途径。第一接受对方，宽以待人，不要难为对方，让对方难看，客人永远是对的。比如在交谈时有"三不准"：不要打断别人；不要轻易地补充对方；不要随意更正对方，因为事物的答案有时不止一个。一般而言，不触及原则性问题的话，要尽量接受对方。

第二原则：重视对方，欣赏对方。要看到对方的优点，不要专找对方的缺点，更不能当众指正对方。重视对方的技巧：一是在人际交往中要善于使用尊称，称行政职务、技术职称、泛尊称类等；二是记住对方，比如接过名片要看，记不住时，千万不可张冠李戴。

第三原则：赞美对方。对交往对象应该给予一种赞美和肯定，懂得欣赏别人的人实际上是在欣赏自己。赞美对方也有技巧：一是实事求是，不能太夸张，二是适应对方，要夸到点子上。

三、迎送礼仪

见面是双方联系的开端，对谈判活动来说，彼此良好的第一印象是成功合作的第一步。因此，了解和掌握在交际场合中见面和迎送的一些礼节对谈判人员来说十分重要。而迎送礼仪的轻重，能够表现出对对方的尊重程度，能够表现出对谈判的重视程度。得体的迎送礼仪会使谈判效果事半功倍。

（一）确定迎送规格

对来宾的迎送规格，一般应遵循"对等原则"，如果需要顾及双方关系和业务往来等具体情况，也可以安排破格迎送和接待。

所谓对等原则，即为确定迎送规格时，主要依据来访者的身份和访问的目的，适当考虑双方关系，同时注意惯例，综合平衡。主要迎送人员的身份和地位通常要与来访者的身份和地位相差不大，以对口、对等为宜。当事人因故不能出面，可适当变通，由职位相当的人士或副职助手出面。对此，无论作何处理，都应从礼貌出发向对方做出解释。只有当对方与己方关系特别密切，或者有发展双方关系等其他方面的特殊需要，亦可破格接待，安排较大规格的迎送场面。

所谓破格接待，是指在迎送者和陪同迎送者身份、数量以及迎送场面等方面给予客人以较高的礼遇。对于破格接待应十分慎重，除非有特殊需要，一般都按对等原则来安排迎送和接待。如果己方经常有迎送活动，尤其是有同时进行的迎送活动时，应妥善安排，不可出现厚此薄彼的现象。如果己方安排了破格迎送和接待，就应该利用介绍、对比和会见等适当方式，让对方明白。只有这样，才能在以后的交际中，收到破格迎送和接待的效果。

（二）掌握抵达和离开时间

迎候人员必须明确掌握来访者抵达和离开的时间，及早通知有关单位和全体迎送人员。如有变化，应及时告知，做到既顺利接送来客，又不过多耽误迎送人员的时间。迎接时，应在来客抵达之前到，客人经过长途跋涉到达目的地，如果一下飞机、火车或轮船，就看见有人在等候，一定会感到十分愉快。如果客人是第一次来这个地方，就会因此而获得安全感。迎送的地点一般为对方所乘坐交通工具的停泊之地，如机场、车站、码头等。特殊情况下，可先派一般工作人员前往接人，然后在己方场所或客方下榻之地专门举行迎接仪式（致欢迎辞、接风等）。

送离时，应在客人登机（车、船）之前到。送行人员亦应事先了解对方离开的准确时间，提前到达对方住宿的宾馆，陪同客人一同前往机场、码头或车站，亦可直接前往机场、码头或车站恭候客人，与客人道别。飞机起飞或轮船、火车开动之后，送行人员应向客人挥手致意，直至飞机、轮船或火车在视野里消失，送行人员方可离去。

（三）介绍

一般来说，在较为正式的谈判场合，习惯把前来迎送的人员介绍给对方，不分男女老幼，把社会地位较低的人引见、介绍给社会地位较高的人。作为被介绍者，这时应当站起来，并正面看着对方，显示出乐于结识对方的诚意。介绍完毕，一般应与对方握手，并以“您好”“幸会”之类的客套话致意。

在较小范围的业务洽谈中．双方也可以采取自我介绍的方式。自我介绍要大方得体，不必过于拘泥。介绍时应适当提高嗓音，吐字要清楚，语速不要太快，以免别人听不清。自我介绍时，可以简单说明工作单位、职务等相关情况。目光应始终注视对方。如果对方在两人以上，最好环视大家，以显示出对对方的尊重。切忌边自我介绍边四处张望，目光不集中，这样会令人感到态度冷淡，有失礼貌。

（四）陪车

在迎送活动中，为了表示热情和关心，一般情况下，都安排陪车，即主人陪同客人乘车前往宾馆、活动地点、车站、码头或机场等。主人陪车时，应先由主人或陪同人员打开车门。上车时，先请客人从右侧车门上车，主人再从左侧车门上车，以避免从客人膝前穿过。若客人先上车，坐到了主人的位置上，那也不必请客人再移动位置。一般应将客人安排到主人的右侧。司机旁边的座位不宜安排客人就座，而应安排陪同人员、导游、译员或副司机等工作人员乘坐。如果客人夫妇同时与主人乘坐一车，则应请客人夫妇坐在后排，

主人坐在前排司机旁边。待客人上车坐稳后，主人或陪同人员应帮助客人关闭车门，然后，由车体尾部绕到自己座位一侧，开门上车。切不可让客人在车内变动位置，或与客人从同一车门上车。

（五）安排食宿

迎接客人之后，应将客人直接送至下榻处。在客人办完住宿手续后，应陪同客人进入其房间，检查一下客房设施是否完好，客人起居有何不便，并主动征询一下客人的意见。若无其他需要，则应稍坐之后告辞。客人旅途劳顿再加上要准备谈判有关事宜，应让其安静独处，恢复体力，休息思考。

四、商务拜访礼仪

商务拜访礼仪对于业务的往来、企业形象都非常重要。

（一）拜访前的准备

拜访前的准备主要有以下几方面：

1．预约

拜访别人，无论到居室、办公室或者宾馆，都要事先与被拜访者取得联系，以便双方都能利用和控制时间。作为领导秘书，给领导的拜访进行预约的方式有：

（1）当面向对方提出要求约会。

（2）用电话向对方提出约会。

（3）用书信提出约会。

2．注意仪表服饰

穿着要端庄、整洁。男士穿西装，女士穿套装，穿着要规范。

3．准备好名片

男士的名片可放在西装口袋中，也可放在名片夹中；女士则可将名片放在提包中容易掏出的地方。

最为重要的，拜访客户前要对对方产品的概况、特点、销售量以及对方的信用、在商界的信誉都要有所了解，以免交谈时无话可说而陷入尴尬局面。

（二）拜访客户

主管人员拜访客户，其会晤礼节有以下几方面：

（1）进入客户的机构，应向接待人员主动介绍自己公司的名称和自己的姓名、职务等，同时说明访问对象的姓名和工作部门，如果是事先约定也要说清楚。

（2）被引到会客室时，向引路者表示感谢。

（3）就座时应注意：上司坐上座，自己则居下座。

（4）向访问对象致意，感谢平日的爱护惠顾。

（5）向访问对象介绍公司的负责人。

（6）介绍过后，上司与对方寒暄并交换名片。

随从人员在会晤时不要担任主角，上司负责主要的交涉。如果上司早已认识客户，而下属是初见客户，就应由上司先将属下介绍给对方，再将对方介绍给属下。

五、见面礼仪

见面礼仪是日常社交礼仪中最常用与最基础的礼仪，见面时的礼节是商务谈判人员留给对方第一印象的重要组成部分。掌握一些见面礼仪，能给客户留下良好的第一印象，为以后顺利开展工作打下基础。因此商务谈判人员对见面的礼仪规范要特别地重视。

（一）自我介绍礼仪

自我介绍是谈判双方互不相识，又没有中间人的情况下而采用的一种介绍方式。在自我介绍时要说明自己的姓名、身份、单位等，并表达出愿意和对方结识的意愿。介绍自己时要不卑不亢，面带微笑，陈述要简洁、清楚。

（二）介绍他人礼仪

介绍他人礼仪主要有以下几点：

（1）为他人作介绍时，将被介绍人的姓名、身份、单位（国家）等情况，作简要说明，更详细的内容由被介绍者根据其意愿自己去介绍。

（2）正式介绍的国际惯例一般是：先将年轻的介绍给年长的：先将职务、身份较低的介绍给职务、身份较高的；先将男性介绍给女性；先将客人介绍给主人；先将未婚的介绍给已婚的；先将个人介绍给团体。

（3）当两位客人正在交谈时，切勿将其中一人介绍给第三者。

（4）对于远道而来的又是首次洽谈的客人，介绍人应准确无误地把客人介绍给主人。

（5）介绍双方认识时，应避免刻意强调一方，否则，会引起另一方的反感。

（三）被人介绍礼仪

在介绍阶段被介绍双方通常应起立接受介绍人的介绍。但是，被介绍双方在谈判桌前就座或在餐桌前就座可以不必起立。相距较近可以握手并互致问候，相距较远可以欠身相互微笑点头示意并互致问候，也可以举起右手互相招手示意。被介绍人是女性或年长者可以不起立，但以起立接受介绍为好。被介绍者应以微笑的表情和兴奋的眼神注视对方。

在介绍人介绍之后，被介绍双方应以点头或握手等方式相互致礼并互致问候。作为被介绍人，当对方已做出握手表示之后，应做出相应反应，尤其不要拒绝对方。如果是站着被人介绍时，身体应当自然直立或上身微微向前倾斜，双腿一定并拢，双臂自然垂于身体两侧。

（四）握手礼仪

握手礼是中国人最常见的见面礼和告别礼，很能显示一个人教养程度。

1．握手礼的要求

最普通的握手方式是会面双方各自伸出右手，手掌均呈垂直状态，然后五指并用，稍许一握，时间以 3 秒种左右为宜。握手时，上身要略向前倾，头要微低一些，通常距离受礼者约一步，两足立正，上身稍向前倾，伸出右手，四指并齐，拇指张开与对方相握，微微抖动 3～4 次，然后与对方的手松开。

握手要讲究次序。一般地说，男女之间，男方需待女方伸出手后才可握手，如女方不伸手，没有握手的意愿，男方可点头致意或鞠躬致意。

（1）宾主之间，主人应先向客人先伸手，以表示热情、亲切，如接待来宾，不论男女，女主人都要主动伸手表示欢迎，男主人也可以先伸手向女宾表示欢迎。

（2）当年龄与性别冲突时，一般仍以女性先伸手为主，同性老年的先伸手，年轻的应立即回握。

（3）有职位差别时，职位高的先伸手，职位低的应立即回握。

2．不礼貌的握手

不礼貌的握手方式主要有以下几种：

（1）男士戴着帽子和手套。

（2）长久地握着异性的手不放。男士与女士握手时间要短一些，用力更轻一些。

（3）用左手同他人握手。

（4）交叉握手，不要越过其他人正在相握的手同另外一个人相握。

（5）握手时目光左顾右盼。

3．握手需要掌握的方法

握手需要掌握的方法主要有以下几种：

（1）一定要用右手握手。

（2）要紧握对方的手，时间一般以 1～3 秒为宜。当然，过紧地握手，或是只用手指部门漫不以心地接触对方的手都是不礼貌的。

（3）被介绍之后，最好不要立即主动伸手。年轻者、职务低的被介绍给年长者、职务高者的时，应根据年长者、职务高者的反应行事，即当年长者、职务高者用点头致意代替握手时，年轻者、职务低者也应随之点头致意。和女性握手，一般男士不要先伸手。

（4）握手时，年轻者对年长者、职务低者对职务高者都应稍稍欠身相握。有时为表示特别尊敬，可用双手迎握。男士与女士握手时，一般只宜轻轻握女士手指部位。男士握手时应脱帽，切忌戴手套握手。

（5）握手时双目应注视对方，微笑致意或问好，多人同时握手时应顺序进行，切忌交叉握手。

（6）在任何情况下拒绝对方主动要求握手的举动都是无礼的，但手上有水或不干净时，应谢绝握手，同时必须解释并致歉。

（五）称呼与问候礼仪

1．寒暄

寒暄是谈判双方进行顺利洽商的前提。寒暄的基本原则是：积极认真，争取主动，迅速调动自己的情绪，表现出与之交往的愿望和真诚；善于选择话题，互致问候；注意场合，讲究方式。寒暄的主要方式有以下几种：

（1）问候式寒暄。谈判双方可以根据不同的环境、场合、对象进行问候。

（2）赞扬式寒暄。谈判者可以根据对方的容颜、精神状态、衣着和发式等进行适当的赞扬。

（3）言他式寒暄。这常见于陌生的谈判者，谈判者彼此难以找到话题，可以谈谈天气、交通、体育赛事等，这样可以打破尴尬的局面，引出话题。

寒暄的禁忌主要有：心不在焉，一心二用；匆忙应对，词不达意；急于接触实质性问题；引出易于产生争议的议题；提出谈判双方回避的话题；有违对方特定的风俗习惯的内容。

2．问候

在商务谈判中问候语言的运用既表示尊重，又显示亲切，也充分表现出说话者良好的风度和教养。如果初次跟客商见面，问候语言与寒暄语言没有区别。在商务谈判中经常使用的“您好”即可以用做问候，也可用做寒暄。

3．称呼

在国际商务谈判中，一般对男子称“先生”，对女子称“夫人”“女士”，这些称呼均可以冠以姓名、职称、职务等。对英国人不能单独称“先生”，而应该“××先生”。美国人较随便，容易亲近，很快就可直呼其名。对不了解婚姻情况的女子可称其“女士”。在日本对妇女一般不称“女士”而称“先生”。

称呼顺序的基本原则是“先长后幼，先上后下，先疏后亲，先外后内”，这样做比较礼貌，得体和周到。

（六）名片礼仪

名片是一个人身份地位的象征，是一个人尊严、价值的一种外显方式，也是使用者要求社会认同、获得社会理解与尊重的一种方式。名片的使用是商务交往的一种重要的手段，互换名片已经成为成为现代人相互介绍并建立联系的一个重要步骤。

名片规格通常是：国内通用的名片规格为 9cm×5.5cm，即长为 9 厘米，宽为 5.5 厘米；境外人士多使用的规格为 10cm×6cm 的白色或有色卡片，在社交中以白色名片为最佳。一般印有公司名称、头衔、联系电话、地址等。

1．名片的递送

交换名片的顺序一般是：客先主后；身份低者先身份高者后，与多人交换名片时，应依照职位高低的顺序，或是由近及远，依次进行，切勿跳跃式的进行，以免对方误认为有厚此薄彼的感觉。如果是圆桌应按顺时针的顺序递送名片。递送名片时应用双手拇指和食指执名片两角，让文字正面朝向对方，双手递上。眼睛应注意对方，面带微笑，参加会议时，应该在会前或会后交换名片。不要递送修改过的、不清洁的名片。

2．接受名片

接受名片时应起身，面带微笑注视对方。接过名片时应说“谢谢”，微笑阅读名片时可将对方的姓名职衔念出声来，并抬头看看对方的脸，令对方产生一种受重视的满足感。然后，回敬一张本人的名片，如身上未带名片，应向对方表示歉意。如果接下来与对方谈话，不要将名片收起来，应该放在桌子上，并保证不被其他东西压起来，这会使对方感觉你很重视他。

3．名片的存放

接过别人的名片切不可随意摆弄或扔在桌子上，也不要随便塞在口袋里或丢在包里，应放在西服左胸的内衣袋或名片夹里，以示尊重。这里强调的是：除非必要，外国人是不轻易交换名片的，因此，到国外一般不要像发传单那样发放名片。

六、会谈礼仪

进行谈判是双方相互交往的重要活动，谈判双方都渴望获得对方的尊重与理解。礼仪是人们自重和尊重他人的生活规范，是对别人（客户）表示尊敬的方式。因此，懂得并掌握必要的礼仪，是谈判人员必须具备的基本素质之一。

（一）谈判座位的安排

谈判场所的布置及座位的安排是体现谈判人员素质的标准之一。谈判室的布置往往是给客人的第一印象，有些谈判人员会根据谈判室的布置状况去判断主方对本次谈判的重视程度和诚意。在谈判中要想获得对方的合作或取得某种效果，座位的安排大有学问。

在谈判中，双方的主谈者应该居中坐在平等而相对的位子上，谈判桌应该长而宽绰、明净而考究，其他谈判人员一般分列两侧而坐。这种座位的安排通常意味着正式、礼貌、尊重、平等。谈判桌的形状多种多样，有长方桌、圆形桌、椭圆桌。谈判通常用长方形的条桌，其座位安排如图 91-所示。

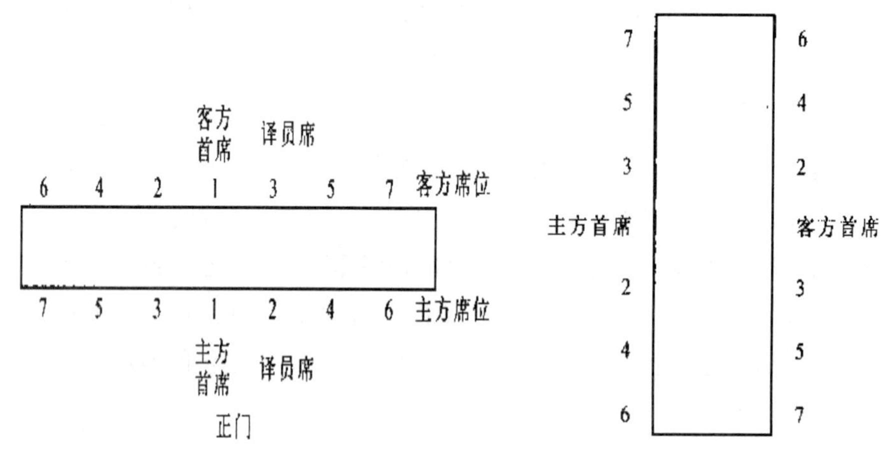

图 9-1　谈判常用长方桌

谈判时应注意座位的朝向。一般习惯认为面对门口的座位最具影响力，西方人往往习惯认为这个座位具有权利感，中国人习惯称此座位为“上座”，而背朝门口的座位最不具影响力，西方人一般认为这个座位具有从属感，中国人习惯称此座位为“下座”。

（二）会谈中的礼仪

会谈是谈判的正式开始，可以说是谈判的实质性阶段。也是整个谈判中最为重要的阶段，其礼节直接影响谈判的进程与成效，因此尤为重要。

会谈通常安排在专用的会谈室，或者安排在合适的会客办公室。按照参加方的多少可以将会谈分为双边会谈和多边会谈，只有双方参加的会谈为双边会谈，有三方及三方以上参加的会谈为多边会谈。会谈中应注意以下方面的礼仪：

（1）准确掌握会谈时间、地点和双方参加人员的名单，并及早通知有关人员和有关单位做好必要的安排，会谈时，主人应提早到达，以避免仓促。

（2）客人到达时，主人应在正门口迎接，也可以在会谈室门口迎接，或由工作人员在门口迎接，引进会谈室，主人在会谈室门口迎接。

（3）会谈场所应安排足够的座位，必要时安装扩音器，现场事先放置中外文座位卡等，如有合影，最好安排在宾主握手之际，合影之后再入座。

（4）合影时一般由主人居中，主人右手为上，主客双方按顺序排列合影，第一排人

员既要考虑身份，也要看能全部摄入镜头。

（5）合影完毕，双方人员入座开始会谈，这时，除了谈判成员外，一般工作人员即应退出，在会谈过程中也不要随便出入。

（6）双边会谈通常使用长方形或椭圆形桌子，宾主相对而坐。

（7）以正门为准，客人面向正门，主人背向正门，双方主谈人员居中而坐。

（8）会谈时应准备茶水，夏天配加冷饮，若会谈时间较长，可适当配加咖啡或红茶。

（9）会谈结束时，双方应起身握手告别，主人应将客人送至车前或门口，目送客人离开。

七、宴请礼仪

在谈判活动中，谈判双方互相宴请或进行招待，是整个谈判过程中不可缺少的组成部分。举行宴会或招待会，可以制造一种宽松融洽的气氛。在这种气氛中，能够加深双方的了解，增进彼此的友谊，也为谈判成功奠定良好的基础。

（一）宴请形式

以宴请的形式款待宾客，是对外交往中一项经常性的活动。这是人际交往的一种重要形式。通常的宴请形式有宴会、招待会、茶会和工作进餐等。

（1）宴会。宴会为正餐，即坐下进食，招待员顺次上菜。按举行的时间，可以将宴会分为早宴、午宴和晚宴，其中以晚宴最为隆重。

（2）招待会。招待会是指各种非正式和较为灵活的宴请形式。这种宴请形式通常不排席位，可以自由走动，备有食品、酒水饮料及冷食（有时也备热菜）。常见的招待会形式有冷餐会和酒会等。

（3）茶会。这是一种更为简便的招待形式。举行的时间一般在下午 4 时左右（也有在上午 10 时举行的）。茶会通常设在客厅。厅内设茶几和座椅，不排座位。如果是为某贵宾举行的茶会，在入座时，可有意地将主宾同主人安排坐在一起，其他人随意就座。茶会备点心和地方风味小吃，也有不用茶水而用咖啡的茶会，其组织安排与茶会相同。

（4）工作餐。工作餐是近年来较为流行的一种非正式简便宴请形式。按用餐时间可分为工作早餐、工作午餐与工作晚餐。它的特点是利用进餐时间，边吃边谈问题。在活动繁多、安排其他类型宴请有困难的时候，往往采取这种宴请形式。

（二）宴请活动的组织工作

通常，宴请活动的组织工作主要包括以下几方面：

1. 确定宴请目的、名义、对象、范围与形式

宴请的目的是多样的，可以为某人，也可以为某事。如为某人某团赴约谈判，为某次

展览、展销、订货会的开幕、闭幕，为某工程的开工与竣工等。在谈判中，为双方合作的开始或合作的成功或谈判中某环节、某阶段的问题等。尽管宴请的目的多样．但目的必须明确，这是对宴请的一个起码要求。

2．确定宴请名义和对象

确定宴请名义和对象的主要依据是主、客双方的身份。出面邀请者身份太低，会使对方感到受冷落、宴请的规格低。出面邀请者身份太高，会使对方感到无所适从。谈判中多以一方主谈人的名义出面邀请对方主谈人及其从属人员。日常交往的小型宴请，根据具体情况以个人名义或夫妇名义出面邀请。

3．确定宴请范围

确定宴请范围应考虑多方面的因素，不能只顾一面。一般应考虑宴请的性质、主宾的身份、主人的身份、通用惯例、对方招待己方的做法以及政治、经济气候等。当邀请范围与规模确定以后，即可草拟具体邀请名单。

4．确定宴请形式

宴请采取何种形式，在很大程度上取决于当地的习惯做法，根据习惯和需要选择宴请形式。日前，世界各国的礼宾工作都在简化，宴请范围呈缩小趋势，形式也更为简便。冷餐会和酒会等被广泛采用，而且在中午举行酒会时，往往不请配偶。不少国家招待国宾时也只请身份较高的陪同人员，不请随行人员。在谈判活动中，根据不同的时间、地点等条件，举行酒会和冷餐会可视情况而定。

5．宴请时间

宴请时间和地点应对宾主双方都适合。要注意尊重对方在时间上的禁忌和不便。如对基督教人士的宴请时间不宜选择 13 号，更不宜选择 13 号并且是星期五。伊斯兰教徒在斋月内白天是禁食的，宴请应安排在日落以后举行。小型宴会举办以前，应先就时间与主宾征询意见，最好在适当的时候当面邀请主宾，也可以用电话联系。

6．宴请地点

关于宴请地点，可按活动性质、规模大小、宴请形式、主人意愿和实际可能等情况具体选定。选定的场所要能容纳全部人员。举行小型正式宴会，在可能的条件下，应在宴会厅外另设休息厅（又称等候厅），供宴会前简短交谈使用，待主宾到达后，一起步入宴会厅入席。

6．发出邀请

各种宴请活动，一般都用发请柬的形式来发出邀请，这样更具有礼貌性，且对客人起着备忘的作用，也是客人进入宴会的凭证。请柬一般提前一周或两周发出，也有提前一个月发出的，以便对方及早安排、及早答复。

（三）宴请桌次与座位礼仪

在宴请中，桌次与座位是一个不可忽视的问题。

1．桌次的高低

桌次的高低以离主桌位置远近而定。右高左低。桌数较多时，要摆桌次牌。宴会可用圆桌、方桌或长桌，一桌以上的宴会，桌子之间的距离要适中，各个座位之间的距离要相等。团体宴请中，宴桌排列一般以最前面的或居中的桌子为主桌。

餐桌的具体摆放还应与宴会厅的地形条件而定。各类宴会餐桌摆放与座位安排都要整齐统一，椅背达到纵横成行，台布折纹要向着一个方向，给人以整体美感。

2．具体安排座位

还应考虑其他因素。例如，双方关系紧张的应尽量避免安排在一起，身份大体相同，或同一专业的可安排在一起。一般家庭举行宴请，因正房为坐北向南，故方桌北面即向门一面为客人的位置。现在则以迎门一方的左为上，右为下，是为首次两席。两旁仍按左为上，右为下依次安位。主人则背门而坐。

恰当的用桌次和座位的安排显示你的地位，表达你的尊敬，将会为你的赴会和宴请增添礼仪之邦的风采，并取得特定的效果。

3．西餐礼仪座次安排

座位有尊卑，一般而言，背对门的位置是最低的，由主人自己坐，而面对门的位子则是上位，由最重要的客人坐。

长形桌排列时，男女主人分坐两头，门边男主人，另一端女主人，男主人右手边是女主宾，女主人右手边是男主宾，其余依序排列。

桌子是T形或门字形排列时，横排中央位置是男女主人位，身旁两边分别位男女土宾座位，其余依序排列。

西餐排座位，通常男女间隔而坐，用意是男士可以随时为身边的女士服务。

（四）喝茶的礼节

喝茶是中国人的传统习惯。营销人员喝茶的方式，不仅代表个人的涵养，而且影响销售的成败。如果客户端出茶来招待，营销人员应该起身双手接过茶杯，并说声“谢谢”。接过杯子之后，应该将其慢慢地放在身前的桌子或其他搁置物上。切记动作不要过快过猛，否则易将杯子打翻或使饮料溅出来，无论哪种后果都会造成主人的不快。他可能认为你这个人性格暴躁，不宜接近，或者认为你缺乏涵养，而不愿与你交往。这些都对营销不利。

不要把茶仅仅放在桌子上，还要喝一下以示礼貌。喝茶时不可狂饮，不可发出声音，尤其不能仰着头，咕咚咕咚地像喝饮料，甚至喝完后还咂吧咂吧嘴。

（五）敬酒的礼仪

在较为正式的场合，饮用酒水颇为讲究具体的程式。在常见的饮酒程式之中，斟酒、祝酒、干杯应用最多。

1．斟酒

通常，酒水应当在饮用前再斟入酒杯。有时，男主人为了表示对来宾的敬重、友好，还会亲自为其斟酒。

在侍者斟酒时，不要忘了道谢，但不必拿起酒杯。可是在男主人亲自来斟酒时，就必须端起酒杯致谢，必要时，还须起身站立，或欠身点头为礼。有时，亦可向其回敬以“叩指礼”。即以右手拇指、食指、中指捏在一起，指尖向下，轻叩几下桌面，这种方法适用于中餐宴会上，它表示的是在向对方致敬。

2．敬酒

敬酒亦称祝酒，是指在正式宴会上，由男主人向来宾提议，为了某种事由而饮酒。在敬酒时，通常要讲一些祝愿、祝福之言。在正式的宴会上，主人与主宾还会郑重其事地发表一篇专门的祝酒词。因此，敬酒往往是酒宴上必不可少的一项程序。

敬酒，可以随时在饮酒的过程中进行，频频举杯祝酒，会使现场氛围热烈而欢快。不过，要是致正式祝酒词的话，则应在特定的时间进行，并以不影响来宾用餐为首要考虑。

通常，致祝酒词最适合在宾主入席后，用餐前开始。有时，也可以在吃过主菜之后、上甜品之前进行。不管是致正式的祝酒词，还是在普通情况下祝酒，均应内容愈短愈好，千万不要连篇累牍，长篇大论，喋喋不休，让他人等候良久。

3．干杯

干杯是指在饮酒时，特别是在祝酒、敬酒时，以某种方式，劝说他人饮酒，或是建议对方与自己同时饮酒。有的时候，干杯者相互之间还要碰一下酒杯，通常叫碰杯。

干杯，需要有人率先提议。提议干杯者，可以是致祝酒词的主人、主宾，也可以是其他任何在场饮酒之人。提议干杯时，应起身站立，右手端起酒杯，或者用右手拿起酒杯后，再以左手托扶其杯底，面含笑意，目视他人，尤其是自己的祝酒的对象，口颂祝颂之词。如祝对方身体健康、生活幸福、节日快乐、工作顺利、事业成功以及双方合作成功，等等。

在主人或他人提议干杯后，应当手持酒杯起身站立。即便滴酒不沾，也要拿起水杯装装样子。在干杯时，应手举酒杯，至双眼高度，口道“干杯”之后，将酒一饮而尽，或饮去一半，或适当的量。然后，还须手持酒杯与提议干杯者对视一下，这一过程方告结束。

八、舞会的礼仪

各种形式的舞会都是增进友谊的交际场所。企业不仅要适时举办一些舞会招待客户，

而且要适当参加客户所举办的舞会，这样有利于陶冶情操，发展友谊并寻找新客户。但是，在出席舞会时应注意出席舞会的礼仪。

（一）舞会的时间

举办舞会，首先必须选择适当的时间。举办舞会的时间问题，实际上又涉及下述两点：

（1）舞会的时机

举办任何一场舞会，都要“师出有名”，为其找到一个恰当的名义，如庆祝生日、纪念结婚、晋职升学、欢渡佳节、款待贵宾等。换而言之，碰上这些情况时，便是举办舞会的最佳时机。在一般情况下，周末和节假日，也非常适宜举办舞会。

（2）舞会的长度

确定一次舞会的具体长度，应当兼顾各种因素。但是其中最重要的不要令人过度疲劳，不要有碍工作和生活。

在正常情况下，舞会最适合于傍晚开始举行，并以不超过午夜为好。其最佳的长度，通常被认为是 2～4 小时。

（二）舞会的场地

具体来说，舞会的场地问题就是举办地点与舞地选择两个方面。

1．地点

确定舞会举行的具体地点时，既要考虑人数、交通、安全问题，更要注意其档次与气氛是否适宜举办舞会。与此同时，还须量力而行，不要铺张浪费，要明白舞会的精义所在。

依照常规，举办小型舞会。可选择自家的客厅、庭院或是公园、广场。而举办大型舞会，则宜租借单位的俱乐部，或是营业性的舞厅。

2．舞池

舞池，一般是指在舞会举办地点之内专供跳舞的地方。在举办大型、正式的舞会时，对于舞池的选择与布置，必须再三考虑。其中要高度重视以下五个细节：

（1）舞池的大小应当适度，最好与跳舞的总人数大致般配，人均 1 平方米最佳。

（2）舞池的地面务必干净平整，苦其过脏、过清、过糙，都会有碍于跳舞。

（3）舞池的灯光应当正常，并且在柔和之中又有所变化。若其“失明”，或是过强、过弱，都不甚合适。

（4）舞池的音响需要认真调试，音量也要适度，切勿以噪声扰人。

（5）舞池的周围最好设置足够的桌椅，专供跳舞者在舞会期间休息之用。

（三）如何邀舞

参加跳交谊舞，在向别人邀舞时必须注意的礼仪主要有以下几点：

（1）男女即使彼此互不相识，但只要参加了舞会，都可以互相邀请。通常则由男士主动去邀请女士共舞。

（2）邀舞时，男士应步履庄重地走到女士面前，微微躬身，彬彬有礼地摊开右手，不需言语（有时也可轻声微笑说：“请您跳舞。”）。

（3）当你有意邀请一位素不相识的女性跳舞时，必须先认真观察她是否已有男舞伴。如有，一般不宜前去邀请，以免发生误解。

（4）在正常的情况下，两个女性可以同舞，但两个男性却不能同舞。

（5）如果是女方邀请男伴，男伴一般不得拒绝。音乐结束后，男伴应将女伴送到其原来的座位，待其落座后，说一声：“谢谢，再会!”然后方可离去，切忌在跳完舞后，不予理睬。

（6）邀请者的表情应谦恭自然，不要紧张和做作，以致使人反感。

（四）如何拒舞

拒绝邀舞，也能表现出一个良好的思想修养和高雅的文化素质，应注意的礼仪如下：

（1）一般情况下，女士不应拒绝男士的邀请。如万不得已决定谢绝，必须态度和蔼，表情亲切地说：“对不起，我累了，想休息一下。”但在一曲未终时，女士应不再同别的男士共舞，否则会被认为是对前一位邀请者的蔑视，这是很不礼貌的表现。

（2）如果女士已经答应和别人跳这场舞，应当向男士表示歉意说：“对不起，已经有人邀我跳了，等下一次吧。”

（3）当女士拒绝一位男士的邀请后，如果这位男士再次前来邀请，在确无特殊情况的条件下，女士应答应与之共舞。

（4）两位男士同时去邀请一位女士共舞，女士应最好都礼貌地谢绝。如果同意与其中的一个共舞，对另一个则应表示歉意，礼貌地说：“对不起，只能等下一次了。”

（5）有的双双而来或自携舞伴，两人跳过一场或几场之后，如果有别人前来邀舞，另一方应开朗大方，促其接受。被邀者本人也应有礼貌地接受。

九、馈赠礼仪

馈赠礼品既是商务谈判中的一种润滑剂，同时也是一种背景文化的展示。它一方面能加深与谈判对方的感情，促进与客户的关系，另一方面也可能由于文化差异而犯禁忌。所以要好好把握，把工作做细。商务送礼是一种艺术和技巧，从时间、地点到选择礼品，每一件都是很费人心思的事情。

（一）礼物的选择

选择礼物时应注意以下几点。

1．注意对方的习俗和文化修养

由于谈判人员宗教习俗、文化背景的不同，爱好和习惯也有所不同。如在阿拉伯国家，酒类不能作礼品，也忌讳给当事人的妻子送礼品；在英国，受礼人讨厌有送礼人单位或公司标识的礼品；法国人讨厌别人送菊花；日本人不喜欢有狐狸图案的礼品；我国人忌讳送钟等。这些都是由不同的习俗和文化造成的。

2．注意礼品的数量

我国向来以双数表示吉祥，而在日本等一些国家则以奇数表示吉利。另外，西方一些国家普遍忌讳“13”这个数字。因此，无论是送水果还是任何数量较多的礼物，都要注意这一点。

3．把握礼品的价值

礼品的价值即礼品的货币价值，在赠送礼品时选择多大价值的礼品比较合理呢？这应根据客商的具体情况而定。一般情况下，欧美等国的社交在送礼方面，较注重礼物的意义价值而不是礼物的货币价值，他们只把礼物作为传递友谊和感情的媒体和手段。在美国，一般的商业性礼物的价值在 25 美元左右。因此，我们在选择礼物时，其货币价值不要过高，有时赠送昂贵的礼物，会引起对方的怀疑及戒备，也会使对方为难。相对而言，亚洲、非洲、拉丁美洲和中东地区的客商，较注重礼物的货币价值，对这些国家的客商赠送礼物可适当地贵重一些。

有时，也会遇到对方给自己送礼的情况，这就需要确定对方的礼物是否恰当，是否可以接受等问题，当不能接受时，应向对方讲明原因，并婉言谢绝。这样，可以防止对方的误解和不愉快。在商务交往中是否可以接受礼物以及礼物的处理，国内有关部门和企业都有相应的政策和纪律，谈判人员应当遵守这方面的政策规定。

4．注意礼品的暗示作用，不要因送礼品造成误解

正确地选择礼品，对促成谈判成功往往有意想不到的效果。选择时，既要考虑到对方的文化、习俗、爱好、性别、身份、年龄等因素，又要考虑礼品本身的思想性、艺术性、趣味性和纪念意义，还需注意避奢脱俗，正如世界一位著名的礼节专家所讲的那样，礼物应当是“创造性”的，应是为对方所喜欢并能接受的。像我国的景泰蓝、玉佩、绣品、水墨字画、瓷器、茶具等，都能受到国外客商及谈判者的喜爱。

（二）送礼时机的选择

赠送礼品的时间要兼顾两点：一是具体时机，通常赠送礼品的最佳时机是节假日、节庆日等；其二是具体赠礼时间，一般而言，当作为客人拜访他人时，最好在双方见面之初向对方送上礼品，即所谓的“见面礼”。当作为主人接待来访者时，则应该在客人离去的前夜或者举行告别宴会上，把礼品赠与对方。但是，在实际国际商务活动中，赠礼的具体

时间是一个需要特别注意的问题。例如，应避免在商业交易正在进行中赠送礼物。

与日本人做生意，则要等对方先送礼物，己方方可回礼，否则，如果己方赠礼在前会使日本人觉得很丢面子。与阿拉伯国家的交往中，则一般要在见过几次面后，赠送小礼物才为妥当。

由于各国文化的差异，受社会、宗教的影响和忌讳，送礼成了一种负重的感觉。如运用得当，送礼能巩固双方之间的业务关系；运用不当，则会有碍于业务联系。选择适当的礼品、赠送礼品的时机，以及让受礼人做出适当的反应等，都是送礼时要注意的关键问题。

（三）赠送的地点

考虑礼品的赠送地点时要注意公私有别。一般而言，公务交往中所赠送的礼品应该在公务场合赠送。在谈判之余，商务活动之外或私人交往中赠送的礼品，则应该在私人居所赠送。

（四）赠送的方式

赠送礼物一定要重视礼品的包装，同时包装盒的颜色也要考虑受礼人的习俗和禁忌。赠送礼品时要附上赠送者写的卡片，在卡片上可注明礼品的含义、具体用途及其特殊之处。这样可以更加突出礼品的意义和赠礼人的用心与善意。特别注意：在欧洲，把名片放在礼物中是失礼的行为，如果需要加放名片，则要放入精致的信封与礼物一并交给受礼人。

赠送礼品时，如果允许，一般应由单位最高领导或公司最高代表亲自赠送，并应先赠予对方职务最高者。现代社会中，礼物可以不是实物，如组织客户旅游观光等，也可以起到同赠送实物一样的作用。

在赠送礼品的同时，还要注意赠送礼品时的措辞。首先注意不要漏掉任何人，还要注意对方的职务，并根据职务的重要性来决定说话时的顺序，先说最重要的人，而且明确表示你对他的感谢。也可说明送礼的原因和赠礼人的美好愿望。

（五）礼品的接受礼仪

首先，要真诚地表示感谢，不管礼品的轻重贵贱，都要诚挚地表达谢意。其次，要让对方感受到你的愉快，不管你喜欢与否，满意与否，都应该露出高兴的神情，因为这是对对方的尊重。最后，要重视别人赠送的礼物。

在日本、新加坡、韩国、中国和马来西亚，一般受礼人不当着赠礼人的面打开礼物，以表明他们重视的是送礼这一活动而不是礼物本身。相反，在西方要当面打开礼物，并由衷地表示感谢则被认为是对赠礼人的尊重。

另外，在不能接受礼品时，要礼貌委婉地向赠送人解释不能接受的原因（如公司规定等），同时表达对赠送人的谢意，但一般不当面拒绝礼品。

（六）如何拒收礼品

当你不能接受送礼人给你的礼品时，你可以礼貌地拒收礼品。但是必须注意礼节。符合社交礼仪的拒收礼品方法可以因人、因事而异，可以参考以下方式来拒收礼品。

1．婉言相告法

婉言相告法，即采用委婉的、不失礼貌的语言，向赠送者暗示自己难以接受对方的礼品。比如，当对方向自己赠送照相机时，可告之：“我已经有一台了。”当一位男士送舞票给一位小姐，而对方打算回绝时，则可以说：“实在抱歉，我男朋友已经请我跳舞了，而且我们已经有约在先了。”

2．直言缘由法

直言缘由法，即直截了当而又所言不虚地向赠送者说明自己之所以难以接受礼品的原因。在商务交往中拒绝礼品时，此法尤其适用。如：拒绝他人所赠的大额现金时，可以讲：“我们有规定，接受现金要算受贿的。”拒绝他人所赠的贵重礼品时，可以说：“按照有关规定，你送我的这件东西，必须登记上缴。”

3．事后退还法

有时，若是在大庭广众之下拒绝他人所送的礼品，往往会使受赠者有口难张，使赠送者尴尬异常。这种情况，可采用事后退还法加以处理。即当时接受下来礼品，但不拆启其包装。事后尽快单独将礼品再物归原主，应该快速地将礼品退回，一般来说不要超过24小时。

十、庆典活动礼仪

谈判双方经过会谈磋商，就某项重要交易或重大经济合作项目达成协议时，往往要举行签字仪式，有些还要举行庆典活动。

庆典活动是商业组织在取得某项重大成绩时或庆祝组织的某个纪念时，而举行的庆贺活动。庆典活动可以邀请政府人员、媒介公众、社区公众等参加。庆典活动其礼仪程序有以下几方面的内容：

（一）典礼开始

通常由单位负责人主持典礼，并宣布重要嘉宾名单。宣读时，其顺序为：先宣读前来出席的重要领导人名单，再宣读知名人士名单，然后宣读致贺电、致贺函单位或个人名单。

（二）致贺词与答词

贺词一般由领导人或知名人士宣读。答词一般由举办单位的主要负责人宣读。致词和答词应简洁、热情。

（三）剪彩

剪彩通常在致答词之后进行。剪彩人由参加典礼的人员中身份最高的领导或知名人士担任。

（1）剪彩时，剪彩人应站在台前中央。

（2）两位协助剪彩的礼仪小姐应侧身、面对剪彩人站其两侧，将彩带拉直，把彩球托起并对准剪彩人。

（3）第三位协助剪彩的礼仪小姐立于剪彩人身后，用托盘将剪刀递上。

（4）台上其余人员均应立于剪彩人身后，面向台下公众呈横排排列。

（5）剪彩人应神态庄重，面带微笑，聚精会神地将彩带一刀剪断。

（四）典礼结束

庆典典礼结束，可组织公众参观，也可举行文艺演出或者宴请。

第三节　主要国家商务礼仪与禁忌

在国际商务交往中，商务礼仪受到国别、地域、宗教信仰、文化背景、民族习俗、社会风俗和政治制度等多方面的影响而千差万别。因此，在商务活动中，我们要了解和尊重有关国家的礼仪习俗，做到因人施礼。

一、亚洲地区的商务礼仪与禁忌

我国与亚洲各国之间交往频繁，关系密切，相互间影响较大。亚洲是世界上人口最多的洲，是世界三大宗教的发源地，同时也是民族构成最复杂的地区。受多种因素的影响，尤其是宗教信仰的影响，亚洲各地区、各国的商务礼仪习俗差别较大，在进行商务活动时，要特别注意。

（一）日本的商务礼仪与禁忌

着装：日本人普遍很讲究礼节，尤其外出参加各种活动，男士一般是西装革履，女士必须穿和服。在商务活动或上班时男士大都身着西装，打领带，女士基本穿西服套裙或连衣裙，化淡妆。

会面：日本人平时见面要互相问候，行鞠躬礼，15°是一般礼节，30°为普通礼节，45°是最尊敬的礼节。如果是熟人或老朋友，可以主动握手或拥抱。初次见面要行90°鞠躬礼，男士双手垂下贴腿鞠躬，女士将左手压右手放在小腹前鞠躬，并口念“初次见面，请多关照”。在国际交往中，日本人也习惯握手礼。

禁忌：在颜色上，不喜欢紫色，最忌讳绿色 在鲜花中，忌讳荷花。一般不接受菊花和有菊花图案的东西或礼品。

语言与数字：日本人忌讳“四”。因为日语中“四”和死同音，所以日本人医院里没有“四”号病房和病床：忌讳“苦”，甚至连谐音的一些词也忌讳，与“苦”相近音的“9”等数字。

其他：忌讳赠送有狐狸和猪图案的礼品，喜欢鸭子、乌龟、松、竹等图案。忌讳别人打听他的工资收入。年轻女性忌讳别人询问她的姓名、年龄和婚否。

（二）新加坡的商务礼仪与禁忌

着装：在商务交往中，新加坡人的着装非常讲究，男子一般要穿白色长袖衬衫和深色西裤，并且打上领带，女子则须穿套装或深色长裙。访问政府办公厅仍应着西装、穿外套。在国家庆典和其他一些隆重的场合，新加坡人喜欢穿自己的国服。新加坡人的国服，是一种以胡姬花作为图案的服装。

新加坡人不喜欢挥霍浪费，宴请对方不要过于讲排场，尤其是在商务活动中，答谢宴会不宜超过主人宴请的水平，以免对方产生其他想法，新加坡人接待客人一般是请客人吃午餐或晚餐，中餐是最佳选择，席间注意不要用左手。

禁忌：颜色上，由于新加坡居民中华侨多，人们对色彩想象力很强，一般红、绿、蓝色很受欢迎，视紫色、黑色为不吉利，黑、白、黄为禁忌色。在数字方面，禁忌 4、7、13 和 37。因为在华语中，“4”的发音与“死”相仿，而“7”则被视为一个消极的数字。在新加坡华人看来“3”表示“升”，6 表示“顺”，“8”表示“发”，“9”则表示“久”，都是吉祥的数字。

（三）泰国的商务礼仪与禁忌

着装：在商务交往中，泰国人大多着深色的套装或套裙。访问泰国各级政府机构宜穿西装，但商人见面时穿讲究一点的 T 恤衫、系领带即可。

会面：泰国人在一般的交际应酬中常用的礼节是行“合十礼”。朋友相见，双手合十，稍稍低头，并且同时问候对方“您好”。在社交场合，泰国人习惯以“小姐”“先生”等国际上流行的称呼彼此相称。而且他们在称呼交往对象时，不习惯称呼其姓，而是习惯称呼其名。

在泰国人面前，盘腿而坐或以鞋底对着人是不礼貌的。无论是坐着还是站着，不要让泰国人明显地看到你的鞋底。和泰国商人相处，不要夸耀自己国家的经济，否则他们会认为你太傲慢，在以后的交往中，有可能会有意地为难你。因此，在泰国商人面前，显得越谦虚越好。

禁忌：颜色方面，泰国人喜爱红色和黄色，但忌讳褐色。他们喜欢在广告、包装、商标、服饰上使用鲜明颜色，并习惯用颜色表示不同日期，群众常按不同日期，穿着不同色彩的服装。在鲜花中，泰国人不大喜欢茉莉花，因为在泰语里，它的发音与“伤心”类似。在举止方面，泰国人在举止动作上的禁忌很多。泰国人非常重视人的头部，而轻视两脚，认为头是灵魂所在，是神圣不可侵犯的，切记勿触摸别人的头，即使是摸小孩的头也不行。跟泰国人接触时，千万不要动手拍打对方。用左手接触对方，讲话时以手指对对方指指点点，也是不允许的。

二、欧美地区的商务礼仪与禁忌

（一）美国的商务礼仪与禁忌

着装：在正式场合，美国人还是非常讲究服饰，注重整洁，其西装质地较好，特别是鞋擦得很亮，手指甲要清洁。而且他们的衬衣、袜子、领带必然是每天一换。穿肮脏、褶皱、有异味的衣服，在美国是被人看不起的。因此，在一般的商务活动场合，着装不必过于拘谨，但要注意整洁。正式谈判或公务拜访，最好身着质地好的西服套装。女士最好不要穿黑色皮裙，切忌浓妆艳抹，更不要在大庭广众之前化妆补妆，这在美国是被视为缺乏教养的行为。

禁忌：颜色上，美国人一般比较喜欢淡淡的颜色，如象牙色、浅绿色、浅蓝色、黄色、粉红色、浅黄褐色。忌讳黑色，认为黑色是肃穆的颜色，只有在葬礼上用。也不太喜欢红色。在数字方面，同其他西方基督教国家一样，忌讳“13”“3”和“星期五”。在图案里，忌讳蝙蝠图案，认为蝙蝠是吸血鬼的象征；也不喜欢山水和仕女图案，以及镰刀、锤子之类的图案。美国人偏爱白头鹰和白猫的图案。

（二）英国的商务礼仪与禁忌

着装：虽然随着时代的发展，现在的英国人在穿戴方面有了很大变化，但依然非常讲究。一旦出门，他们便会衣冠楚楚。在正式场合的穿着，十分庄重而保守。一般男士要身着深色套装、单色衬衫、老式领带和铿亮的黑色皮鞋。不戴条纹领带，因为那样可能会被认为是在模仿很有名望的英国军装领带。

禁忌：在颜色上，英国人比较喜欢蓝色和白色，反感墨绿色、红色和黑色。

同其他基督教国家一样，忌讳“13”“3”和“星期五”。鲜花方面，玫瑰是英国的国花，他们非常喜欢，也很欢迎蔷薇花，但忌讳菊花，因为菊花是葬礼上的用花。

（三）法国的商务礼仪与禁忌

着装：法国人对于衣饰的讲究，在世界上是最为有名的。在正式场合，法国人通常要穿西装、套裙或连衣裙，颜色多为蓝色、灰色或黑色，质地则多为纯毛。出席庆典仪式时，一般要穿礼服。男士所穿的多为配以蝴蝶结的燕尾服，或是黑色西装套装；女士所穿的则

多为连衣裙式的单色大礼服或小礼服。在与法国人进行商务活动时，应尽可能地穿上最好的服装，打扮得华而不俗。

在与法国人进行商务交往时，切忌随意以名字称呼对方，除非对方要求。通常习惯只称“先生”“小姐”“夫人”等尊称．不用加上对方的姓。熟人、同事之间可直呼其名。在初次见面时应主动向对方递上自己的名片。

禁忌：在颜色上，法国人比较喜欢蓝色、粉红色，把它们看成是宁静、祥和与积极向上的颜色，而忌讳墨绿色，因为这种颜色容易使人联想到二战时的德国纳粹。法国人喜爱花，生活中离不开花，特别是探亲访友，应约赴会时，总要带上一束美丽的鲜花，人们在拜访或参加晚宴的前夕，总是送鲜花给主人。切记不要送菊花，因为法国（或其他法语区），菊花代表哀伤，只有在葬礼上才送菊花。黄色的花，象征夫妻间的不忠贞，千万别送。在数字上，法国人忌讳“13”这个数字，商品不标 13 的价，没有“13”层楼，门牌没有“13”号，就餐时不能“13”人同桌。他们还认为“星期五”是不吉利的日子。如果“星期五”与“13”日碰在一起，这一天被称为“黑色星期五”，商人一般在这一天都不活动。

（四）德国的商务礼仪与禁忌

着装：德国人在穿着打扮上的总体风格是庄重、朴素、整洁。在商务交往中，他们讲究男士穿三件套西装，女士穿裙式服装，不允许女士在商务活动中穿低胸、紧身、透明的上装和超短裙，也不允许佩戴过多的首饰（不超过三件）。

禁忌：颜色上，通常不喜欢红色和黑色。因为红色被认为是色情的颜色，黑色是悲哀的颜色。在鲜花方面，德国人对矢车菊最为推崇，并且选定其为国花。在德国，不宜随意以玫瑰或蔷薇送人，前者表示求爱，后者则专用于悼亡。在数字上，同其他基督救国家一样，忌讳“13”和“星期五”。此外，忌讳用一颗火柴连续给二个人点烟，否则第二个人会很生气的。与德国人谈话时不要用眼睛盯视对方。

（五）意大利的商务礼仪与禁忌

着装：意大利的服装享誉世界，意大利人对着装也非常讲究，既时髦又极富个性。但在商务活动和正式社交场合、他们一般都身着西服套装，尤其在参加重大活动时，喜欢穿一件套西装。

会面：与他人初次见面时，大都施以握手礼，并且会向对方问好。亲朋好友久别重逢会热情拥抱，甚至亲吻。另外，出于意大利人的名字难发音，难记忆，名片被广泛使用。初次见面时、双方要互换名片。

禁忌：颜色上，意大利人最喜爱的色彩是绿色、灰色，较为忌讳紫色。在数字中，意大利人最忌讳的数字与日期分别是“13”与“星期五”。就餐时不能有“13”人同桌。除此之外，他们对于“3”这一数字也不大有好感，特别是不能用一根火柴或打火机同时给 3

人点烟。在图案上，动物与鸟类的图案最受其欢迎。尤其是对狗和猫异常偏爱。而仕女图案、十字花图案则为其所忌。

本章小结

本章主要讲述了商务谈判礼仪的基本知识、商务谈判中各种场合礼仪和主要国家商务礼仪与禁忌。通过本章的学习，读者应该掌握商务礼仪的特征和原则；了解商务礼仪的作用；掌握商务谈判中的服饰礼仪和谈吐礼仪；掌握迎送礼仪、商务拜访礼仪、见面礼仪、会谈礼仪；掌握宴请的礼仪、舞会礼仪；了解馈赠礼仪、签约礼仪和庆典活动礼仪；了解亚洲、欧美地区主要国家的商务礼仪与禁忌。

复习思考题

1. 商务礼仪的特征有哪些?
2. 商务礼仪应遵循哪些原则?
3. 交际活动中如何介绍自己及他人?
4. 交际活动中如何递接名片?
5. 简述敬酒的礼节。
6. 简述会客及谈判时的坐位安排。
7. 简述如何邀舞和拒舞?
8. 简述馈赠礼物应注意哪些事项?
9. 简述日本的商务礼仪与禁忌。
10. 简述美国的商务礼仪与禁忌。

第十章　国际商务谈判

国际商务谈判是国际商务活动中不同的利益主体，为了达成某笔交易，而就交易的各项条件进行协商的过程。国际商务谈判是一种对外经济贸易活动中普遍存在的一项十分重要的经济活动，是调整和解决不同国家和地区政府及商业机构之间不可避免的经济利益冲突的必不可少的一种手段。在商务谈判中，谈判人员在进行谈判的准备、谈判活动的开展、合同的签订及其后的履行中，都要时刻重视风险的存在性，懂得如何避免风险，确保己方利益的实现。

【本章学习目标】

- 了解国际商务谈判的特点；
- 掌握国际商务谈判的原则及其重要性；
- 了解常见的国际商务活动中各种风险；
- 掌握如何规避国际商务谈判中风险；
- 了解如何转移商务谈判中的风险。

第一节　国际商务谈判基本知识

国际商务谈判是对外经济贸易工作中不可缺少的重要环节。谈判中利益主体的 方通常是外国的政府、企业或公民（在现阶段，还包括香港、澳门和台湾地区的企业和商人），另一方是中国的政府、企业或公民。在现代国际社会中，许多交易往往需要经过艰难繁琐的谈判，尽管不少人认为交易所提供的商品是否优质、技术是否先进或价格是否低廉决定了谈判的成败，但事实上交易的成败往往在一定程度上取决于谈判的成功与否。在国际商务活动中，不同的利益主体需要就共同关心或感兴趣的问题进行磋商，协调和调整各自的的经济利益或政治利益，谋求在某一点上取得妥协，使双方都感到有利，从而达成协议。

一、国际商务谈判的特点

国际商务谈判既具有一般商务谈判的特点，又具有国际经济活动的特殊性，其特点主要表现在以下几个方面。

（一）政治性强

国际商务谈判既是一种商务交易的谈判，也是一项国际交往活动，具有较强的政策性。由于谈判双方的商务关系是两国或两个地区之间整体经济关系的一部分，常常涉及两国之间的政治关系和外交关系，因此在谈判中两国或地区的政府常常会干预和影响商务谈判。国际商务谈判必须贯彻执行国家的有关方针政策和外交政策，同时，还应注意国别政策，以及执行对外经济贸易的一系列法律和规章制度。

（二）坚持平等互利的原则

在国际商务谈判中，要坚持平等互利的原则，既不强加于人，也不接受不平等条件。我国是社会主义发展中国家，平等互利是我国对外政策的一项重要原则。所谓平等互利，是指国家不分大小，不论贫富强弱，在相互关系中，应当一律平等对待。在相互贸易中，应根据双方的需要和要求，按照公平合理的价格，互通有无，使双方都有利可得，以促进彼此经济发展。

在进行国际商务谈判时，不论国家贫富，客户地位大小，只要对方有诚意，就要一视同仁，既不可强人所难，也不能接受对方无理的要求。对某些外商利用垄断地位抬价和压价，必须不卑不亢，据理力争。对某些发展中国家或经济落后地区，也不能以势压人，仗势欺人，应该体现平等互利的原则。

（三）以国际商法为准则

由于国际商务谈判的结果会导致资产的跨国转移，必然要涉及国际贸易、国际结算、国际保险、国际运输等一系列问题，因此在国际商务谈判中要以国际商法为准则，并以国际惯例为基础。谈判人员需要熟悉各种国际惯例，熟悉对方所在国的法律条款，熟悉国际经济组织的各种规定和国际法。这些问题是一般国内商务谈判所无法涉及的，要引起特别重视。

（四）谈判的难度大

由于国际商务谈判的谈判者代表了不同国家和地区的利益，有着不同的社会文化和经济政治背景，人们的价值观、思维方式、行为方式、语言及风俗习惯各不相同，从而使影响谈判的因素更加复杂，谈判的难度更加大。

在实际谈判过程中，对手的情况千变万化，作风各异，有热情洋溢者，也有沉默寡言者；有果敢决断者，也有多疑多虑者；有善意合作者，也有故意寻衅者；有谦谦君子，也有傲慢自大盛气凌人的自命不凡者。凡此种种表现，都与一定的社会文化、经济政治有关。不同表现反映了不同谈判者有不同的价值观和不同的思维方式。因此，谈判者必须有广博的知识和高超的谈判技巧，不仅能在谈判桌上因人而异，运用自如，还要在谈判前注意资

料的准备、信息的收集，使谈判按预定的方案顺利地进行。

二、国际商务谈判的原则

通常，国际商务谈判的原则主要有以下几个。

（一）平等性原则

平等是国际商务谈判得以顺利进行和取得成功的重要前提。在国际经济往来中，企业间的洽谈协商活动不仅反映着企业与企业的关系，还体现了国家与国家的关系，相互间要求在尊重各自权利和国格的基础上，平等地进行贸易与经济合作事务。在国际商务谈判中，平等性原则要求包括以下几方面内容。

1．谈判各方地位平等

国家不分大小贫富，企业不论实力强弱，个人不管权势高低，在经济贸易谈判中地位一律平等。不可颐指气使，盛气凌人，把自己的观点和意志强加给对方。谈判各方面尊重对方的主权和愿望，根据彼此的需要和可能，在自愿的基础上进行谈判。对于利益、意见分歧的问题，应通过友好协商加以妥善解决，而不可强人所难。切忌使用要挟、欺骗的手段来达到自己的交易目的，也不能接受对方带强迫性的意见和无理的要求。使用强硬、胁迫手段，只能导致谈判破裂。

2．谈判各方权利与义务平等

各国之间在商务往来的谈判中权利与义务是平等的，既应平等地享受权利，也要平等地承担义务。谈判者的权利与义务，具体表现在谈判各方的一系列交易条件上，包括涉及各方贸易利益的价格、标准、资料、方案、关税、运输、保险等。

价格是商贸谈判交易条件的集中表现，谈判各方讨价还价是免不了的，但是按照公平合理的价格进行协商，对进出口商品作价应以国际市场价格水平平等商议，做到随行就市，对双方有利。为弥合在价格以及其他交易条件上的分歧，顺利解决谈判中的争执，就需要以公平的标准来对不同意见进行判定，而公平的标准应当是谈判各方共同认定的标准。

在谈判的信息资料方面，谈判者既有获取真实资料的权利，又有向对方提供真实资料的义务。谈判方案以及其他条件的提出、选择和接受，都应符合权利与义务对等的原则。谈判者享受的权利越多，相应地需要承担的义务也就越多，反之亦然。

3．谈判各方签约与践约平等

商务谈判的结果，是签订贸易及合作协议或合同。协议条款的拟订必须公平合理，有利于谈判各方目标的实现，使各方利益都能得到最大程度的满足。谈判合同一经成立，谈判各方面须“重合同，守信用”，“言必信，行必果”，认真遵守，严格执行。签订合同时不允许附加任何不合理的条件，履行合同时不能随意违约和单方面毁约，否则，就会以不平等的行为损害对方的利益。

（二）互利性原则

在国际商务谈判中，平等是互利的前提，互利是平等的目的。平等与互利是平等互利原则密切联系、有机统一的两个方面。国际商务谈判不能以胜负输赢而告终，要兼顾各方的利益。为此，应做到以下几点。

1．投其所需

在国际商务活动中，谈判就是为了说明对方进而得到对方的帮助和配合以实现自己的利益目标，或通过协商从对方获取己方所需要的东西，这要求做到以下几点：

（1）应将自己置身于对方的立场上设身处地地为其着想。

（2）要了解对方在商务谈判中的利益要求是什么。

（3）在对对方有所知的基础上有的放矢地满足其需求。

2．求同存异

谈判各方的利益要求完全一致，就无需谈判，因而产生谈判的前提是各方利益、条件、意见等存在着分歧。国际商务谈判，实际上是通过协商弥合分歧使各方利益目标趋于一致而最后达成协议的过程。如果因为争执升级、互不相让而使分歧扩大，则容易导致谈判破裂。而如果想使一切分歧意见皆求得一致，在谈判上既不可能也无必要。因此，互利的一个重要要求就是求同存异，求大同，存小异。谈判各方应谋求共同利益，妥善解决和尽量忽略非实质性的差异，并把分歧和差异限定在合度的范围内。

3．妥协让步

在国际商务谈判中，互利不仅表现在“互取”上，还表现在“互让”上。互利的完整含义，应包括促进谈判各方利益目标共同实现的“有所为”“有所不为”两个方面。既要坚持、维护己方的利益，又要考虑、满足对方的利益，兼顾双方利益，谋求共同利益，这是“有所为”；对于难以协调的非基本利益分歧，面临不妥协不利于达成谈判协议的局面，作出必要的让步，这是“有所不为”。谈判中得利与让利是辩证统一的。妥协能避免冲突，让步可防止僵局，妥协让步的实质是以退为进，促进谈判的顺利进行并达成协议。

三、国际商务谈判重要性

国际商务谈判是国际货物买卖过程中必不可少的一个很重要的环节，也是签订买卖合同的必经阶段。做好这个环节的工作，妥善处理商务谈判中出现的各种问题，在平等互利的基础上达成公平合理和切实可行的协议，具有十分重要的意义。

国际商务谈判的内容，不仅包括商务与技术方面的问题，还包括法律与政策问题，它是一项政策性、策略性、技术性和专业性很强的工作。国际商务谈判的结果，决定着合同

条款的具体内容，从而确定合同双方当事人的权利和义务，故买卖双方都很重视商务谈判这项重要的活动。

在国际货物买卖中，商务谈判是一项很复杂的工作，它比国内贸易中的洽谈交易复杂得多。因为交易双方分属不同的国家或地区，彼此有着不同的社会制度、政治制度、法律体系、经济体制和贸易习惯，有着不同的文化背景、价值观念、信仰和民族习惯，而且还有语言和文字沟通方面的困难。

第二节　国际商务谈判的风险防范

商务谈判风险是指在商务谈判中由于某些谈判环境因素、谈判对手或者谈判内部因素的作用，使得谈判出错或失误，无法达到预期目标的可能。具有不可预见性、突发性、可控性等特点。包括宏观谈判风险、来自谈判对手的风险和源自机构谈判者的风险。

一、常见的国际商务活动的风险

（一）政治风险

政治风险是一国发生的政治事件或一国与其他国家的政治关系发生的变化对公司造成不利影响的可能性。在国际商务谈判中，政治风险一方面是指由于政治局势的变化或国际冲突给有关商务活动的参与者带来的危害和损失。另一方面，政治风险也包括由于商务合作中的失误或者误会给各国家间的政治关系蒙上阴影。政治风险主要包括：①征收风险；②汇兑限制风险；③战争和内乱风险；④政府违约风险；⑤延迟支付风险。

（二）市场风险

市场风险主要包括汇率风险、利率风险和价格风险。

1．汇率风险

汇率风险是指在较长付款期内，由于汇率变动而造成结汇损失的风险；或指一个组织、经济实体或个人的以外币计价的资产与负债，由于汇率变化而引起的价值上涨或下降的可能。国际商务活动中的汇率风险主要包括有：交易结算风险、外汇买卖风险、会计风险。

2．利率风险

利率是金融市场的杠杆，利率的变动制约着资金的供给与需求的方向和数量。利率风险，是指国际金融市场上由于各种商业贷款利率的变动而可能给当事人带来损益的风险。

3．价格风险

价格风险，是指撇开了作为外汇价格的汇率和作为资金价格的利率的风险问题，是狭义的价格风险，它主要是对于投资规模较大、延续时间较长的项目而言的。例如大型工程所需要的某些设备往往要在项目建设后期提供。由此，在项目建设的初期，甚至在合同谈判阶段就把这些设备的价格确定下来是具有风险的，因为影响工程设备远期价格的因素很多，如原材料价格、工资水平等。

（三）技术风险

通常，技术风险主要包括以下几方面：

1．技术上过分奢求引起的风险

在涉及引进技术、引进设备等项目谈判中，引进方在进行项目技术谈判时，常有不适当地提出过高技术指标的情况。这种情况对发展中国家的谈判者来讲是比较普遍的。特别是那些参与谈判的工程技术人员总希望对方提供的技术越先进、越完善、功能越全面越好，这样做实际上也为项目成本的大幅度增长埋下了伏笔。

在项目合作中我们在向外方提出任何技术要求时，都要有承受相应费用的准备而且需要明白费用的上升幅度有时会大大超过功能、精度提高的增长幅度。事实上这些要求中相当部分在实际运用中往往是不必要的。同时，这样做还会为对方提供了转嫁风险的条件。因此，工程技术人员、谈判人员在谈判过程中提出相关要求时，应考虑其要求既要符合己方的需要，又要符合对方的技术规范。力求“技术上可行，经济上合理”。

2．由于合作伙伴选择不当引起的风险

在国际商务合作项目中，除考虑合作伙伴的技术状况之外，考察其资信条件、管理经验等方面的情况也是一个非常重要的问题。力求“信誉良好、经验丰富、实力较强”。如果选错了合作伙伴，其风险之大是可想而知的。

在商务合作项目中，只有选择了合适的伙伴，才有可能保证项目合作达到预定的目的，对于那些重要的、敏感的工程，更要寻找信誉好，有实力的合作伙伴。选择不当的合作伙伴，不但会使项目在合作进程中出现一些难以预料甚至难以逆转的困难，造成不可挽回的损失。

3．强迫性要求造成的风险

由国际商务合作项目中的双方不同地位而引起的强迫、压制对方行为而造成的风险。在商务活动中，往往会有一些大企业凭借自己的实力强迫弱小企业接受他们提出的方案。弱小企业在别无选择的情况下委曲求全，与其签订了不平等的合作协议后，弱小企业在履约过程中就会伺机采取各种手段找回谈判桌上的损失。

（四）合同法律风险

合同风险，在合同法上，广义的风险是指各种非正常的损失，它既包括可归责于合同

一方或双方当事人的事由所导致的损失，又包括不可归责于合同双方当事人的事由所导致的损失；狭义的风险仅指因不可归责于合同双方当事人的事由所带来的非正常损失。合同风险中很重要的一项是价格风险。而所谓价格风险，是指货物发生损坏或灭失时买方是还应支付货款的风险。常见的合同风险有以下几种情况：

1．交货风险

交货风险，是指安全发货和收货所面临的风险，主要包括有国际货物运输和保险两方面。国际贸易的货物一般都经过长途运输，在运输、装卸和储存的过程中，由于自然灾害、意外事故和其他外来的原因，货物有可能遭受各种损失。因此，货主为了保障货物在一旦遭到损失后能从经济上得到补偿，一般都要投保货物运输险。

2．不履行或不完全履行欺诈风险

当事人一方在自身无履约能力或虽有一定履约能力的情况下，自订立合同起，就根本没有履行合同的诚意，而是想通过欺诈手段使对方履行合同。在骗取对方履行合同之后，非法占有对方履行的钱或产品，而自己却不再履行合同，使对方造成重大损失。

3．主体没有订立合同的资格，没有实际履行能力

在现实经济生活中，经常出现的合同风险就是订立合同的主体没有订立合同的资格，根本没有履行能力，即通常所说的皮包公司利用出卖人的轻信，骗取出卖人的货物。这种情况主要出现在以法人及其他组织为一方当事人之间订立的合同，其表现形式为：①订立合同的一方根本没有提供法人资格证明；②合同一方虽提供了《企业法人营业执照》，但为副本（未年检）或复印件，其实为伪造的证明；③合同一方提供了正式的《企业法人营业执照》但其实际虚报注册资本，无实有资金，并没有实际履行能力；④合同一方在订立合同时虽提供了正式的《企业法人营业执照》，但因其他原因已歇业或已被吊销营业执照。

4．合同不规范甚至无效或撤销，交易目的受阻的风险

合同无效的几种情形主要有以下几种：

（1）以欺诈、胁迫手段订立合同，损害国家利益。所谓欺诈是指一方当事人故意告知对方虚假情况，或者故意隐瞒真实情况，诱使对方当事人作出错误的意思表示。因欺诈而订立的合同，是在受欺诈人因欺诈行为发生错误认识而作出错误意思表示的基础上产生的。因欺诈而为的民事行为，是行为人在他方有意的欺诈下陷于某种错误认识而为的民事行为。

（2）恶意串通，损害国家、集体或者第三人利益。所谓恶意串通，是指当事人为实现某种目的，串通一气，共同实施订立合同的民事行为，造成国家、集体或者第三人的利益损害的违法行为。恶意串通所订立的合同，是绝对无效的合同，并将双方当事人因该合同所取得的财产，收归国有或者返还集体或者个人。

（3）以合法形式掩盖非法目的。这是指当事人通过实施合法的行为来掩盖其真实的非法目的，或者实施的行为在形式上是合法的，但是在内容上是非法的行为。以合法形式掩盖非法目的而订立的合同，应当具备下列要件：①当事人所要达到的真实目的或者其手段必须是法律或者行政法规所禁止的；②合同的当事人具有故意规避法律的行为；③当事人为规避法律、行政法规的强制性规定而采用了合法的形式对非法目的进行了掩盖。

合同可撤销的几种情形：①因重大误解订立的；②在订立合同时显失公平的。“一方以欺诈、胁迫的手段或者乘人之危，使对方在违背真实意思的情况下订立的合同，受损害方有权请求人民法院或者仲裁机构变更或者撤销。当事人请求变更的，人民法院或者仲裁机构不得撤销。”该条明确规定了之情形。

5．虚假价格欺诈风险

供方使需方在陷入错误认识的情况下与之订立合同，从中获取不法利益。这种欺诈手法一般是通过所谓的“大削价”“大甩卖”“大清仓”活动实现的。

6．诉讼风险

诉讼风险是指当事人及其诉讼代理人在诉讼活动中可能遭遇的与争议事实无关的，可能影响案件审理和执行，致使合法权益无法实现的风险因素。一方当事人如果缺乏对对方当事人资信的了解和调查，而盲目与对方进行经济交往，则风险就会不可避免地被带到诉讼活动中来。

7．长线大鱼欺诈风险

所谓长线大鱼，即“放长线钓大鱼”。这种欺诈手段的特征：一是欺诈方在实施欺诈行为之前已先与被欺诈方签订履行了几份小额合同，付小额定金，且履约积极、顺利，制造本身履约能力强、重合同守信誉的假象，骗取对方信任。然后谎称因生产生活需要，签订大额买卖合同，骗取大量货物或钱款。二是欺诈方对被欺诈方非常了解，而被欺诈方对欺诈方的了解大都是假象。待上当受骗后，方知欺诈方原来所说纯属谎言。三是在实施欺诈行为之后，欺诈方往往逃避或隐藏起来。

8．质量数量风险

在国际商务活动中，由于签订合同和实际交付货物往往间隔一段较长的时间，由此而存在潜在的风险。因此，在签订合同时，要明确、具体地规定货物品质、数量和服务条款等。做为商务人员在签订货物进口合同，并使用信用证作为支付工具时，进口人应特别注重与收货权利相关的条款，并充分考虑信用证支付存在的风险，具体如下：

（1）应在合同中明确产品的数量、溢短装幅度、交货方式、交货日期、是否允许分批装运等条款。

（2）合同中还应特别注重品质标准、检验和索赔程序的约定。其中品质标准应明确

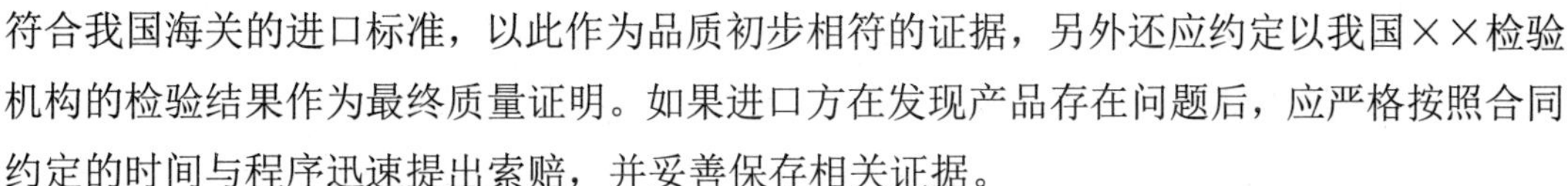

符合我国海关的进口标准，以此作为品质初步相符的证据，另外还应约定以我国××检验机构的检验结果作为最终质量证明。如果进口方在发现产品存在问题后，应严格按照合同约定的时间与程序迅速提出索赔，并妥善保存相关证据。

（3）信用证条款避免设置得过于简单，在信用证所要求提交的单据中，应当要求提交作为初步质量证明的商检报告，并应在信用证条款中明确：所提交的商检报告必须含有“符合××质量标准”之类的字眼。

（4）考虑到信用证独立性原则潜在的风险，进口人可以考虑将信用证支付和电汇、托收等手段结合，分阶段支付，如通过信用证支付部分货款，货到检验合格后再支付部分货款等；如果涉及设备采购，还可约定正常运转一年后支付余款 5%之类的条件。

（五）谈判人员素质风险

从根本上讲，各种状况的技术风险都是因为人员素质欠佳造成的。这些现象反映了一些国际商务活动参与者，包括谈判人员经验不足，管理水平、谈判水平有待提高的事实。具体来讲，人员素质风险主要表现在以下几个方面：

（1）急躁情绪，如急于求成，好表现自己。

（2）不敢担责任，一遇到来自对方的压力或来自自己上司的压力，就感到难以适从，不能自主。

（3）刚愎自用，如在谈判中坚持一切都要以他的建议为合作条件，寸步不让。

（4）缺乏必需的知识，又没有充分地调查研究，也没有虚心地向专家请教。

二、国际商务谈判风险的规避

风险规避是风险应对的一种方法，是指通过计划的变更来消除风险或风险发生的条件，保护目标免受风险的影响。风险规避并不意味着完全消除风险，所要规避的是风险可能给我们造成的损失。一是要降低损失发生的机率，这主要是采取事先控制措施；二是要降低损失程度，这主要包括事先控制、事后补救两个方面。

（一）商务谈判中规避风险的措施

风险无处不在，商务谈判中自然也会有很多风险。通常，商务谈判中规避风险措施的性质如下：

第一，完全回避风险，即通过放弃或拒绝合作，停止业务活动来回避风险源。虽然潜在的或不确定的损失能就此避免，但与此同时，获得利益的机会也会因此而丧失殆尽。

第二，风险损失的控制，即通过减少损失发生的机会，即通过降低损失发生的严重性来对付风险。

第三，转移风险，即将自身可能要承受的潜在损失，以一定的方式转移给第三者，包括保险与非保险二种方式。在商务活动中，普遍采用保险方式就是出于转移风险的需要；而让合作方的担保人来承担有关责任风险，就是一种非保险的风险转移方式。

第四，自留风险。自留风险可以是被动的，也可以是主动的，还可以是无意识的，也可以是有意识的。当风险在没有被预见，因而没有作出处理风险的准备时，风险自留就是被动的或者是无计划的，这种风险自留的方式是常见的，而且在一定程度上不可避免。所谓主动的或有计划的风险自留，通常是采取建立一笔专项基金的做法，以此来抵补可能遭遇的不测事件所带来的损失。在某些情况下，自留风险可能是唯一的对策，因为，有时完全回避风险是不可能或明显不利的，这时采取有计划的风险自留，不失为一种规避风险的方式。

（二）规避风险的手段

一般来说，规避风险的手段主要有以下几种：

1．向专家咨询

即通过咨询国内有关专业外贸公司、同行业企业、项目所涉及的有关国家政府部门、行业机构、国内外金融机构、各领事馆、国际政治问题专家等。以便把风险降到最小。即使一个商务谈判人员的知识面再宽，整个商务谈判班子的知识结构再合理，也总难免会有缺漏。特别是对于某些专业知识方面的问题会缺乏全面的把握与深刻的了解。请教专家，聘请专家做顾问常常是商务谈判取得成功所必不可少的条件。

专家首先可以帮助谈判人员了解客观环境。在选择国外合作伙伴时，主动征询专家的意见有助于我们避免因伙伴选择不当而造成的风险损失。这种专家渠道有很多，它既可以是国内的有关专业外贸公司、同行业企业，也可以是国外的公司、企业，特别是项目所涉及的有关国家的政府部门、行业机构，甚至还可以是国内外银行等金融机构、外国驻我国使领馆和我国驻外国使领馆，等等。专家不能保证完全消除这些风险，但总要比外行更了解这些风险，而这些正是商务谈判人员所需要的。

2．利用保险市场和信贷担保工具避险法

（1）保险市场。在商务活动中，向保险商投保已经成为一种相当普遍的转移风险方式。与价格浮动、汇率风险这种投机风险不同，保险一般仅适用于纯风险。然而不管怎样，是否要就项目中存在的纯风险投保，向哪家保险公司投保，承包事项如何确定，选择什么档次的保险费，如何与合作方分担保险费，面对这样一些问题，谈判人员还应虚心求教保险专家的意见。

（2）信贷担保。在商务活动中，信贷担保不仅是一种支付手段，而且在某种意义上也具有规避风险的作用。在大型工程项目中为了预防承包商出现差错延误工程进度，业主为了保护自己的利益可以要求承包商或供应商在签订合同时提供银行担保。

3．利用各种技术手段法

对于市场风险中所涉及的外汇风险、利率风险、价格风险，通常是可以通过一定的财务手段加以调节和转化的。作为商品交换的高级形式，期货和期权交易在这方面充当了主要角色。

（1）应对外汇风险的技术手段，外汇风险防范措施，通常包括使风险消失、使风险分担、获取风险收益三类。针对外汇风险的防范，还要求谈判人员必须在整个谈判过程中去具体分析、把握和争取。针对汇率趋势的分析，争取选择用人民币计价和支付，争取订立货币保值条款。针对市场竞争状况，结合近期的市场形势和竞争的状况综合考虑。

（2）应对利率风险的技术手段。这主要包括利用利率期货市场、利用远期交易（远期交易即将在未来约定日期开始的交易）、利用期权交易，对期权合同的交易。

（3）应对价格风险的技术手段。这主要包括非固定价格、价格调整条款和套期保值。

4．提高谈判人员的素质

谈判主题一经明确，谈判人员一经确定，风险即已形成。因此，谈判人员的挑选应当着重依照一定的素质要求从严掌握。最终被选定的谈判人员应该以事业为重，有较强的自我控制能力，不图虚荣，敢于负责。这样，人员的素质风险就可能得到避免。

谈判人员应该知识面广、谦虚好学、注重求教他人。同时，谈判人员工作作风应该深入细致、洞察力强、信息渠道多、善于营造竞争局面，多方择优。由此可以克服伙伴选择方面的风险隐患。谈判人员还应该对政治与经济的辩证关系有深刻而清醒的认识。

5．公平负担

在项目合作过程中，风险的承担并不是非此即彼般那么简单，常常合作双方要共同面对一些风险。因此，如何分担这些风险就成了谈判的一个重要的议题。当不测事件发生后，如何处理共同的风险损失。构成了合作双方需要磋商的内容。在这样的谈判过程中，坚持公平负担原则是能带来合理结局的唯一的出路。

（三）识别商务谈判中的圈套和陷阱

谈判行为是一项很复杂的人类交际行为，它伴随着谈判者的言语互动、行为互动和心理互动等多方面的、多维度的错综交往。由于谈判行为本身所具有的利己性、复杂性，加之游戏能允许的手段性，谈判者又很可能以假身份掩护自己、迷惑对手，取得胜利，这就使得本来就很复杂的谈判行为变得更加真真假假，真假相参，难以识别。商务谈判中的圈套和陷阱可以从以下三方面来识别。

1．真诚相待、假意逢迎

谈判行为是一个寻求互相合作的过程。坐在谈判桌前进行磋商，双方都是抱有诚意而来，否则谈判行为没必要也不可能实现。根据马斯洛和尼尔伦伯格的需要理论，谈判目标是属于自我实现的需要，它是建立在满足较低层次的其他需要的前提下，才得以实现。因此，作为东道主的热情接待，安置舒适安全的环境，谈判前的叙情寒暄、私下的友好往来，谈判过程中的温、谦、礼、让都应是真诚的。除非你想刺伤对方，故意造成谈判破裂。

可是，在谈判活动中谈判人员接纳真诚的承受力是因人而异的。一些老练的谈判对手会利用你在真诚面前的脆弱心理承受，假意逢迎迷惑你。这种情况貌似对方顺从己意，实则是假意逢迎，利用对你自尊心理的满足，滋长你的虚荣，在不给你任何实惠的口惠掩藏下，实现他的目的。言多必失，一旦失口，你还迫于维护面子，只得拱手相送。所以在谈判中应提高警惕，不能被表面的虚情假意迷惑而损害自己的利益。

2．声东击西、示假隐真

谈判是富有竞争性的合作。虽然不是对弈，也不是战争，不是你死我活，你输我赢，但是谈判也绝不是找朋友，推心置腹。谈判虽然是遵循互利互惠的原则，但双方皆赢的利益结果很难对等。在这种双赢的游戏中，就允许双方施展谋略，寻获更多利益。所以，在谈判对策中声东击西，示假隐真也常是谈判者惯用的技巧。

3．抛出真钩、巧设陷阱

谈判是一种双方信息的交流、竞争。谁能够更多地掌握对手的谈判信息谁就能在谈判中占据主动，所以无论是政治谈判还是商务谈判，获取、搜集、识别对手的信息已经是一项重要的谈判工作。因此，相对应地要求谈判各方也都很重视对自己的有关谈判信息采取严加保密措施。有时可以灵活地“将计就计”，活用情报，适当“泄密”就是一种巧用情报的谈判策略。具体来说，“泄密”也有抛出真钩（泄漏真实情报）和巧设陷阱（泄漏假情报）两种。虽然手段不同，但是目的一致。

三、国际商务谈判风险的转移

谈判风险转移，是指通过契约，将让渡人的风险转移给受让人承担的行为。通过风险转移过程有时可大大降低经济主体的风险程度。风险转移的主要形式是合同转移和保险转移两种。

（一）合同转移

这是通过签订合同，可以将部分或全部风险转移给一个或多个其他参与者。买卖合同中的风险负担转移的规则解决的是买卖合同标的物毁损灭失的不利状态。相应的所谓危险负担指的是，风险发生后，此种不利状态由谁承担。风险负担的转移是合同法中一个基本而又十分重要的问题。在整个合同法理论中贯穿始终。

在债法中这种不利状态主要有两种情形：一种是给付的风险，另一种是价金的风险。所谓给付的风险是指，因不可归责于债务人的事由，致使其基于契约所负之给付陷于不能

者，债权人能否请求债务人重新另为给付而言。所谓价金的风险，是指因不可归责于双方的事由，致标的物毁损灭失时其价金的风险由谁负担而言。

（二）保险转移

保险转移就是保险，这是指通过购买保险将本应由自己承担的风险转移给保险公司，从而使自己免受风险损失。保险这种风险转移方式得到越来越广泛的运用，原因在于保险人较投保人更适宜承担有关的风险。保险是使用最为广泛的风险转移方式。

本章小结

在商务活动中的风险是不可避免的，产生风险的原因与情况比较复杂，种类也比较多，关键是对风险要有正确的认识，预见风险可能会造成的损失，从而针对性地采取有效措施进行控制。本章主要讲述了国际商务谈判基本知识、国际商务谈判的风险防范。通过本章的学习，读者应该了解国际商务谈判的特点；掌握国际商务谈判的原则及其重要性；了解常见的国际商务活动中各种风险；掌握如何规避国际商务谈判中风险；了解如何转移商务谈判中的风险。

复习思考题

1．国际商务谈判的特点有哪些？
2．国际商务谈判应遵循哪些原则？
3．常见的国际商务活动的风险类型有哪些？
4．商务谈判中规避风险的措施有哪些？
5．规避风险的手段有几种？
6．如何转移国际商务谈判的风险？

参考文献

[1] 杨群祥．商务谈判[M]．北京：高等教育出版社，2015．

[2] 白远．国际商务谈判：理论、案例分析与实践[M]．北京：中国人民大学出版社，2015．

[3] 刘园．国际商务谈判[M]．北京：北京大学出版社，2016．

[4] 王刚．采购谈判与采购方式[M]．北京：电子工业出版社，2016．

[5] 彭庆武．新编商务谈判 [M]．上海：上海财经大学出版社，2016．

[6] 乔平平．商务谈判[M]．南京：南京大学出版社，2016．

[7] 刘良甫．商务谈判与营销[M]．西安：西安交通大学出版社，2016．

[8] 邢乐．商务沟通与谈判[M]．北京：中国物资出版社，2016．

[9] 王扬眉．商务谈判[M]．郑州：河南医科大学出版社，2016．

[10] 林晓华．商务谈判理论与实务[M]．北京：人民邮电出版社 2016